Shanghai
Zeit für das Beste

Highlights – Geheimtipps – Wohlfühladressen

»Shanghai war ein Tagtraum, in dem alles, was ich mir jemals vorstellen konnte, auf extreme Weise bereits Gestalt angenommen hatte.«

James Graham Ballard

BRUCKMANN

Shanghai
Zeit für das Beste

Jochen Klein
Christoph Mohr

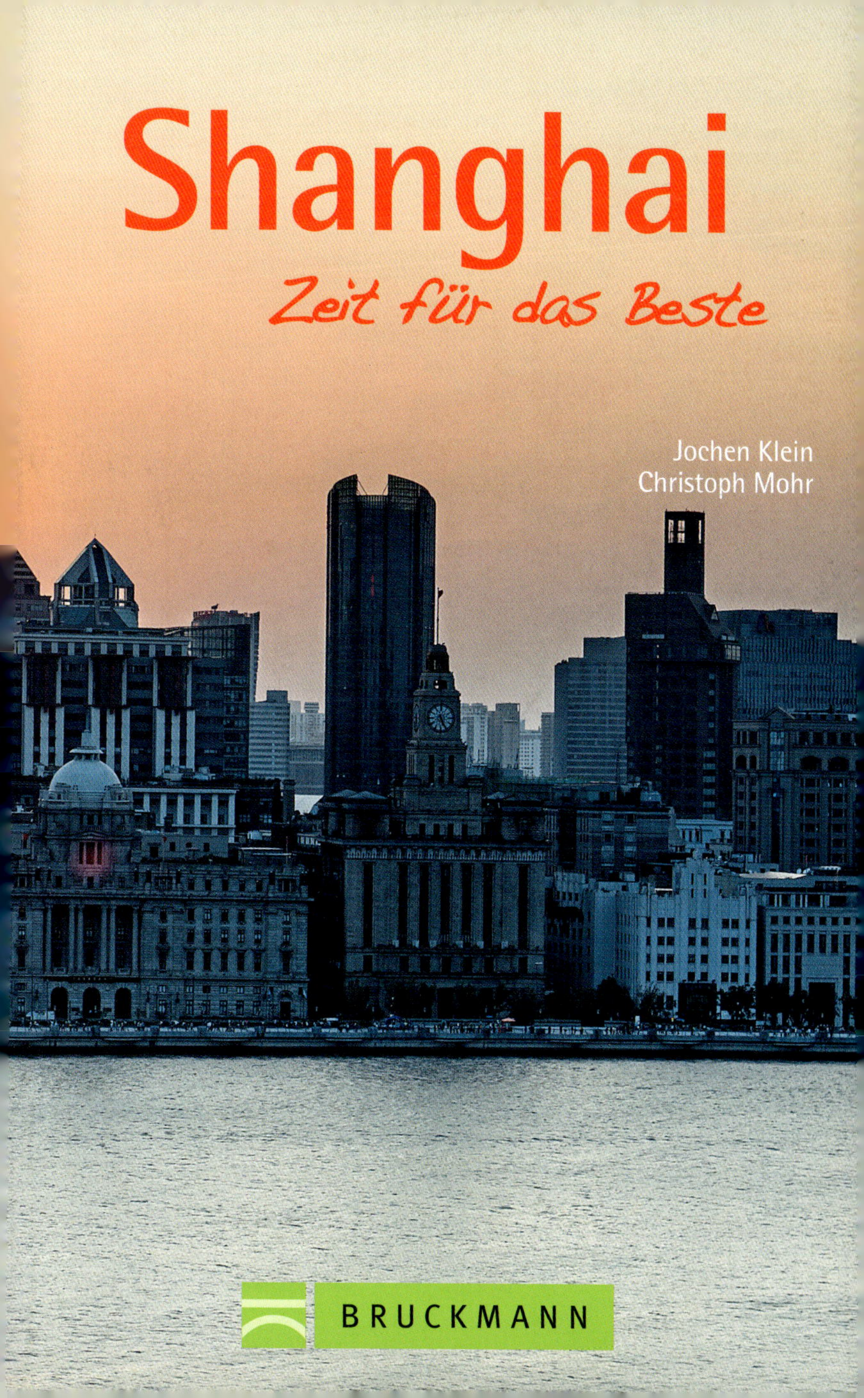

Oben: Blick über den Huangpu auf den Bund und die Skyline von Pudong
Mitte: Flanieren in der Altstadt ist auch für chinesische Touristen Teil des Shanghaier Pflichtprogramms.
Unten: Im Neonlicht zeigt Shanghai ein besonderes Gesicht.

INHALTSVERZEICHNIS

Die Top Ten	6
Zeit für Shanghai	8

Rund um den Bund und Pudong
1	Suzhou Creek	30
2	Der Bund	36
3	Lujiazui	44
4	Century Avenue	52
5	Century Square	58
6	Maglev-Bahn	62

Altstadt und Xintiandi
7	Das Altstadtviertel	70
8	Yu-Garten	78
9	Fuyou Lu	84
10	Dajing Lu und Tempel der Weißen Wolke	90
11	Pfirsichgarten-Moschee	94
12	Konfuziustempel	96
13	Xiaonanmen	102
14	Xintiandi	106
15	Expo-Park	112

People's Square und Jing'An
16	Shoppingmeile Nanjing Dong Lu	118
17	People's Square	124
18	Jing'An-Tempel	130
19	Beijing Lu	134
20	Am Wusong River	136
21	Jadebuddha-Kloster	138

Französisches Viertel und Xuhui
22	Rund um den Fuxing-Park	146
23	Changshu Lu	154
24	Shanghai Library	160
25	Tianzifang	162
26	Huaihai Lu	164
27	Xujiahui	168
28	Longhua-Tempel	172
29	Rund um den Südbahnhof	176

Hongkou und Yangpu

30	Kulturstraße Duolun Lu	186
31	Lu-Xun-Park	192
32	Tilanqiao	194
33	Yangpu-Distrikt	198

Putuo und Changning

34	Zhenru-Tempel	206
35	Zhongshan-Park	212
36	Changfeng-Park	214
37	Mausoleum von Song Qingling	218
38	Fußgängerzone Laowai Jie	220
39	Der Zoo – Dongwu Yuan	222
40	Wasserdorf Qibao	224

Außenbezirke und Umgebung

41	Songjiang	230
42	Shanghai Filmpark	238
43	Sheshan	240
44	Qingpu	242
45	Jiading	246
46	Nanxiang	250
47	Baoshan	252
48	Luodian	258
49	Zhaojialou	260
50	Lingang	262

Reiseinfos

Shanghai von A–Z	268
Shanghai speziell – Tipps für Kinder und Jugendliche	280
Kleiner Sprachführer	282
Register	286
Impressum	288

Oben: Alte Wasserdörfer bilden ein Kontrastprogramm zur modernen Großstadt.
Mitte: Von regional bis international: Gourmets kommen in Shanghai voll auf ihre Kosten.
Unten: Auch Tempel und Klöster gehören zum Stadtbild.

DIE TOP TEN

BUND UND LUJIAZUI (S. 36, S. 44)
Es ist egal auf welcher Seite des Huangpu-Flusses man steht – hier umarmen sich die Zeiten und Welten Shanghais. Der Bund im Westen und die Riverside Promenade im Osten prägen mit Kolonialbauten und futuristischen Wolkenkratzern das internationale Gesicht der Stadt. Daran kommt kein Shanghai-Besucher vorbei.

ALTSTADT UND YU-GARTEN (S. 70, S. 78)
Stadtgott-Tempel, Basar, klassischer Garten und Altstadtgassen: Der älteste Teil der Stadt hat sich seine Dynamik und sein typisch chinesisches Flair bewahrt – hier ist vieles so, wie man sich China vorstellt, manches aber auch überraschend anders. Das siedende Zentrum zieht jeden in seinen Bann.

XINTIANDI UND TIANZIFANG (S. 106, S.162)
Zwei ehemalige Shikumen-Siedlungen und zwei unterschiedliche Konzepte: Die angesagte Fußgängerzone Xintiandi besticht mit hippen Lokalen, Bars und Boutiquen. Weniger chic, aber mindestens ebenso sehenswert ist das Künstler- und Ausgehviertel Tianzifang. Beide laden zu ausgiebigen Besuchen ein.

CHINA ART MUSEUM UND EXPO-PARK (S. 112)
Kunst innen, Kunst außen: Die »Krone des Orients« gehört zum imposanten Erbe der Expo. Mit dem 63 Meter hohen Gebäude, in dem das China Art Museum untergebracht ist, hat sich Shanghai ein weiteres Wahrzeichen gesetzt. Unbedingt sehenswert ist außerdem der ehemalige Expo-Park, der zum Tagträumen am Ufer des Huangpu einlädt.

NANJING DONG LU UND PEOPLE'S SQUARE (S. 118, 124)
Kommunismus und Konsum, Kirmes und Kultur – nirgends liegen diese scheinbaren Widersprüche näher beieinander. Wer nur wenig Zeit hat, findet im geografischen und politischen Zentrum Shanghais viele Gesichter der Stadt konzentriert. Und damit die idealen Voraussetzungen, um die Metropole schnell zu erfassen.

SHANGHAI MUSEUM UND URBAN PLANNING EXHIBITION HALL (S. 126, 127)

5000 Jahre chinesische Kulturgeschichte werden im größten historischen Museum Chinas derart umfassend und spannend aufgearbeitet, dass man die Reise in die Vergangenheit ewig fortsetzen möchte. Mindestens ebenso aufregend ist aber die Reise in die Zukunft im Stadtplanungsmuseum.

EHEMALIGE FRANZÖSISCHE KONZESSION (S. 146)

Das europäische Lebensgefühl und der hochmütige Charme, der das »Paris des Ostens« einst prägte, haben sich in das moderne Shanghai gerettet. In den von Platanen gesäumten Straßen rund um den Fuxing-Park spürt man das ureigene Flair der Konzession, in der die Ausländer ihren Sinn für Stil und Eleganz auslebten.

LONGHUA-TEMPEL (S. 172)

Reisenden, die Zeit mitbringen, bietet das pulsierende Shanghai auch Ecken, die im Windschatten der rasenden Fahrt der Stadt liegen. Der »Tempel der Drachenblume« ist so eine seltene Pflanze, die architektonische Eleganz mit buddhistischer Anmut und Ruhe sowie gelebtem Glauben vereint.

JIADING (S. 246)

Mit seiner eigenen Geschichte ist der Jiading-Distrikt im Norden eher Kleinstadt als Vorort. Wie überall in Shanghai gehen hier Tradition und Moderne Hand in Hand. Der älteste Garten Shanghais, die Fahua-Pagode, der Konfuziustempel und weitere klassische Sehenswürdigkeiten auf engstem Raum machen die Altstadt sehenswert.

SONGJIANG UND QINGPU (S. 230, 242)

Gemeinsam mit dem benachbarten Songjiang gehört Qingpu zum ältesten Siedlungsgebiet der Stadt. Neben schönen Wasserlandschaften und großzügigen Freizeitmöglichkeiten bietet der Westen dank seiner langen Historie sehenswerte alte Gärten und spannende Museen.

Oben: Genuss mit Aussicht auf das neue Finanzzentrum …
Unten: … oder Ruhe in klassischen Gärten. In Shanghai liegen Moderne und Tradition nah beieinander.

EINLEITUNG

Zeit für Shanghai

Für die einen ist es der Ort, an dem man unbedingt sein muss, das Zentrum des Geschehens, für die anderen eine der anstrengendsten Städte der Welt. Richtig ist sicher beides. Auf jeden Fall aber ist Shanghai einer der aufregendsten Orte rund um den Globus. Kaum eine Stadt in Ost und West hat eine ähnlich rasante Entwicklung hinter sich wie Chinas Metropole, und in kaum einer ist die anhaltende Bewegung derart intensiv sichtbar und spürbar. Shanghai ist Dynamik pur in jeder Beziehung – und treibt damit ganz China an.

Kaum irgendwo liegen Ost und West, Tradition und Moderne, Chaos und Ordnung näher beieinander als in Shanghai – und nirgendwo sonst verschmelzen Vergangenheit und Zukunft so selbstverständlich zu einer pulsierenden Gegenwart, die sich täglich neu erfindet. Shanghai lebt. Nach einem 40 Jahre währenden, zwangsverordneten Winterschlaf, in dem sich der »Drachenkopf« an der Yangtze-Mündung kaum entwickeln durfte, wurde die Stadt Anfang der 1990er-Jahre von der Zentralregierung in Beijing endlich von der Kette gelassen und hat grünes Licht für die Gründung einer Sonderwirtschaftszone im Osten der Stadt erhalten. Einmal erwacht, ist der Drache seither nicht zu bremsen.

Megametropole im Dauerlauf

Die Stadt rast, schwitzt, atmet und verwertet, was sie kriegen kann – Menschen, Technologien, Kultur, alles wird umfangen, inhaliert, integriert und in irrwitzigem Tempo an die eigenen Bedürfnisse angepasst. Schon 1993 hatte sich Shanghai an die

Steckbrief Shanghai

Lage: Shanghai liegt an der Yangtze-Mündung am Ostchinesischen Meer auf 31° 14' nördlicher Breite und 121° 29' östlicher Länge.

Fläche: Ende 2012 umfasste die Gesamtfläche 6340,5 Quadratkilometer

Stadtwappen:

Das Shanghaier Wappen besteht seit 1990 aus einer weißen Magnolie, einer Dschunke und einem Propeller. Die Magnolie, Stadtblume Shanghais, symbolisiert die Dynamik der Stadt, die Dschunke steht für die lange Geschichte als Hafenstadt und der Propeller für den anhaltenden Fortschritt.

Einwohner: Rund 24 Millionen, davon 14 Millionen registrierte Shanghaier mit Daueraufenthaltsrecht, knapp 10 Millionen Zugereiste mit Aufenthaltsrecht, rund 145000 Ausländer

Währung: Renminbi (CNY, Chinesische Yuan; in China wird auch das Kürzel RMB verwendet.)

Zeitzone: MEZ +7 Stunden, während der europäischen Sommerzeit MEZ +6 Stunden, in ganz China gilt eine Zeitzone.

Geografie: Shanghai liegt durchschnittlich 4 Meter über dem Meeresspiegel, die höchste Erhebung ist 103,4 Meter hoch. Das gesamte Verwaltungsgebiet hat eine Ausdehnung von ungefähr 120 Kilometern in Nord-Süd-Richtung und 100 Kilometern in Ost-West-Richtung.

Politik und Verwaltung: Als eine der vier regierungsunmittelbaren Städte Chinas ist Shanghai mit dem Status einer Provinz direkt der Zentralregierung in Beijing unterstellt. Die Stadt ist in 16 Distrikte (Stadtteile) und einen Kreis gegliedert.

Wirtschaft und Tourismus: Als wirtschaftsstärkste Stadt Chinas trägt Shanghai mit 4 Prozent zum Bruttoinlandsprodukt (BIP) des Landes bei, seit 1993 wächst die Wirtschaft zweistellig. Im Jahr 2013 lag das BIP bei 2,16 Billionen Yuan (RMB) = 253 Milliarden Euro, das BIP Shanghai pro Kopf bei umgerechnet 10623 Euro (Deutschland 33343 Euro). Pro Jahr besuchen etwa 8 Millionen internationale Touristen die Stadt am Huangpu.

Religion: Hauptreligionen in Shanghai sind Buddhismus, Taoismus, Islam, Christentum (v. a. Katholizismus), etwa eine Million der Shanghaier Bürger gehören offiziell einer dieser Religionen an.

Bevölkerung: Shanghai wächst jährlich um etwa 600000 Menschen. 2013 waren von den 24 Millionen Bürgern 8,6 Prozent 1 bis 14 Jahre alt, 81,3 Prozent zwischen 15 und 65 Jahre alt und 10,1 Prozent älter als 65 Jahre. Die durchschnittliche Lebenserwartung beträgt 80,18 Jahre bei Männern und 84,67 Jahre bei Frauen. Fünf Millionen Bürger haben einen höheren Bildungsabschluss.

Spitze des chinesischen Wirtschaftswachstums katapultiert – und diese Position seitdem nicht mehr hergegeben. In nur rund zwei Jahrzehnten hat sich die Megacity von einer vernachlässigten und heruntergekommenen Arbeiter- und Industriestadt zum Finanz- und Wirtschaftszentrum Chinas und zur Weltstadt transformiert, deren beinahe einzige Konstante die ständige Erneuerung ist. Hochhaus auf Hochhaus wächst in den Himmel, neue Straßen, U-Bahn-Linien, Brücken und Tunnel ziehen sich durch die Stadt, Abermillionen Quadratmeter Wohnfläche wurden bereits geschaffen, neue Einkaufszentren öffnen beinahe im Wochenrhythmus ihre gigantischen Pforten, die Wirtschaft wächst raketenhaft. Im Transrapid-Tempo geht es nicht nur zum Flughafen, sondern auch in Richtung Zukunft. Alles spielt sich in atemberaubender Geschwindigkeit ab, die Stadt ist im Umbruch – seit 20 Jahren und endlich wieder. Schon einmal war Shanghai durch eine ähnliche Dynamik geprägt, wenn auch unter gänzlich anderen Vorzeichen.

Aufstieg zum »Paris des Ostens«

Schon im 17. Jahrhundert bedeutende chinesische Handelsstadt, entwickelte sich Shanghai bis 1830 zum wichtigsten Wirtschaftszentrum des Yangtze-Deltas. Internationalen Stellenwert gewann die Stadt aber erst, nachdem sie im Zuge der Opiumkriege (1839–1842) von den Briten in einen halb-

Oben: Nicht nur nachts bietet der Bund einen unvergesslichen Anblick.
Mitte: Shanghai gehört zu den wichtigsten Märkten für alle bedeutenden Luxusmarken.
Unten: Die Lebensfreude der Shanghaier zeigt sich auch in ihrem selbstbewussten Auftritt.

Zeit für Shanghai

kolonialen Status gezwungen und unfreiwillig für den internationalen Handel und die Niederlassungen der Kolonialisten geöffnet wurde. Damit beginnt ein rasanter und abenteuerlicher Aufstieg, der bis in die 1940er-Jahre anhalten sollte.

Im Schutz der bald eingerichteten britischen, amerikanischen und französischen Konzessionen, in denen die Kolonialherren nach ihren eigenen Regeln und Gesetzen herrschen, machen nach 1843 skrupellose internationale und chinesische Geschäftemacher, Abenteurer und Kriminelle ihre Vermögen, die später oft die Basis für Handelshäuser und Banken bilden. Korruption, Drogenhandel, Schmuggel und Prostitution blühen. Ausbeutung, Gier und Gewalt bilden den Bodensatz, auf dem die Industrie ausgebaut wird und die Stadt prosperiert, Grundstücks- und Immobilienpreise explodieren. Die meisten chinesischen Bewohner Shanghais haben davon nichts. Sie stellen zwar zu Beginn des 20. Jahrhunderts den weitaus größten Teil der Einwohner, besitzen jedoch häufig nichts als ihre Arbeitskraft und leben trotz harter Lohnarbeit in bitterer Armut. Zu den Gewinnern zählen in erster Linie die ausländischen Besatzer, die der lokalen Regierung immer größere Landflächen abgepresst oder zum Spottpreis abgekauft haben, Handelshäuser, Banken, chinesische Großgrundbesitzer und Gangster, die mit »ehrbaren« Geschäftsleuten gemeinsame Sache machen und die Unterwelt kontrollieren.

Immer neue Hotels, Bankgebäude und Villen entstehen. Das Wachstum und das Bedürfnis der reichen Geschäftsleute, ihrem Wohlstand und ihrer Bedeutung architektonisch Ausdruck zu verleihen, machen die Stadt zu einem Spielfeld für Architekten. Höher, prachtvoller, teurer lautet die Devise der Geldelite. In den »goldenen Jahren« von 1900 bis 1941, in denen die meisten Prachtbauten, aber

AUTORENTIPP!

GESICHTER DER STADT
Shanghai hat etliche Gesichter. Es lohnt sich, möglichst viele davon kennenzulernen. Unbedingt dazu gehören:

Ein Freimarkt am frühen Morgen. Ein morgendlicher Besuch bietet nicht nur erhellende Einblicke in das erwachende Shanghai und die Gewohnheiten der Menschen. Wer früh genug auf den Beinen ist, kann auch den Transport von halben Schweinen auf Motorrädern beobachten.

Alte Stadtviertel am Abend. Wenn die Touristen gegangen sind, verändert die Altstadt ihr Gesicht. Ein zurückhaltender Spaziergang durch die Gassen zeigt mehr von den Menschen.

Der Huangpu bei Nacht. Scheinwerfer- und Neonlicht auf beiden Seiten des Huangpu machen eine Schiffsrundfahrt zu einem unvergesslichen Erlebnis. Anschließend geht es mit dem Taxi über die Yan'an Lu, von wo aus man weitere Blicke auf das Lichtermeer genießen kann.

Kneipen in den Szenevierteln. Wer nicht gesehen hat, wie ausgelassen und manchmal abgehoben Shanghai feiern kann (z. B. in Xintiandi), kennt nur einen Teil der Stadt.

Universitätsleben. Ein überaus wichtiges Gesicht der Stadt ist die Bildung. Unis gehören zum Shanghaier Gesamtbild unbedingt dazu.

EINLEITUNG

auch Arbeitersiedlungen wuchsen, die heute noch zu sehen sind, entwickelt sich Shanghai zur Metropole, die kein Weltreisender mehr auslässt. Ende der 1920er-Jahre gilt die von Bossen, Bonzen und Banditen geprägte Stadt als die lasterhafteste und dekadenteste der Welt. Nicht zuletzt dank ihrer einzigartigen architektonischen Eleganz wird sie aber auch zum »Paris des Ostens« geadelt. Die Banken Shanghais gehörten zu den größten, die Hotels zu den luxuriösesten und die Wolkenkratzer zu den höchsten und modernsten der damaligen Welt.

Niedergang und Wiederaufstieg

Rund 3,5 Millionen Einwohner, darunter 60 000 Ausländer, zählte die Stadt, als die Japaner 1937 die chinesischen Teile Shanghais besetzten und damit das Ende der größten Spielhalle der Welt markierten. Als Nippon 1941 an der Seite Deutschlands in den Krieg eintritt, müssen ihnen auch die internationalen Konzessionsgebiete übergeben werden, und die meisten Ausländer verlassen die Stadt. Nach dem Ende des Zweiten Weltkriegs geht es weiter bergab, zunächst übernimmt die nationalistische Guomindang (GMD) unter Chiang Kai-shek (1887–1975) die Macht. Als die Kommunisten nach dem Sieg über die GMD unter Mao Zedong (1893–1976) in die Stadt einziehen, in der ihre Partei gegründet wurde, ist die Party endgültig vorbei. Auch die letzten Ausländer müssen gehen, Bordelle werden geschlossen, Glücksspiel und Prostitution verboten, die Kinderarbeit beseitigt. Shanghai wird zur Arbeiterstadt.

Obwohl es für die chinesische Bevölkerung eher bergauf geht und Shanghai auch im kommunistischen China politisch und wirtschaftlich nicht unbedeutend ist, verliert es in den folgenden Jahren neben dem Status als internationale Weltstadt

Oben: Die Spitze des eleganten Jinmao Tower
Mitte: Morgenstimmung an der Riverside Promenade: Chinesen beim Tai-Chi vor der Skyline.
Unten: Das Bund History Museum erzählt die Geschichte des ersten Aufstiegs der Stadt.

Zeit für Shanghai

auch die Sonderstellung in China. Die Bewohner leisten mit der Produktion landesweit angesehener Produkte ihren Dienst zum Wohle des Systems, kommen aber einmal mehr nur zu einem geringen Teil selbst in den Genuss des Profits ihrer Arbeit. Die Erlöse, die in der Stadt erzielt werden, fließen in den Aufbau des Arbeiter- und Bauernstaates, für Modernisierungs- und Infrastrukturmaßnahmen in Shanghai bleibt nicht allzu viel übrig. Die Stadt versinkt in kaderkommunistischer Tristesse.

Der Befreiungsschlag kommt erst, als Deng Xiaoping (1904–1997), Maos Nachfolger als Parteivorsitzender, das Signal zum Aufbruch gibt. Im Rahmen der chinesischen Öffnungspolitik ab 1979 darf sich Anfang der 1990er-Jahre endlich auch Shanghai wieder bewegen, der »Kopf des Drachen« soll ausländische Investoren locken und Chinas Wirtschaft nach vorn bringen. Als hätte die ganze Stadt nur darauf gewartet, schießen die geschäftstüchtigen und zupackenden Shanghaier aus den Startlöchern. Innerhalb weniger Jahre entsteht ein innerstädtisches Netz aus Hoch- und Schnellstraßen, die ersten beiden U-Bahn-Linien werden gebaut, und in Pudong wächst eine Wolkenkratzerstadt aus dem Nichts. In einem unvergleichlichen Sprint schließt Shanghai zu den anderen Wirtschaftsregionen Chinas auf, setzt sich an die Spitze des Feldes und überrundet schließlich alle anderen.

Stadt der Superlative ...

Der größte Hafen der Welt, der weltweit drittgrößte Frachtflughafen, das längste U-Bahn-Streckennetz, der schnellste Zug, der derzeit zweithöchste Wolkenkratzer, der fünfthöchste Fernsehturm, eine der anspruchsvollsten Formel-1-Strecken – die Liste der Shanghaier Rekorde und Superlative

Oben: Die Traditionelle Chinesische Medizin lebt – im Museum und im Alltag.
Mitte: Insektenkämpfe gehören zum beliebten Zeitvertreib.
Unten: Shanghaier sind Weltmeister im Improvisieren – so wird das Fahrrad zum Großraumtransporter.

AUTORENTIPP!

THEMEN-STRASSEN
Antiquitäten, Musik, Restaurants, Garküchen – manche Straßen in Shanghai sind auf etwas Bestimmtes spezialisiert und schon deshalb ein besonderes Erlebnis.

Changle Lu 长乐路. Die kleine Straße hat einen besonderen Ruf in der Frauenwelt, bei den Asiatinnen wegen der sehr kleinen und niedlichen Modegeschäfte, bei Westlern wegen der Cheongsam oder Qipao-Kleider, die man sich hier schneidern lassen kann (in der Nähe der Shanxi Lu).

Fenyang Lu 汾阳路. Musikalisch geht es in der Nähe des Konservatoriums zu, nichts, was es hier aus der Welt der Musik nicht gibt.

Dongtai Lu 东台路近自忠路. Eine bunte Straße mit gemütlicher Flohmarkt-Atmosphäre, wenn es nicht zu voll ist. Im Angebot ist alles, was alt wirkt, von Buddha-Statuen über Koffer bis zu Plakaten (siehe S. 98)

Fuyou Lu 福佑路. Bücher, Zeichenbedarf, Kalligrafie, die Kulturstraße Fuyou Lu lässt keine Wünsche offen (siehe S. 84).

Food Streets. Restaurants und Garküchen ohne Ende findet man auf Shanghais Food Streets, unter anderem auf der Yunnan Lu (云南南路美食街), Huanghe Lu (黄河路) und der Wujiang Lu (吴江路).

EINLEITUNG

ist lang. Wo der Ballungsraum nicht »Weltmeister« ist, ist er führend in Asien oder versucht zumindest innerhalb Chinas Rekordhalter zu sein. Shanghai erwirtschaftet auf 0,06 Prozent der Fläche Chinas vier Prozent des chinesischen Bruttoinlandsprodukts, fast 14 Prozent der ausländischen Direktinvestitionen fließen in die Metropole an der Yangtze-Mündung, das durchschnittliche Jahreseinkommen hat sich seit 1990 verzwanzigfacht.

Die Stadt beeindruckt durch ihre Größe, ein endloses Häusermeer, atemberaubende Wolkenkratzer, drei- und vierstöckige Hochstraßen, mächtige Wasserwege und nächtliche Neonlicht-Feuerwerke. Mit unzähligen riesigen Shoppingmalls, Einkaufsstraßen und Boutiquen ist Shanghai Einkaufsparadies und Konsumtempel. Mit rund 30 000 Restaurants, die Gerichte aus allen Landesteilen Chinas und internationale Küche aus mehr als 30 Ländern bieten, lädt die Stadt zu einer unvergleichlichen kulinarischen Entdeckungsreise ein, und das breit gefächerte kulturelle Angebot wächst zusehends. Ob Tanz, Theater, Musik, Akrobatik, Konzerte, Museen oder Galerien: Auch wenn sie nicht die Kulturhochburg Chinas ist, hat die Stadt in jedem Bereich etwas Außergewöhnliches zu bieten.

... und der Gegensätze

Dabei ist Shanghai voller Kontraste und scheinbarer Widersprüche, die sich zu einer einzigartigen Mischung vereinen. Heruntergekommene Behausungen findet man neben Luxusapartments, Garküchen neben Edelrestaurants, Garagengeschäfte neben glitzernden Shoppingmalls, verrostete Lastenräder und von Klebeband zusammengehaltene Elektroroller neben neuesten Nobelkarossen und Motorrädern aus Europa und Übersee. Im Ziel an-

Zeit für Shanghai

gekommen ist die Metropole noch lange nicht. Und so schießen noch immer täglich neue Baustellen aus dem Boden, jährlich werden knapp eine Million Quadratmeter alter Wohnraum abgerissen und ein Vielfaches neu gebaut, Parks angelegt, Kultur- und Freizeiteinrichtungen eröffnet und neue U-Bahn-Linien in das Schwemmland gegraben. Alt und Neu existieren in diesem Schmelztiegel nicht nebeneinander, sondern sich gegenseitig beeinflussend vor allem miteinander. Aberglaube und Wissenschaft, Religion und Business, klassische chinesische Traditionen und moderne internationale Denkweisen durchdringen sich wechselseitig. Zeiten und Kulturen verschwimmen – nicht nur im Stadtbild, sondern auch im Leben der Menschen.

Shanghai-Menschen – Shanghai Ren 上海人

Genährt wird der »Kopf des Drachen« von seinen inzwischen rund 24 Millionen Kindern, die ihn unablässig mit permanenten Veränderungen füttern. Gut 14 Millionen Einwohner sind registrierte Shanghaier mit ständigem Wohnrecht (Hukou), auf annähernd zehn Millionen ist der Anteil der temporären und zugewanderten Einwohner inzwischen angewachsen, die ursprünglich aus anderen Landesteilen stammen – nicht registrierte Wanderarbeiter nicht mitgerechnet. Jährlich wächst die Metropole um rund 600 000 Menschen, die hier ihr Glück und Auskommen suchen. Shanghai braucht sie, der Drache ist hungrig, und als einzige Stadt Chinas weist der Ballungsraum seit einigen Jahren ein negatives Wachstum bei den registrierten Dauereinwohnern auf. Die Geburtenrate ist mit dem wirtschaftlichen Aufschwung stark zurückgegangen.

Oben: Akrobatikshows gehören zu den herausragenden kulturellen Angeboten der Weltstadt.
Mitte: Rund zehn Prozent der 14 Millionen registrierten Shanghaier sind älter als 65 Jahre.
Unten: Kunstliebhaber finden hier ein abwechslungsreiches Angebot.

»Pekinger können über alles reden, Kantonesen können alles essen, Shanghaier können alles

EINLEITUNG

machen.« Die Shanghaier hören diese in China verbreitete Weisheit nicht ohne gewissen Stolz, vielleicht wird ihnen deshalb von den Bewohnern anderer Regionen Hochmut unterstellt. Doch auch wenn manchen der Aufschwung der Stadt zum Kopf gestiegen sein mag, sind die Shanghaier überwiegend ehrliche und neugierige Menschen, die hart arbeiten können und mit Lebenslust, verspielter Leichtigkeit, kalkulierter Risikofreude und einer gehörigen Portion Pragmatismus ihren Lebensalltag meistern. Als geborene Hobby-Anarchisten erkennen die freien und stolzen »Shanghai-Menschen« Autoritäten und Regeln grundsätzlich nur dann an, wenn es wegen akut drohender Strafen oder Gesichtsverlusts unvermeidlich oder nach der eigenen Überzeugung vorteilhaft ist. Politik interessiert die Durchschnitts-Shanghaier eher am Rande, in ihrem Weltbild spielen der Staat und seine Behörden nur eine untergeordnete Rolle. In erster Linie zählt – wie für alle Chinesen – die Familie, die im Zweifel auch für die soziale Absicherung sorgt, dann der persönliche Erfolg und dann lange nichts mehr. Was aber nicht darüber hinwegtäuschen sollte, dass auch Shanghaier eine gehörige Portion Nationalstolz entwickeln können, wenn es von außen gegen China geht – dann zählt der Staat zur Familie.

Andererseits zeichnen sich Shanghai und seine Bewohner durch die Fähigkeit aus, offen zu sein für neue Ideen, auch aus dem Ausland. Das Meer kann hundert Flüsse aufnehmen, heißt es in China, international orientiert und in Traditionen der Heimat verwurzelt zu sein, ist für Shanghaier deshalb kein Widerspruch. Die Stadt ist geprägt von Menschen, die in völlig unterschiedlichen Systemen aufgewachsen und sozialisiert worden sind. Zehn Prozent sind älter als 65 Jahre, rund 80 Prozent 15 bis 65 Jahre alt. Nicht wenige haben die Kolonialzeit und die japanische Besetzung der

Oben: Die lebhafte Nanjing Lu ist die bunteste und bekannteste Einkaufsstraße Shanghais.
Unten: Das Warenangebot zieht täglich bis zu zwei Millionen Menschen an.

Zeit für Shanghai

Stadt noch miterlebt und Maos Desaster des »Großen Sprungs nach vorn« (1958–1961) und die Kulturrevolution (1966–1976) durchgestanden. Die heute 20- und 30-Jährigen sind in einer Welt aufgewachsen, die vor allem von Konsum geprägt ist. Ihr Lebensraum sind Einkaufszentren und das Internet, in dem nicht wenige fast jede freie Minute verbringen: zum Spielen, Shoppen und Chatten, oder um Aktien zu handeln. Während sich die Alten hübsch machen und zu ihrem Tanztreff im Park oder auf der Straße gehen, den Hund oder Singvogel »Gassi« führen oder sich dem Kartenspiel oder Insektenwettkampf hingeben, verbringen die Jungen ihre freie Zeit am Computer, beim Kaffee im »Starbucks«, im Kino oder bei einem Bier. Grüner Tee und Pekingoper sind bei ihnen nicht mehr so sehr angesagt. Was sie mit den Alten teilen, ist die Liebe zum Karaoke.

Selbstbewusste Frauen, respektvolle Männer

Den Shanghaier Frauen sagt man gerne nach, dass sie sich vor der Ehe als »süße Kätzchen« geben, nach der Hochzeit aber die Krallen ausfahren und zum Tiger werden. Tatsächlich weiß sich die weibliche Shanghaier Bevölkerung selbstbewusst und mit einem manchmal etwas robusten Charme durchzusetzen. Vor allem die jüngeren Generationen spielen aber auch ihre meist gute Bildung und die Tatsache aus, dass sie sich zumindest mit einer hohen statistischen Wahrscheinlichkeit ihren Partner aussuchen können. Millionen männliche Chinesen suchen bereits vergeblich nach einer Partnerin, weil nach der Einführung der Ein-Kind-Politik der Männerüberschuss dramatisch zugenommen hat. Die Shanghaier Männer wiederum stehen im Reich der Mitte im Ruf, zu weich zu sein, weil viele die Handtasche ihrer Frau tragen, kochen und sich mit einem Taschengeld von ihrem Einkommen zufrie-

Oben: Manche Großeltern durchstöbern das Angebot auf dem Heiratsmarkt, um ihren Enkelkindern zum richtigen Partner zu verhelfen.
Mitte: Die ältere Generation blickt gelassen auf den Wandel vom Kommunismus alter Prägung …
Unten: … hin zur Glitzerwelt.

EINLEITUNG

dengeben. Der Shanghaier selbst betrachtet das eher als Zeichen des Respekts und der Zuneigung zu seiner Partnerin, die er bei allen Rollenverteilungen insgesamt als gleichberechtigt betrachtet. Gemeinsam sehen sich beide Geschlechter dem Vorwurf ausgesetzt, es gehe ihnen nur um Geld. Doch auch hier winken die meisten Shanghaier selbstbewusst ab: Natürlich ist es ihnen wichtig, finanziell abgesichert zu sein und »nach vorne« zu kommen. Geld zu verdienen ist eine ehrenhafte Sache, wichtiger ist ihnen aber die Familie. Wenn beides zusammen geht – umso besser.

Shanghai erleben

Wie die Menschen, so die Stadt. Shanghai wird durchaus auch vom Geld getrieben, vor allem aber geht es um Fortschritt und um bessere Lebensverhältnisse. Beides ist ohne Kapital nicht zu haben, und warum, so fragen sich die Shanghaier, sollte hier verwerflich sein, was anderswo als Formel des Erfolgs gilt? Shanghai baut an seiner Zukunft, entsprechend geschäftig, rastlos, laut und überfüllt präsentiert es sich, der rasende Puls ist geradezu spürbar und für Besucher, die zum ersten Mal in der Megacity sind, nicht selten schwindelerregend. Die vielen widersprüchlichen und ungewohnten Eindrücke wollen erst einmal verarbeitet werden. Für neugierige und offene Menschen, die Neues sehen, riechen, hören und erleben wollen, ist Shanghai ein »Festival der Sinne«. Wer sich der Stadt öffnet, wird fühlen, wie sie ihn einnimmt, so wie sie sich der Einwohner bemächtigt, die im Takt der hämmernden Metropole ticken, weil ihnen gar keine andere Wahl bleibt. Alles muss anders bleiben.

Oben: Ruhige Orte findet man selten in der geschäftigen Stadt.
Mitte: Die Kolonialzeit hat überall ihre Spuren hinterlassen.
Unten: Vor allem im Französischen Viertel findet man unzählige kleine Boutiquen.

Ganz China ist im Umbruch, nirgends wird das deutlicher als in Shanghai, obwohl die Wirtschaftsmetropole nicht mit dem Rest des riesigen Landes vergleichbar ist. China ist in vielen Bereichen und

Zeit für Shanghai

Regionen noch immer eher ein Schwellenland, das kann man in Shanghai sehr leicht vergessen. Trotzdem findet sich in der Millionenstadt und ihrem Umfeld wie unter einem Brennglas alles, um sich ein einigermaßen plausibles Bild vom Reich der Mitte zu machen. Shanghai zeigt, wo das Land in Zukunft sein will.

Alt und neu, asiatisch und westlich, kapitalistisch und kommunistisch: Hier verschmelzen auf ungewohnte Weise Welten miteinander. Die größte Attraktion ist deshalb die Stadt selbst, deren einzigartige Mischung aus Gestern und Morgen die Orientierung aber auch schwierig macht. Mehr oder weniger unschöne Wohnsilos und futuristische Wolkenkratzer bestimmen auf den ersten Blick das Bild. Der zweite zeigt, dass das 18. Jahrhundert seine Spuren ebenso hinterlassen hat wie das 19. und 20. Jahrhundert die Stadt geprägt haben. Kaiserzeit und Kolonialismus haben sich gleichermaßen architektonisch in das Stadtbild gebrannt wie Kommunismus und Kapitalismus. Shanghai hat einiges zu bieten, überall findet man neben den auf Hochglanz getrimmten Wegweisern ins Übermorgen die Spuren der Vergangenheit: versteckte alte Lilongs – eine Form abgeschlossener Wohnsiedlungen, in denen zeitweilig weit mehr als die Hälfte der Bevölkerung untergebracht war –, Kolonialbauten, Villen, Tempel und Kirchen.

Architektur ohne Grenzen

Architektonisch bietet Shanghai ein buntes Sammelsurium verschiedener asiatischer und westlicher Stile, Mischformen und aller denkbarer Abarten. Von monumental bis albern, von Rom bis Disneyland – es gibt keine Variante, die in Shanghai noch nicht gebaut wurde. Schon die Architekten der Kolonialzeit spielten gern mit den verschiedenen

Oben: Moderne Kunst am Century Square
Mitte: Abschalten von der Großstadthektik im Century Park
Unten: Hier halten nicht nur Architekturfans den Atem an: das Atrium des »Grand Hyatt«.

Schulen und schufen Bauwerke mit Stilelementen von chinesischer Tradition neben Barock, Bauhaus und Chicago-Schule. Häufig vertreten ist der Neoklassizismus, der sich unter anderem in den Bauwerken am Bund widerspiegelt, aber auch viele Art-déco-Gebäude sind erhalten geblieben, und mit dem Shanghai Exhibition Center auch ein Beispiel für die monumentale sozialistische Architektur. Im Bereich der modernen Architektur knüpft Shanghai in gewisser Weise wieder an die alten Traditionen an. Auch die neuen Kathedralen der Finanzwelt verbinden gern eklektizistisch verschiedene Stile, Zeiten und Kontinente.

Stadterkundung

Die schnellste Möglichkeit, längere Strecken in Shanghai zurückzulegen, ist die Metro; kürzere Strecken lassen sich bequem und im Vergleich zu Deutschland äußerst günstig mit dem Taxi zurücklegen. Die beste Variante, um die Stadt zu erfühlen und intensiv zu erleben, sind aber ausgedehnte Spaziergänge. Nur so lassen sich viele der architektonischen Schätze und lebhaften kleinen Straßen finden, die sich zwischen die Hochstraßen und Wolkenkratzerlandschaften drängen. Wuselige Restaurantstraßen voller Garküchen, Straßenmärkte und kleine Geschäfte vermitteln einen lebhaften und authentischen Eindruck vom Alltagsleben, das sich – außer in der Hochhauslandschaft Pudongs –

Oben: Das Erbe der Expo: Die Weltausstellung hat Shanghai zusätzlichen Schwung gegeben.
Mitte: Gastfreundlich: Die Menschen sind offen für Fremde.
Unten: Kalligrafieshop im ehemaligen jüdischen Ghetto

Zeit für Shanghai

noch immer zu einem großen Teil auf der Straße abspielt. Auch in modernisierten und »aufgeräumten« Vierteln dauert es nicht lange, bis Anwohner, Handwerker und Händler die Gehwege für sich zurückerobern.

Aber auch Parks spielen eine wichtige Rolle im sozialen Leben der Stadt, und wer sich ein einigermaßen komplettes Bild davon machen will, wie die Shanghaier ticken, kann auf einen Parkbesuch nicht verzichten. Im Detail unterscheiden sich die Gärten sehr stark, sodass es sich durchaus lohnt, mehrere zu besuchen. Allen gemeinsam ist, dass sie in der Woche vor allem für die Rentner sozialer Treffpunkt sind. Hier wird getanzt, gesungen und musiziert; Schattenboxen, Go, Mahjong und Wasser-Kalligrafien stehen ebenso auf dem täglichen Programm wie Rückwärtslaufen und andere exotische Turnübungen. Rauchende Männer verbringen den Tag damit, andere Menschen zu beobachten, über Mao-Zeiten und die Welt zu diskutieren oder sich über die Heiratspläne ihrer Kinder und die Kampfkraft von Insekten auszutauschen.

Neben der Möglichkeit, das chinesische Leben abseits von verstopften Straßen und Bürozeiten zu studieren, bieten die Parkanlagen der Stadt dem Reisenden auch Gelegenheit, Pausen einzulegen, um die eigenen »Batterien« wieder aufzuladen. An manchen Tageszeiten sind die meisten Parks recht lebhaft, am Wochenende manchmal sogar überlaufen. Die Mittagszeit gehört aus zwei Gründen nicht dazu: Zum einen, weil die meisten Chinesen die Sonne meiden, anders als bei Europäern gilt vor allem bei der weiblichen chinesischen Bevölkerung eine möglichst helle Haut immer noch als Schönheitsideal. Zum anderen wegen des Essens. Die meisten Shanghaier essen drei warme Mahlzeiten täglich.

Oben: Einkaufsparadies: Eine riesige Shoppingmall reiht sich in manchen Ecken der Megacity an die andere.
Unten: Kunst und Kultur: Das Kulturangebot Shanghais kann sich sehen lassen – nicht nur im Shanghai Museum.

EINLEITUNG

Essen stillt nicht nur den Hunger

Wer einen Chinesen verärgern will, macht das am besten, indem er ihm das Mittagessen vermiest. Man kann zwar in Shanghai nichts verallgemeinern, aber die Wahrscheinlichkeit, dass das chinesische Gegenüber schlechte Laune bekommt, wenn der Magen nicht pünktlich gefüllt wird, ist recht hoch. Dabei ist die reine Nahrungsaufnahme zwar wichtig, wesentlicher ist aber die gesellschaftliche Bedeutung. Gemeinsames Essen gehört zu den wichtigsten »Schmierstoffen« der Gesellschaft. Die Chinesen machen beim Essen Geschäfte, besprechen ihre familiären Probleme, spinnen Intrigen, knüpfen und festigen Freundschaften und wichtige Beziehungen, finden Lösungen, reden, scherzen, lachen. Kurz: Das gemeinsame Essen gehört zur Seele dieses Volkes. Natürlich wird dabei oft auch getrunken und geraucht – gleichzeitig, das gehört einfach dazu. Nur auf ein Glas Wein oder Bier trifft man sich nie.

Shanghaier lieben wie alle Chinesen die Vielfalt beim Essen, bestellt werden unterschiedliche Speisen – Meeresfrüchte, Geflügel, Fleisch und auf jeden Fall Gemüse –, gegessen wird immer aus der Mitte des Tisches von mehreren Gerichten. Reis wird in der Regel nur auf Wunsch und mit den letzten Gerichten, bei größeren Essen auch mit den letzten Gängen als »Sättigungsbeilage« serviert. Das wichtigste Gericht ist Gemüse. Die abwechslungsreiche chinesische Küche kennt nicht nur unzählige Gemüsearten, sondern ebenso viele Arten, diese auch zuzubereiten. Das kulinarische »Gruselkabinett«, das in westlichen Medien gern thematisiert wird, wenn es ums Essen in China geht, gibt es, abgesehen von wenigen Spezialitäten, nur als Ausnahme. In Shanghai findet man so gut wie alle regionalen Küchen Chinas. Viele Restaurants haben englischsprachige oder zumindest bebilderte Speisekarten, sodass man nur selten Gefahr läuft, etwas zu bestellen, das man nicht

Oben: Gemüse spielt auf dem Speiseplan eine herausragende Rolle, Märkte gibt es viele.
Mitte: Zwischenmahlzeiten nimmt man gern in einem der kleinen Straßenrestaurants ein, …
Unten: … wo es meist eine gute und frische Auswahl gibt.

Zeit für Shanghai

mag. Zur Auswahl ist auch ein Blick auf die Gerichte an anderen Tischen erlaubt, im Normalfall werden die anderen Gäste amüsiert und hilfreich zur Seite stehen. Messer und Gabel gibt es nur in westlich orientierten oder auf Touristen eingestellten Restaurants. Das Handhaben der Stäbchen kann neben dem Erlernen der wichtigsten Vokabeln eine nette Reisevorbereitung sein.

Shanghai kennen

Wenn man Shanghai wirklich kennenlernen will, muss man mindestens vier Jahreszeiten in der Stadt verbracht haben, sagen die Shanghaier. Aber auch ihnen ist bewusst, dass man die Metropole niemals wirklich kennen kann, dafür ist sie zu bunt, zu groß, zu schnell und vor allem zu unbeständig. Da die Stadt ständig ihr Gesicht verändert, kennen sich auch die meisten Shanghaier nicht wirklich aus und werden selbst immer wieder davon überrascht, dass es Gebäude oder ganze Straßenzüge nicht mehr gibt. Die Unbeständigkeit ist anstrengend, aber auch aufregend. Als Besucher kann man die vielen spannenden Seiten am besten genießen, wenn man sich auf die Stadt einlässt. Wenn man sich der Metropole und ihren Menschen nicht mit einer »Schablone nähert, in die beides passen muss, bietet sie dem Reisenden wesentlich mehr, als es auf den ersten und zweiten Blick scheint. Selbst einen Schritt zurückzutreten, zu beobachten ohne zu beurteilen, hinzusehen ohne nachzudenken, gehört zu den schwierigsten Herausforderungen, denen sich der Shanghai-Tourist stellen kann. Wenn es gelingt, wird man belohnt: Man erfasst dann, wie unbeschwert und lebensbejahend die Stadt und ihre Menschen auf die Zukunft gerichtet sind, aber man ahnt auch, dass Shanghai am Ende wahrscheinlich »unverstehbar« bleibt. Vielleicht ist die Stadt deshalb der Ort, an dem man unbedingt sein muss.

Oben: Ein großer Teil des Lebens spielt sich auf der Straße ab.
Mitte: Händler verkaufen Trödel, Gemüse oder Obst. Wenn das Geschäft nicht läuft, nutzt man die Zeit für den Kurzschlaf.
Unten: Die Straßenköche öffnen ihre Garküchen vor allem am Abend.

Geschichte im Überblick

ca. 3900 v. Chr. Erste Siedlungsspuren der Majiabang-Kultur und der Songze-Kultur auf den Gebieten der heutigen Songjiang- und Qingpu-Distrikte.

ca. 3000 v. Chr. Das heutige östliche Shanghai-Gebiet erhebt sich aus dem Meer.

746 Im heutigen Qingpu-Gebiet im Westen Shanghais wird ein Hafen in Qinglong gegründet, einer Stadt mit einigen Zehntausend Einwohnern am Südufer des Songjiang-Flusses, und entwickelt sich zum wichtigen Seehafen.

960 Die unteren Bereiche des Wusong River werden auch Hudu genannt. »Hu« bezeichnet ein einfaches Bambuswerkzeug zum Fischfang, »Du« bezieht sich auf den Fluss, der zum Meer fließt. In der am Fluss liegenden Siedlung Huadinghai wird der Name Shanghai zum ersten Mal als Gemeindeteil der Ansiedlung genannt. Shanghai wird deshalb auf den Autokennzeichen auch heute noch mit »Hu« abgekürzt. Der Gemeindeteil bekommt seinen Namen vom Shanghai Creek, einem Nebenfluss des Wusong.

1068–1077 Aus dem Gemeindeteil Shanghai gründet sich eine Gemeinde auf der Westseite des Flusses, und Shanghai Wu – eine offizielle Körperschaft, die Steuern auf Wein erheben darf – siedelt sich an.

1265–1274 Shanghai wird der Status einer Marktstadt zugesprochen, ein Seehandelsamt wird etabliert, und Shanghai entwickelt sich zu einem großen Hafen.

1291 Shanghai wird offiziell Landkreis mit 300 000 bis 350 000 Einwohnern in 77 000 Haushalten.

1553 Shanghai erhält die Genehmigung zum Bau einer Stadtmauer.

1368–1644 Auf den heutigen Stadtgebieten in Jiading, Fengxian, Baoshan und Nanhui wird Baumwolle produziert und im Südosten der Stadt von fast jeder Familie verkauft. Shanghai entwickelt fünf Küstenschifffahrtslinien.

1685 Die Qing-Regierung eröffnet ein Zollhaus in Shanghai.

1736–1795 Schiffe aus Japan, Korea, Vietnam und Thailand fahren den Shanghaier Hafen regelmäßig an. Die Stadt wird nicht nur Exporthafen Nummer eins für Baumwollkleidung, sondern auch Verteiler und Transitzentrum zwischen Nord- und Südchina.

1830 Vor dem Opiumkrieg gehören bereits 150 Städtchen und Ortschaften zu Shanghai. Mit seinem geschäftigen Hafen »zwischen den Flüssen und Meeren« hat es mehr als 400 000 Einwohner.

1839–1842 Um sich gegen den Opiumhandel der Engländer zu wehren, wird der kaiserliche Kommissar Lin Zexu nach Guangzhou entsandt, wo er 20 000 Kisten Opium vernichten lässt. Die Briten antworten mit dem (Ersten) Opiumkrieg und beschießen Shanghai am 9. Juni 1842 mit 550 Geschützen auf 16 Booten, bevor sie dem Kaiserreich Millionen Silberdollar und die Öffnung von chinesischen Häfen abpressen.

1843 Die Engländer erwirken Exterritorialrechte für ihre Handelsniederlassungen und richten eine Konzession ein.

1848–1849 Amerikaner und Franzosen errichten ihre Konzessionen.

1851–1864 Die Taiping-Rebellion erschüttert China und erreicht Shanghai. Die »Kleinen Schwerter« übernehmen 1853–1855 die Macht in der Altstadt. Vor den blutigen Auseinandersetzungen zwischen Taiping und kaiserlicher Armee flüchten viele Chinesen in die ausländischen Konzessionen. Slums entstehen.

1895 Niederlage Chinas im Krieg gegen Japan, erstmals lassen sich Japaner in großer Zahl in Shanghai nieder.

1911 Ende des Kaiserreichs, China wird Republik.

1921 In Shanghai wird die Kommunistische Partei Chinas (KPCh) gegründet.

1927 Die nationalistische Guomindang (GMD) unter Chiang Kai-shek ermordet in Shanghai Tausende Kommunisten.

1937–1941 Japan besetzt alle chinesischen Teile Shanghais und nach seinem Angriff auf Pearl Harbour auch die ausländischen Konzessionen.

1945 China erlangt nach dem Ende des Zweiten Weltkriegs volle Souveränität über Shanghai zurück.

1949 Nach Ende des Bürgerkriegs zwischen GMD und Kommunisten marschiert die Volksbefreiungsarmee ein.

1966 Mao Zedong und seine Frau Jing Qing entfachen von Shanghai aus die Kulturrevolution.

1976 Mao stirbt, der Nachfolger Deng Xiaoping (1904–1997) wagt den Aufbruch in die Marktwirtschaft.

1990 Pudong wird Sonderwirtschaftszone, wo bis dahin Reisfelder lagen, entsteht in kürzester Zeit eine neue Stadt. In der Folge verzeichnet der Stadtteil über Jahre zweistelliges Wirtschaftswachstum.

1994 Der Oriental Pearl Tower wird eingeweiht, mit seinen 468 Metern Höhe wird er zum Wahrzeichen der Stadt.

1999 Einweihung des Flughafens Pudong.

2005 Der neue Tiefseewasserhafen Yangshan geht in Betrieb.

2008 Das 492 Meter hohe World Financial Center wird eröffnet.

2010 Rund 70 Millionen Besucher besuchen die Expo. Im Vorfeld wird die Stadt weiter modernisiert.

2015 Eröffnung des 632 Meter hohen Shanghai Tower.

RUND UM DEN BUND UND PUDONG

1 Suzhou Creek 苏州河
Britisches Territorium   30

2 Der Bund 外滩
Gestern trifft Morgen   36

3 Lujiazui 陆家嘴
Die neue Perle der Stadt   44

4 Century Avenue 世纪大道
Über den Wolken   52

5 Century Square 世纪广场
Kultur und Technik   58

6 Maglev-Bahn 磁悬浮
Schwebend zum Meer   62

RUND UM DEN BUND UND PUDONG

1 Suzhou Creek 苏州河
Britisches Territorium

Es bedurfte keiner ausländischen Konzessionen, um Shanghai zu einer florierenden Großstadt oder zu einem Tummelfeld für Glücksritter und Gauner zu machen. Das war die Stadt bereits, bevor die Briten kamen. Aber die »Zwangsöffnung« hat das moderne Shanghai geprägt und entscheidend zum internationalen Flair der Stadt beigetragen. Ihre Spuren finden sich überall, vor allem in den ehemaligen Konzessionen.

Shanghai war zu Beginn des 19. Jahrhunderts eine überaus geschäftige Stadt, um deren Mauern herum sich Handelsposten, Marktstätten und eine gut entwickelte Textilindustrie angesiedelt hatten. Bereits um 1800 lebten hier mehr als 250 000 Menschen, etwa so viele wie zur gleichen Zeit in Wien oder Kairo. Während des 18. Jahrhunderts war die

Seite 26/27: Die beeindruckende Skyline von Pudong, vom Wusong aus betrachtet.
Oben: Spuren der Kolonialzeit: Das 1934 errichtete »Broadway Mansion« war seinerzeit die beste Apartment-Adresse der Stadt.

> **MAL EHRLICH**
>
> **VERWIRRENDE BESCHILDERUNGEN**
>
> Straßenschilder sind mit chinesischen Schriftzeichen und in der Umschrift Pinyin beschriftet, die »Übersetzungen« in Pinyin sind aber nicht immer konsequent, deshalb heißt es aufpassen. »Bei« steht für Nord, »Nan« für Süd, »Xi« für West, »Dong« für Ost und »Zhong« für Mitte. »Lu« (Straße) wird mit »Rd« für Road abgekürzt. Die Schriftzeichen z. B. für »Huang Pi Nan Lu« werden so zu »Huangpi Rd (S)«, die »Su Zhou Bei Lu« sollte entsprechend als »Suzhou Rd (N)« ausgeschildert sein. Die Schilder zeigen aber »Beisuzhou Rd«. Nicht verwirren lassen und nachsprechen: Bei, Nan, Xi, Dong …

Suzhou Creek

an Wasserwegen reiche Stadt zu einem großen Hafen für Baumwolltextilien herangewachsen, in dem Schiffe aus Japan, Korea, Vietnam und Thailand ankerten. Allerdings wurde Shanghai aufgrund des Seehandelsverbots, das die meiste Zeit während der Ming- und Qing-Dynastie (1644–1911) galt, im Außenhandel sehr eingeschränkt. Anders in der Industrie und im Binnenhandel: Die Stadt hatte sich zum wichtigsten Binnenhafen Chinas entwickelt. Um 1830 verzeichnete sie mehr als 400 000 Einwohner und war das größte Handelszentrum des Yangtze-Deltas.

Die Briten kommen

Trotz des deutlichen Desinteresses des abgeschotteten chinesischen Kaiserreichs an europäischen Produkten erhielten die Briten um 1800 die Erlaubnis, über die Hafenstadt Kanton Handel mit China zu betreiben. Der entwickelte sich aber eher zur Einbahnstraße: Die Briten kauften Tee und Seide, die sie mit Silber bezahlten. Im Gegenzug wurden sie aber kaum Waren los, was ihre Handelsbilanz nicht gut aussehen ließ. Als Ausweg ersann die britische »Kaufmanns-Elite« den Opiumhandel. Der Genuss des Rauschgifts, das die Briten in Indien anbauten, war zwar sowohl in England als auch in China verboten, und auch der Handel damit stand in China unter Strafe, versprach aber gute Geschäfte. Ab 1820 begannen die skrupellosen Geschäftemacher der Ostindien-Kompanie daher damit, große Mengen Opium nach China zu schmuggeln und das Land nach und nach mit der Droge zu überschwemmen. Das Kaiserreich wehrte sich nur mäßig, ließ aber 1839 rund 20 000 Kisten beschlagnahmen und vernichten, was den Briten Anlass bot, den Ersten Opiumkrieg (1840–1842) vom Zaun zu brechen, in dessen Verlauf sie Shanghai 1842 mit 50 Geschützen auf 16 Booten zusammenschossen und einnahmen.

AUTORENTIPP!

COCKTAIL MIT AUSSICHT

Rund um den Bund gibt es unzählige Hotels und Restaurants mit Terrassen, die einen atemberaubenden Blick bieten. Angesagt ist die elegante, manchmal leicht versnobte »Vue Bar« in den oberen Etagen des Hotels »Hyatt on the Bund«. Für 100 RMB Eintritt gibt es ein Getränk inklusive. Wer einen Tisch wünscht, muss sich auf Mindestverzehr einstellen und vorher reservieren. Weniger elitär geht es im »Kathleen's Waitan« zu. Am Ende einer Sackgasse gelegen, bietet die Terrasse in der 4. Etage einen ausgezeichneten Blick auf den Oriental Pearl Tower und den Bund.

Vue Bar 非常时髦酒吧. So–Do, 18–1, Fr, Sa 18–2 Uhr, 32-33/F, Huangpu Lu 199 (黄浦路199号), Tel. 021 63 93 12 34-63 48, www.shanghai.bund.hyatt.com
Kathleen's Waitan. Bar 16–24, Restaurant 17.30–22.30 Uhr, 4F, Huangpu Lu 200 (黄浦路200号4楼), Tel. 021 66 60 09 89, www.kwaitan.com

Blick auf die beleuchteten Uferpromenaden des Huangpu

RUND UM DEN BUND UND PUDONG

Rundgang

Es hat seinen Charme, sich dem Bund als der touristischen Topadresse auf Umwegen zu nähern. Der Umbruch der Stadt lässt sich besser erspüren, außerdem ist es entspannter, weil die Straßen leerer sind als auf der direkten Verbindung über die Nanjing Lu.

Ⓐ Metrostation East Nanjing Rd, Exit 5. Tianjin Lu Richtung Osten, an der Sichuan Zhong Lu links abbiegen.

Ⓑ Postmuseum. Hinter der Brücke steht auf der linken Seite das Hauptpostamt. Der Eingang zum Museum liegt an der nächsten Ecke des Gebäudes. Direkt dahinter steht das »New Asia Hotel« (1933).

Ⓒ »Broadway Mansion«. und »Astor House Hotel«. Der Suzhou Rd (N) (Beisuzhou Rd) nach Osten folgend erreicht man das »Broadway Mansion«, dahinter liegt das »Astor House«.

Ⓓ Garden Bridge 外白渡桥. Stahlbau von 1906 (siehe S. 33 f.). Direkt daneben steht das Russische Generalkonsulat, (1916), entworfen vom deutschen Architekten Hans Emil Lieb.

Ⓔ Huangpu-Park 黄浦公园. Im Park hinter der Brücke links ist im Sockel des Denkmals der Volkshelden das Bund History Museum untergebracht.

Ⓕ Britisches Konsulat & Union Church. Im ehemaligen Konsulat (1873) residiert heute die Luxusuhren-Manufaktur Patek Philippe, weiter westlich steht die Union Church, die erste protestantische Kirche der Stadt (1886)

Ⓖ Rockbund. Der Block zwischen Huqiu Lu und Yuanmingyuan Lu weist eine ganze Reihe historischer Bauten auf, die zu einem Hotel-, Büro- und Kulturviertel umgebaut werden. Darunter an der Yuanmingyuan Lu: Ampire & Co. Building (1907, Nr. 97), Yuan Ming Yuan Apartments (1904, Nr. 115), YWCA Building (1927–33, Nr. 133), Somekh Apartments (1927, Nr. 149), Associate Mission (1923, Nr. 169), Lyceum Building (1927, Nr. 185), China Baptist Publication Building (1930, Nr. 209) sowie auf der Huqiu Lu sein »Zwilling«, das Christian Literature Building (1932, Nr. 128) und das Capitol Theatre (Nr. 146), in dem bei der Eröffnung 1928 »Casanova« lief. Außerdem steht hier das Royal Asiatic Society Building, in dem jetzt das Rockbund Museum untergebracht ist (1874, Neugestaltung 1932, Huqiu Lu 20).

Suzhou Creek

Nach ihrem erfolgreichen Vorstoß drohten die Briten dem chinesischen Kaiserreich mit einem Überfall auf Nanjing und pressten den Chinesen damit die Unterschrift unter die »Ungleichen Verträge von Nanjing« ab, die unter anderem eine Zahlung von insgesamt 21 Millionen Silberdollar, die Abtretung Hongkongs und die Öffnung von fünf chinesischen Hafenstädten festschrieben. Mit diesem abgenötigten Vertrag und dem damit verbundenen »halb kolonialen Status« beginnt die Geschichte des modernen Shanghai.

Ab 1843 setzten die »rothaarigen Barbaren« ihre exterritorialen Rechte in die Tat um: mit dem Aufbau einer eigenen Konzession im Nordteil des heutigen Bund am Wusong-Fluss, den die Briten Suzhou Creek nannten. So konnten sie ihre Geschäfte ungestört von chinesischer Justiz und Ordnung vorantreiben. Andere Mächte folgten, 1848 wird nördlich des Wusong die amerikanische »Missionsniederlassung« gegründet, 1849 dann die französische Konzession auf dem Land zwischen der britischen Konzession und den Stadtmauern der sogenannten Chinesenstadt, also der Altstadt Shanghais.

Spuren der Vergangenheit

Mit den Niederlassungen, den Gewinnen aus dem Opiumhandel und den Investitionen ausländischer Anleger entwickelte sich Shanghai in den Folgejahren zu einem bedeutenden internationalen Industrie- und Handelszentrum. Große britische, amerikanische und französische Handelsfirmen verlegten ihre Hauptquartiere von Kanton an den Huangpu. An den Ufern des Suzhou Creek entstanden Fabriken und Warenhäuser. Spuren des Aufschwungs sind heute noch am Wusong und im ehemals britischen Siedlungsgebiet zu finden. Dazu gehört die Garden Bridge über den Wusong,

Oben: Beim Streifzug durch die ehemalige britische Konzession trifft man …
Mitte: … auf das im Jahr 1873 errichtete britische Konsulat und zahlreiche weitere Spuren der Vergangenheit …
Unten: … am Suzhou Creek.

AUTORENTIPP!

MORGENS KOMMEN
Sonnenaufgang im Juli gegen 5 Uhr, Sonnenuntergang gegen 19 Uhr. Shanghai ist eine Stadt für Frühaufsteher, nicht nur, weil es auch im Sommer recht früh dunkel wird, sondern auch, weil das Leben in den frühen Morgenstunden in einem anderen Rhythmus verläuft. Die Ufer der Flüsse erscheinen in einem anderen Licht, die Anwohner in den Straßen zeigen ein anderes Gesicht, und die Pensionäre schlurfen zur Uferpromenade, um im Morgendunst vor den Kulissen des Bund und der neuen Skyline im Osten ihren Frühsport zu machen, bevor der Bund von den Touristen erobert wird. Ein schönes Motiv für Foto-Liebhaber, für die es aber auch noch einen anderen Grund gibt, früh hier zu sein: Zu keiner Tageszeit präsentieren sich die historischen Gebäude am Bund in einem besseren Licht. »Der frühe Vogel fängt den Wurm«, diese Redensart gibt es auch in China.

Am frühen Morgen gehört der Bund den sportlichen Anwohnern.

RUND UM DEN BUND UND PUDONG

die die 1863 zum International Settlement vereinigten Niederlassungen der Briten und Amerikaner miteinander verband. Die ursprüngliche Brücke war britischer Privatbesitz, für deren Nutzung die chinesischen Bewohner Maut zahlen mussten. Sie wurde 1906 durch die öffentliche Stahlkonstruktion ersetzt, die, von den Shanghaiern Waibaidu Qiao getauft, heute gern als Motiv für Hochzeitsfotos genutzt wird.

Bereits 1868 hatten die Briten direkt am Wasser mit dem Public Garden (heute Huangpu Park) einen Park angelegt, der für die chinesische Bevölkerung gar nicht beziehungsweise nach Protesten chinesischer Honoratioren nur in »vorschriftsmäßiger Kleidung« zugänglich war. Hier stand auch das deutsche Iltis-Denkmal, das 1898 an den »Heldentod der Besatzung SM Kanonenboot ›Iltis‹« erinnerte, die bei einem Taifun an der Küste von Shantung ums Leben kam. Im Dezember 1918 soll es von Ausländern vom Sockel gestoßen worden sein. Heute steht hier das Denkmal der Volkshelden, in dem auch das sehenswerte Bund-Museum untergebracht ist.

Auf der anderen Seite des Wusong-Ufers befindet sich mit dem früheren »Astor House Hotel« die älteste westliche Nobelherberge Chinas, die bereits im Jahr 1846 errichtet wurde. Zu seinen Gästen gehörten zahlreiche bedeutende Persönlichkeiten ihrer Zeit, unter anderem Albert Einstein, Bertrand Russell und Charlie Chaplin. Unweit davon wurde 1934 das elegante »Broadway Mansion« errichtet, bei seiner Fertigstellung die beste Apartment-Adresse der Stadt. Das chinesische Hauptpostamt entstand 1924. Die Originale der Figuren am Turm wurden während der Kulturrevolution zerstört und später durch Kopien ersetzt. In dem Gebäude ist heute das sehenswerte Postmuseum untergebracht (siehe S. 35).

Suzhou Creek

Infos und Adressen

SEHENSWÜRDIGKEITEN

Bund History Museum 外滩历史纪念馆.
Shanghais Kolonialgeschichte. Zhongshan Dong Yi Lu 475 (中山东一路475号), Tel. 021 53 08 89 87

Rockbund Art Museum 上海外滩美术馆.
Zeitgenössische chinesische und internationale Kunst. Di–So 10–18 Uhr, Huqiu Lu 20 (虎丘路20号 近北京东路), Tel. 021 33 10 99 85, www.rockbundartmuseum.org

Shanghai Post Museum 上海邮政博物馆.
Im Atrium werden unter anderem eine Poststelle der Qing-Dynastie und der im Jahr 1917 gekaufte erste Postwagen gezeigt. Mi, Do, Sa, So 9–17 Uhr, Tiantong Lu 395, nahe Sichuan Bei Lu (天潼路395号,近四川北路), Tel. 021 63 93 66 66

ESSEN UND TRINKEN

Bund 30 Bar & Bistro. Westliche Küche, serviert zwischen Kunst. Empfehlenswert ist die Lasagne, 10–3 Uhr, Daming Lu 30 (大名路30号), Tel. 021 63 07 28 66

ÜBERNACHTEN

Astor House Hotel (Pujiang Hotel) 上海浦江饭店. Hotel mit Historie. Huangpu Lu 15 (黄浦路15号), www.pujianghotel.com

Das Postmuseum ist einen Besuch wert.

New Asia Hotel Shanghai 上海新亚大酒店.
Dreisternehaus mit Tradition. Tiantong Lu 422 (天潼路422号, 近四川北路), Tel. 021 63 24 22 10

AKTIVITÄTEN

Muse on the Bund. Angesagter Partyklub. Yi Feng Galleria, Beijing Dong Lu 77, 5. Etage, nahe Yuan Mingyuan Lu (北京东路77号5楼 近圆明园路), Tel. 021 53 08 83 32, www.museshanghai.com

Suzhou-Creek-Rundfahrt. Auf dem Huangpu gibt es Kreuzfahrten schon lange, die Fahrten auf dem Suzhou Creek dagegen sind relativ neu. Es gibt drei Anleger entlang des Wusong. Von hier aus geht es vorbei an den Sehenswürdigkeiten, alten Warenlagern und neuen Künstlervierteln. Tägl. 10.30, 13, 14.30, 16 Uhr, Anleger bei Suzhou Lu 111 (北苏州路111号), Tel. 021 40 08 80 08 62, www.sz-river.com

Internationales Ambiente, westliche Küche

RUND UM DEN BUND UND PUDONG

2 Der Bund 外滩
Gestern trifft Morgen

An keiner Stelle der Stadt lässt sich Shanghais Vergangenheit und Zukunft auf einen Blick besser erfassen als am Bund. Die rund drei Kilometer lange Promenade auf der Westseite (Puxi) des Flusses Huangpu prägt das Gesicht der Stadt seit der Kolonialzeit. Die Aussicht auf die Skyline auf der anderen Seite des Flusses (Pudong) zeigt das moderne Shanghai mit Blick auf morgen. Dazwischen tummeln sich Touristen und Geschäftsleute in der Gegenwart.

Die Flüsse Huangpu und Wusong (oder Suzhou Creek) waren zu allen Zeiten wichtige Lebensadern Shanghais. Es ist deshalb kein Zufall, dass heute an den Ufern, wo der Wusong in den Huangpu mündet, sich nicht nur die beliebtesten Flaniermeilen der Stadt befinden, sondern auch die Wirtschaftstempel stehen, die die beiden bedeutenden

Oben: Der Bund: Zeitzeuge des wirtschaftlichen Aufschwungs während der Kolonialzeit ...
Unten: ... und beliebte Flaniermeile

> ### MAL EHRLICH
> **NICHT AN FEIERTAGEN!**
> Der Bund ist viel zu schön, um ihn nicht immer wieder zu besichtigen, da nimmt man die Menschenmassen, die hier auch während der Woche flanieren, gern in Kauf. Besonders voll und deshalb schwierig wird es aber am Wochenende – und geradezu unerträglich an den chinesischen Feiertagen. Wenn man nicht gerade Nerven aus Stahl hat oder Zen-Meister ist und deshalb unerschütterlich in sich selbst ruht, sollte man die Promenade – und am besten auch jedes andere touristische Highlight der Stadt – deshalb besonders um den 1. Mai und in der ersten Oktoberwoche (Nationalfeiertag) meiden.

Der Bund

Aufbrüche der Stadt gegen Anfang des 20. und des 21. Jahrhunderts markieren. Der Bund ist die steingewordene Geschichte des ersten Aufschwungs, der mit der unfreiwilligen Internationalisierung der Stadt begann und von dem in erster Linie die rücksichtslosen Glücksritter der Kolonialmächte profitierten, die in ihren Konzessionen blendende Geschäfte machten. Manche der älteren Shanghaier schauen mit gemischten Gefühlen auf den Bund, der heute eben nicht nur architektonisches Freilichtmuseum, touristische Visitenkarte und Symbol der Weltoffenheit der Stadt ist, sondern auch an weniger glorreiche Zeiten erinnert. Insgesamt nehmen sie diesen Widerspruch aber landestypisch pragmatisch und ignorieren ihn einfach. Wenn sie nicht gerade am Waitan (äußeren Ufer), wie der Bund von den Shanghaiern noch heute genannt wird, leben oder arbeiten, zieht es den größten Teil der Stadtbevölkerung ohnehin nur bei wenigen Gelegenheiten hierhin.

Treffpunkt für Ost und West

Bevölkert wird der Bund wie einst von Ausländern aus West und Ost, die für internationale Unternehmen arbeiten und sich rund um den Huangpu in sündhaft teure Apartments und Hotels einmieten oder als Touristen kommen. Sie mischen sich unter die Scharen der chinesischen Urlauber, die aus allen Teilen des Landes anreisen, um den Bund und die Aussicht auf die Skyline von Pudong zu bestaunen. Der Menschenstrom reißt auch abends nicht ab, wenn beide Seiten des Ufers im beeindruckenden Scheinwerfer- und Neonlicht erstrahlen und sich die Reichen und Schönen der Stadt nach dem Shoppen in Edelkaufhäusern in den kostspieligen Restaurants und Hotelbars rund um die Prachtmeile treffen, bevor sie sich zu einem Champagnergelage in die angesagten Clubs der Metropole aufmachen.

AUTORENTIPP!

BUND »RELOADED«
Der Bund lebt. Je nachdem zu welcher Jahres- oder Tageszeit man hierher kommt, hinterlässt er sehr unterschiedliche Eindrücke. Der größte Kontrast ist freilich immer der zwischen Tag und Nacht. Wenn abends die Lichter angehen und die historischen Gebäude von Scheinwerfern angestrahlt werden, erinnert alles eher an eine riesige Freilichtbühne als an koloniale Zeiten, vor allem dann, wenn man auf der anderen Seite des Flusses oder auf einer der umliegenden Terrassen steht und die ganze Häuserfront im Blick hat. Den Eindruck bei Nacht sollte man sich daher keinesfalls entgehen lassen. Andererseits wäre es aber auch zu schade, die Atmosphäre am Tag zu verpassen, wenn man bei der Besichtigung des einen oder anderen Gebäudes noch einen Hauch Geschichte schnuppern kann. Im Zweifelsfall also lieber einmal mehr zum Bund kommen, denn langweilig wird es hier garantiert nicht.

Im Scheinwerferlicht verwandelt sich der Bund in eine Freilichtbühne.

RUND UM DEN BUND UND PUDONG

Rundgang

Ⓐ Municiple Square. Die Art-déco-Gebäude »Metropole Hotel« und »Hamilton House« auf der linken Seite nehmen Bezug auf das Shanghai Municipal Council aus dem Jahr 1922 (rechts).

Ⓑ Gutzlaff Tower. Signalturm, 1907 auf der Basis eines 1884 errichteten Holzbaus.

Ⓒ Asia Building. An der Ecke zur Yan'An Lu steht das 1915 als McCain Building errichtete Gebäude an der Zhongshan Lu (Bund) 1.

Ⓓ Shanghai Club. Bund 2, 1910 Heimat für den englischen Club, heute Hotel »Waldorf Astoria«.

Ⓔ Union Building. Bund 3, 1916 erstes Gebäude mit Stahlrahmenkonstruktion in Shanghai, heute Lifestyle-Paradies.

Ⓕ Nisshin Kisen Kaisha Shipping (NKK)-Building. Bund 5, 1925, beheimatet das legendäre »M on the Bund«.

Ⓖ Russel & Co. Bund 6, wahrscheinlich 1881, 1897 zog die »China Merchants Bank« ein, heute Dolce-&-Gabbana-Filiale.

Ⓗ Great Northern Telegraph Company. Bund 7, 1908, nachdem ein Brand das alte Gebäude der Gesellschaft stark beschädigt hatte. Hier stand die erste Telefonvermittlung Shanghais.

Ⓘ China Merchants Steamship Company. Bund 9, 1901, heute Edelkaufhaus und Restaurant.

Ⓙ Hongkong and Shanghai Bank. Bund 12, 1921 (siehe S. 42).

Ⓚ Zollhaus. Bund 13, 1927, die Uhr im Turm wurde in Anlehnung an Big Ben in London Big Ching getauft und auch in England gefertigt.

Ⓛ North China Daily News. Bund 17, beheimatet seit 1921 die heute älteste englischsprachige Zeitung Chinas.

Ⓜ Chartered Bank Building. Bund 18, 1923, heute als Sitz exklusiver Restaurants bekannt.

Ⓝ »Palace Hotel«. Bund 19, 1906.

Ⓞ »Peace Hotel«. Bund 20, 1929 als »Cathay« eröffnet, seinerzeit das luxuriöseste und modernste im Osten. Auch als »Sassoon House« bekannt.

Ⓟ Chen-Yi-Denkmal. Am Ausgang der Unterführung wurde nicht Mao Zedong auf den Sockel gehoben, sondern der erste kommunistische Shanghaier Bürgermeister Chen Yi (1901–1972).

Ⓠ Bank of China. Bund 23, das einzige Gebäude am Bund mit chinesischen Stilelementen.

Ⓡ Bund 24–29. Ehemalige Bank und Versicherungsgebäude, vorwiegend aus den 1920er-Jahren.

Der Bund

Bewegte Geschichte

Nachdem die Briten ihre Niederlassungsrechte in Shanghai erzwungen hatten, beanspruchten sie das Ufer des Huangpu zwischen dem Wusong River und dem kleinen Flüsschen Yang King Pang, das später von den Franzosen zugeschüttet wurde, als Ankergebiet für ihre Kanonenboote und Handelsschiffe. Bis dahin war das Ufer weitgehend ungenutzt, die Hauptanlegestellen der Chinesen lagen weiter südlich am Ende der Altstadt. Bereits 1404 hatten die Shanghaier unter der Führung des Ming-Ministers Xia Yuanji im Rahmen eines groß angelegten Projektes zum Schutz vor Überflutungen den durch Ablagerungen blockierten Wusong freigelegt, die Flussläufe erweitert und Huangpu und Wusong mit dem Ozean verbunden. Der Wusong als einstige Hauptwasserstraße degenerierte zum Nebenfluss des Huangpu, dessen Ufer am Zusammenfluss lediglich durch kleine Deiche geschützt waren, an denen Dschunken anlegen konnten. An diesen »bunds«, denen die heutige Promenade ihren Namen verdankt, begannen zunächst die Briten und später auch die anderen Kolonialmächte in schneller Folge Anlegestellen, Werften und immer größere Hafenanlagen zu errichten. Gleichzeitig entstanden am Ufer nach und nach Wohn- und Handelshäuser im sogenannten Comprador- oder Kolonialstil, und die Uferstraße wurde befestigt. Bereits 1865 erhielt der Bund eine Straßenbeleuchtung mit Gaslaternen, die nach 1882 durch elektrische Lampen ersetzt wurden.

Der Bund entsteht

Nachdem sich Anfang des 20. Jahrhunderts die Grundstückspreise am Bund vervielfacht hatten, begannen die Banken und finanzkräftigen Firmen in die Höhe zu bauen. In einem beispiellosen Wettstreit der politischen und wirtschaftlichen

Oben: Symbole des Aufschwungs einst und heute: der Bulle am Bund Financial Square ...
Unten: ... und das Gebäude der Hongkong und Shanghai Bank aus dem Jahr 1921

RUND UM DEN BUND UND PUDONG

AUTORENTIPP!

ESSEN MIT PROMIS
»M on the Bund« war das erste – und lange Zeit auch einzige – Restaurant am Bund, das internationale Küche in ansprechender Qualität anbieten konnte. Sein Monopol als Edelrestaurant hat es längst verloren, im Umfeld hat sich attraktive Konkurrenz niedergelassen, nicht zuletzt direkt nebenan in »3 on the Bund«. In Sachen Extravaganz steht die Konkurrenz dem »M« nicht nach. Trotzdem gehört dieses, nicht zuletzt wegen des gebotenen Gesamtpakets, noch immer zur ersten Wahl: Die Küche gilt nach wie vor als eine der besten der Stadt, und das Ambiente bleibt außergewöhnlich. Dazu tragen auch die regelmäßigen Literatur- und Musikveranstaltungen bei – und die Stars, die hier immer wieder mal auftauchen.

M on the Bund 米氏西餐厅.
11.30–14.30, 18.15–22.30 Uhr, Sa, So Brunch 11.30–15 Uhr, 7. Etage
Bund 5/Guangdong Lu 20
(广东路20号外滩5号7楼),
Tel. 021 63 50 99 88,
www.m-restaurantgroup.com/mbund

Das »M on the Bund« ist erste Wahl für besondere Abende.

Mächte entstanden zahlreiche imposante Bauten, die den Krieg und die japanische Besatzung der Stadt genauso überdauerten wie den anschließenden Bürgerkrieg, die Kulturrevolution und die Zeit des Kaderkommunismus, in der die Machthaber in Peking Shanghai an die Kette legten und die Stadt als lukrativen Steuerzahler »molken«. Die Gebäude am Bund galten zwar als »imperialistisches Schandmal«, wurden aber dennoch nicht abgerissen. Stattdessen dienten einige als Sitz für die Shanghaier Behörden.

Wiederaufstieg

Nach dem Tod von Mao Zedong (1893–1976) trieb Deng Xiaoping (1904–1997) ab den 1980er-Jahren die Öffnungspolitik Chinas voran, doch Shanghai blieb zunächst außen vor. Rückblickend betrachtete Deng das als Fehler. Endlich – im Jahr 1990 – erhielt Shanghai von der Hauptstadt die Erlaubnis für die Einrichtung einer Sonderwirtschaftszone in Pudong. Der »Kopf des Drachen« sollte richten, was bis dahin nicht recht gelingen wollte, und dem Land wieder Leben einhauchen. Entlassen aus der Umklammerung Pekings, begann der rasante Wiederaufstieg Shanghais, der abermals an den Ufern des Huangpu in Beton und Stahl gegossen wurde – wenn auch dieses Mal auf der anderen Seite des Flusses – und damit auch dem Bund zu neuem Glanz und Leben verhalf. Heute gehören die Gebäude am Bund wieder zu den teuersten und prestigeträchtigsten Immobilien der Stadt. Neben Finanzinstituten sind hier Geschäfte von Luxusmarken, vornehme Restaurants, Hotels und Bars untergebracht.

1992 wurde die Uferpromenade höhergelegt, und zur Expo 2010 wurde noch einmal einiges umgebaut und besucherfreundlich gestaltet. Der Besuch der Flaniermeile ist dem Verkehr und den Men-

Der Bund

schenmassen zum Trotz ein absolutes Muss, schon allein wegen der außergewöhnlich beeindruckenden Ansammlung von Prachtbauten. Das wohl älteste Gebäude im einzigartigen architektonischen Ensemble am Bund ist das ehemalige Russel & Co. an der Hausnummer 6, das wahrscheinlich 1881 gebaut wurde. 1897 zog hier die China Merchants Bank ein. Das ehemalige »Palace Hotel« (Bund 19), das einzige Backsteingebäude, entstand 1906. Die meisten Häuser sind jedoch etwas jünger, sie stammen aus den 1920er- und 1930er-Jahren, in denen der Bund dank seiner protzigen und pompösen Finanzinstitute zur weltweit bekannten »Wallstreet des Ostens« aufstieg, die keinen Vergleich mit anderen internationalen Finanzplätzen scheuen musste. Das jüngste Anwesen im Bunde ist der ehemalige Finanzpalast der Bank of Communications (Bund 14), der 1947 den Bau der Deutsch-Asiatischen Bank ersetzte.

Wie dem Suzhou Creek nähert man sich auch dem Bund am besten durch den »Hintereingang«. Der kleine Umweg lohnt sich, weil hier vergleichsweise wenig los ist und weil ein Spaziergang durch die Straßen hinter dem Boulevard interessante Einblicke abseits des Touristenrummels und einige zusätzliche architektonische Sehenswürdigkeiten zu bieten hat. Ausgehend von der Metrostation East Nanjing Road sind das zunächst die Holy Trinity Church, die der viktorianische Architekt Sir George Gilbert Scott (1811–1878) im Jahr 1866 im neugotischen Stil aus rotem Backstein errichtete, sowie das »Metropole Hotel« und sein »Zwilling« Hamilton House aus dem Jahr 1934. Einen Blick wert sind zudem das erste moderne Bürogebäude am »französischen Bund«, das Messageries Maritimes Building aus dem Jahr 1939, in dem heute das Stadtarchiv untergebracht ist, und das Shanghai Telecom Museum im Telegraph Building aus dem Jahr 1921.

AUTORENTIPP!

LOCKERE ATMOSPHÄRE

Wer von den Edellokalen am Bund genug hat, auf gute Aussicht bei einem kühlen Bier aber nicht verzichten will, ist in der »Captain Bar« auf der Dachterrasse des gleichnamigen Hostels am Bund gut aufgehoben. Hier legen Menschen, die es eher leger mögen, bei Flaschenbier die Füße hoch und tauschen bei Burger-Gerichten Geschichten über Shanghai aus. Die Preise liegen zwar weit über Jugendherbergs-Niveau, die Bar ist aber vor allem während der Happy Hour (zwei Getränke für den Preis von einem) trotzdem die günstigste Alternative in der unmittelbaren Umgebung. Der Blick auf den Bund ist zwar etwas verstellt, aber immer noch nett. Im Restaurant finden rund 60 Gäste Platz, das Hostel bietet sich als einfache und vergleichsweise günstige Alternative für Übernachtungen an.

Captain Bar 船长青年酒店.
11–2 Uhr, Fuzhou Lu 37 (福州路37号, 四川中路), Metro 2 East Nanjing Rd, Tel. 021 63 23 50 53

Die kleine Dachterrasse der »Captain Bar« ist meist gut besucht.

RUND UM DEN BUND UND PUDONG

Infos und Adressen

SEHENSWÜRDIGKEITEN

Bund 外滩. Zhongshan (E1) Lu (中山东一路), Metro 2 East Nanjing Rd

Gutzlaff Tower 上海外滩气象信号台. Der Turm wurde genutzt, um Wetterberichte vom Xujiahui-Observatorium zu empfangen und an Schiffe auf See weiterzuleiten. Zhongshan (E2) Lu 1 (黄浦区中山南二路1号)

Holy Trinity Church 上海圣三一堂. Die aus Backstein errichtete »rote Kirche« (1866–1869) gehörte neben dem Shanghai Club und der Pferderennbahn zu den zentralen Einrichtungen des britischen Lebens der Kolonialzeit. 1929 wurde sie um eine Schule für Jungen erweitert, die auch der Autor James Graham Ballard (1930–2009) besuchte, der sie später zum Thema in seinem Roman »Empire of the Sun« machte. Besichtigung derzeit nur von außen, Jiujiang Lu 219 (九江路219号).

3 on the Bund 外滩3号西餐厅. Das ehemalige Union Building von 1916 beheimatet Mode, eine Kunstgalerie und einige ausgezeichnete Restaurants. Zhongshan (E1) Lu 3 (黄浦区中山东一路3号), Tel. 021 63 23 33 55, www.threeonthebund.com

Shanghai Pudong Development Bank Building 浦发银行. Galt einst als der eleganteste Bau zwischen Suezkanal und Beringstraße. Sehenswert sind die Lobby mit ihrem Kuppelmosaik, das neben den zwölf Tierkreiszeichen die damaligen acht Standorte der »Hongkong and Shanghai Bank« zeigt, die das Gebäude 1923 erbauen ließ. Ab 1950 befand sich hier der Sitz der Shanghaier Stadtverwaltung. Einen Blick wert ist zudem das Untergeschoss mit dem Säulengang. Besichtigungen sind während der Bank-Geschäftszeiten möglich. Zhongshan (E1) Lu 12 (中山东一路12号)

Metropole Hotel 上海新城饭店. 1930 eröffnet, gehörte es wie das Hamilton House (1934) dem Geschäftsmann und Hotelier Sir Ellice Victor Sassoon aus der britischen Bankiersfamilie. Das Hotel soll nach Renovierung Anfang 2016 wiedereröffnet werden. Jiangxi Lu 180 (江西中路180号), www.metropolehotelshanghai.com

Shanghai Telecom Museum 上海电信博物馆. Von den Anfängen der Telegrafie im 19. Jh. bis zur drahtlosen Kommunikation unserer Tage. Sa, So 9.30–12, 13–16.30 Uhr, Yan'an (E) Lu 34, Tel. 021 33 31 11 22

ESSEN UND TRINKEN

Am Bund reihen sich zahlreiche Restaurants aneinander. Als günstige Alternative zu den Nobelrestaurants bieten sich die Lokale am Nordende an, die unter die Promenade gebaut wurden. Sie liegen etwas zurückgesetzt noch hinter dem »Starbucks« ganz am Ende vom Bund. Die Umgebung ist allerdings wenig ansprechend. Eleganter sind folgende Empfehlungen:

The Peninsula Sir Elly's Terrace 艾利爵士餐厅. Fantastische 270-Grad-Aussicht über Huangpu, Suzhou Creek, Garden Bridge und die Pudong-Skyline bei einem (nicht billigen) Cocktail oder Wein. So–Do 17–24, Fr, Sa 17–1 Uhr, Zhongshan Dong Yi Lu 32 (中山东一路32号, 外滩), Tel. 021 23 27 67 56, www.shanghai.peninsula.com

Legendär und unterhaltsam: die Jazzband im »Peace Hotel«

Der Bund

Leckereien aus der Yunnan-Küche

Lost Heaven The Bund 花马天堂外滩店. Yunnan-Küche vom Feinsten in schummeriger Atmosphäre. 11.30–14, 17.30–22.30 Uhr, Yan'an Lu 17 (延安东路17号), Tel. 021 63 60 09 67, www.lostheaven.com.cn

Mr & Mrs Bund. Edelrestaurant mit französischer und internationaler Küche, gehobene Preise. 6. Etage Zhongshang Dong Yi Lu 18 (中山东一路18号外滩18号滩), Tel. 021 63 23 98 98, www.mmbund.com

The House of Roosevelt 罗斯福公馆. In einem Prachtbau von 1920. Sky-Bar, Restaurant, Club und Weinkeller laden dazu ein, es »krachen« zu lassen, der Service lässt aber manchmal zu wünschen übrig. So–Mi 11.30–1 Uhr, Do–Sa 11.30–2 Uhr, 8. Etage Zhongshan Dong Yi Lu 27, nahe Beijing Dong Lu (中山东一路27号), Tel. 021 23 22 08 00, www.27bund.com

Bar Rouge 酒吧. Vielfach ausgezeichneter und prominenter Party-Club mit Blick auf Pudong und die feiernde Shanghaier Schickimicki-Gesellschaft. Tägl. ab 18 Uhr, 7. Etage Zhongshan Dong Yi Lu 18, nahe Nanjing Dong Lu (中山东一路18号), Tel. 021 63 39 11 99, www.bar-rouge-shanghai.com

House of Blues & Jazz 布鲁斯与爵士之屋. Livemusik und Restaurant. Seit 1995 das »Wohnzimmer« für klassischen Blues und Jazz in Shanghai, gemütliche Atmosphäre, wechselnde Musiker. Mo 16.30–0.30, Di–So 16.30–2 Uhr, Fuzhou Lu 60, nahe Sichuan Lu, (福州路60号, 近四川路), Tel. 021 63 23 27 79, www.houseofbluesandjazz.com

Jazz Bar im »Peace Hotel«. Legendär für die Jazzband, die in der 1930 etablierten Bar spielte. Heute geben jede Nacht die im Durchschnitt 70-jährigen »Enkel« der Band klassischen Jazz zum Besten.

ÜBERNACHTEN

The Seagull on the Bund 海鸥饭店. Durch Aktionspreise bezahlbares Viersternehotel mit 150 Zimmern und guter Ausstattung. Huangpu Lu 60 (虹口区黄浦路60号), Tel. (in Dtld.) 069 30 78 96 50, www.theseagullonthebund-shanghai.com

Peace Hotel 上海和平饭店. Legendäres Hotel in einem Prachtbau mit ebensolchen Preisen. Nanjing Dong Lu 20 (南京东路 20 号), Tel. 021 63 21 68 88, www.fairmont.de/peace-hotel-shanghai

Brodway Mansions Hotel Shanghai 上海大厦. Tradition hat ihren Preis, Fünfsternehotel für den »Historiker«, der nicht auf den Geldbeutel schaut. Drei Restaurants, Wellnessbereich. Suzhou Bei Lu 20 (虹口区北苏州路20号). Tel. 021 63 24 62 60, www.broadwaymansions.com

Elegance Bund Hotel 上海宜兰贵斯酒店广东路店. Insgesamt günstiges Dreisternehotel mit nicht immer perfektem Service. Dafür mit einer guten Lage für alles rund um die Altstadt. Guangdong Lu 138 (广东路 138号), www.elegancebund-hotel.com

EINKAUFEN

Cao Sugong Ink Store 曹素功墨苑. Verkauft seit 1864 Tinte, Pinsel und Papier. Eine Empfehlung für Kalligrafie-Fans, die ein schönes Souvenir suchen. 10–17 Uhr, Jinling Dong Lu 176 (金陵东路167号), Tel. 021 63 28 06 27

RUND UM DEN BUND UND PUDONG

3 Lujiazui 陆家嘴
Die neue Perle der Stadt

Beim Blick von der Bund-Seite des Huangpu auf die überwältigende Skyline Pudongs, die es durchaus mit den Stadtbildern anderer Metropolen der Welt aufnehmen kann, mag man kaum glauben, dass noch vor knapp zwei Jahrzehnten an der Stelle der gewaltigen Hochhauslandschaft kaum etwas stand, das erwähnenswert gewesen wäre. Dann setzte ein unvergleichlicher Bauboom ein, der noch lange nicht abgeschlossen ist.

»Lieber ein Bett in Puxi als ein Haus in Pudong«, lautet eine gar nicht einmal so alte Shanghaier Phrase, mit der man darauf anspielt, dass es in Pudong außer Werften, Hafenanlagen und Lagerhäusern mit dahinterliegenden Reis- und Gemüsefeldern, einfachen Siedlungen und alten Wasserdörfern bis Ende der 1980er-Jahre nicht viel gab, für das sich – aus Sicht der Shanghaier im Westen

Oben: Die Zukunft hat begonnen: Pudongs Skyline
Unten: Bummeln und entspannen an der Uferpromenade

MAL EHRLICH

RÜCKSICHTSLOSE AUTOFAHRER

Dass die Chinesen mehrheitlich Hobby-Anarchisten sind und sich nicht an Regeln halten, wenn sie nicht dazu gezwungen werden, macht sie ja eigentlich sympathisch. Manchmal würde man sich aber etwas mehr Regeltreue wünschen. Obwohl im Straßenverkehr theoretisch gilt, dass Rechtsabbieger Fußgänger passieren lassen müssen, fahren in der Regel alle gnadenlos durch. Man sollte deshalb auch bei grünen Ampeln übervorsichtig sein. Oft hilft es, den Blickkontakt zum Fahrer zu suchen, um ihn zum Anhalten zu bewegen.

Bootsanleger am Shanghai International Convention Center

der Stadt – ein Umzug in den Ostteil gelohnt hätte. Pudong galt als rückständig und langweilig, interessant allenfalls als Lieferant diverser Zutaten für die Shanghaier Küche. Dass sich die Gegend um Lujiazui anschicken würde, zu einem der größten Finanzplätze der Welt zu werden, war noch zu Beginn der 1990er-Jahre für die Bürger nicht vorstellbar. Doch genau daran arbeitete die lokale Regierung unter der Führung des damaligen Bürgermeisters Jiang Zemin, der später Generalsekretär des Zentralkomitees (1989–2002) und Staatspräsident (1993–2003) werden sollte, bereits ab 1986. Dann kam die Sonderwirtschaftszone, und das verschlafene Pudong setzte ab 1990 zu einem unvergleichlichen Sprung an. Riesige Flächen Farmland wurden kurzerhand in eine gigantische Baustelle verwandelt. Binnen weniger Jahre entstanden Hunderte Wohntürme und glitzernde Wolkenkratzer – eine Entwicklung, die auch die Shanghaier im Westen beeindruckte, die verblüfft auf der anderen Seite des Flusses am Ufer standen. Ihr Bett in Puxi wollten die meisten trotzdem nicht aufgeben.

Aufbruch in neue Höhen

Den übergangslosen Zeitsprung vom beschaulichen Land in die aus dem Nichts gestampfte betonierte Großstadt überstanden die meisten Bewohner erstaunlich gleichmütig und unbeschadet, nicht zuletzt wohl auch deshalb, weil sie die neuen

AUTORENTIPP!

HUANGPU-KREUZFAHRT
Die Sicht vom Bund auf die Pudong-Skyline ist ebenso beeindruckend wie die von der Ostseite des Flusses aus. Noch schöner ist nur beides gleichzeitig. Vor allem bei Einbruch der Dunkelheit, wenn beide Ufer beleuchtet sind, bietet daher die Fahrt auf dem Huangpu unvergessliche Aussichten. »Kreuzfahrten« werden zum Beispiel vom Oriental Pearl Tower und von der Bund-Seite aus vom Shiliupu-Dock angeboten.

Dongfangmingzhu Pleasure Cruise Boat Wharf 东方明珠游船码头, 10–12, 14–16, 19, 20 Uhr stündlich, Tickets links neben dem Pearl Tower, Binjiang Dadao 2852 (滨江大道 2852号), Tel. 021 40 00 02 80 22
Shiliupu Dock 十六铺码头, 11, 12, 13 Uhr; von 13.30–21.30 Uhr Halbstundentakt, Zhongshan Dong Er Lu 501 (中山东二路501号B1层), Tel. 021 40 09 20 12 78

RUND UM DEN BUND UND PUDONG

Wohnungen mit zeitgemäßen Sanitär- und Klimaanlagen in der Regel als Eigentümer bezogen. Gelitten hat dagegen das urbane Leben in den neuen Vierteln, das sich in den Hochhausschluchten nicht so recht entfalten wollte. Die Stadtplaner bemühen sich zwar, diesem Problem zu begegnen, unter anderem indem sie einen Baustopp für Wohngebäude mit mehr als 33 Stockwerken verhängten und versuchen, die Viertel durch die Ansiedlung von kleinen Restaurants und Geschäften attraktiver zu machen. So recht gelungen ist das bisher aber nur zum Teil. Die begrünten Straßenzüge sind in den neuen Vierteln breiter als im Westteil der Stadt, alles wirkt luftiger, aufgeräumter, aber oft auch anonymer und vor allem am Abend eben auch ein bisschen tot – und das, obwohl Pudong inzwischen auf rund drei Millionen Einwohner angewachsen ist. Viele ziehen es aber noch immer vor, in Pudong nur zu arbeiten, gelebt und gefeiert wird in Puxi. Von dort aus lässt sich die Science-Fiction-Landschaft von Lujiazui auch besser betrachten.

Erste Eindrücke

Auch ausländische Besucher werfen den ersten bewussten Blick auf die neue Skyline in den meisten Fällen vom Bund-Ufer aus, Ausnahmen sind die Kreuzfahrer, die kommen auf dem Wasserweg und damit auf der Route mit den besten Aussichten auf die Wolkenkratzer. Das kann man – wenn auch weniger luxuriös, aber ebenfalls mit Schiffsdieselgeruch und Wellenschaukeln – auch mit der Fähre haben, die noch immer ein beliebtes Transportmittel ist. Gemächlich überquert sie den rund 400 Meter breiten Fluss in Richtung Pudong, und der Gast hat ausreichend Gelegenheit, sich mit den Stahlbetongiganten am anderen Ufer anzufreunden. Bunter und vor allem für Kinder lustiger geht es mit der Kabinenbahn durch den Sightsee-

Oben: Der Oriental Pearl Tower ist ein bekanntes Wahrzeichen.
Mitte: Von der kreisrunden Fußgängerbrücke hat man einen guten Überblick über Lujiazui.
Unten: Die Kabinenbahn durch den Sightseeing-Tunnel führt mit Licht- und Soundeffekten nach Pudong.

Lujiazui

ing-Tunnel vom Bund aus unter dem Fluss hindurch. Ob die etwas abstrusen Licht- und Soundeffekte die richtige Einstimmung auf die »Zukunft« am anderen Ende des Tunnels sind, muss jeder selbst entscheiden. Wer es lieber gegenwartsbezogen und alltäglich mag, nimmt ohnehin wie Tausende Shanghaier die Metro bis zur Station Lujiazui.

Perle des Orients

Wie fast überall in Shanghai geht es auch rund um den Oriental Pearl Tower zu wie auf einem Jahrmarkt. Zwei bis drei Millionen Besucher jährlich verzeichnet die »Perle des Orients«, die nicht nur Touristenattraktion ist, sondern auch als Radio- und Fernsehturm gebaut wurde. 1994 fertiggestellt, war der Tower einer der ersten Meilensteine bei der Gestaltung der Pudong New Area und wurde rasch zu einem unverwechselbaren Wahrzeichen der Stadt. Mit 468 Metern Höhe war er für einige Zeit das höchste Gebäude Chinas und der dritthöchste Fernsehturm der Welt. Darüber, ob er wirklich schön oder eher kitschig ist, kann man streiten, hinter seiner Konkurrenz in anderen Ländern, die ihn inzwischen auf Platz fünf verdrängt hat, muss er sich aber wahrlich nicht verstecken. Das Gebäude wird von drei großen Kugeln dominiert, die ganz im Sinne der Architekten an bunte Perlen erinnern. In der oberen Kugel befindet sich auf 342 Metern die höchste Aussichtsplattform, die nach ihrer Umgestaltung im Jahr 2013 vor allem Science-Fiction-Freaks ansprechen dürfte, denn die Aussicht aus der futuristisch gestalteten, interaktiven Ausstellungsfläche erinnert an einen Blick von der Brücke des Raumschiffs »Enterprise«. In der mittleren »Perle« sind auf rund 260 Metern ein Drehrestaurant, das beim Essen einen fantastischen Rundumblick bietet, und eine nicht weniger atemberaubende transparente Plattform angesiedelt. Daneben hat der Tower einige Themenrestaurants und Bars und

AUTORENTIPP!

RIVERSIDE PROMENADE

Die Pudong Riverside Promenade bietet sich wunderbar für einen Spaziergang an. Die Promenade, die auch als »Shanghais neuer Bund« bekannt ist, zieht sich über zweieinhalb Kilometer am Ostufer des Huangpu entlang. Wenn es zu warm wird, setzt man sich in den Schatten eines Sonnenschirms in einem der vielen Ausflugslokale und genießt bei einem Eiskaffee den Blick auf den Fluss oder beobachtet das bunte Treiben am Ufer. Empfehlenswert, weil mit gutem Kaffee und Service, ist unter anderen das »Musk Cat Coffee«. Vor allem nach dem hektischen Trubel rund um den Oriental Pearl Tower kommt hier Urlaubsstimmung auf.

Riverside Promenade 滨江大道. Binjiang Dadao, Zugang z. B. über die Lujiazui Xi Lu (陆家嘴西路), Metro 2 Lujiazui

Musk Cat Coffee 麝香猫咖啡餐厅. Lujiazui Xi Lu 2967 (陆家嘴西路 2967号), Tel. 021 50 34 99 58

Cafés an der Promenade laden zu gemütlichen Pausen ein.

RUND UM DEN BUND UND PUDONG

das äußerst sehenswerte Shanghai History Museum anzubieten, das die Geschichte der Stadt im 19. und 20. Jahrhundert bis 1949 zeigt.

Wolkenkratzer

Allein die aberwitzige, fast schon beängstigende Aussicht auf das Zentrum der neuen Businesswelt, die sich weiter südöstlich in Lujiazui in den höchsten Wolkenkratzern der Stadt tummelt, macht einen Abstecher zum Oriental Pearl Tower lohnend. Vom Turm oder der ringförmigen Fußgängerbrücke aus hat man aber auch einen guten Blick auf einige andere sehenswerte Gebäude der Finanz- und Geschäftswelt im Umfeld des Fernsehturms.

Mit seinen beiden Kugeln rechts und links des Hauptgebäudes bietet das Shanghai International Convention Center am Ufer westlich des Fernsehturms einen interessanten Anblick. Die transparente Oberfläche der Kugeln besteht aus Glaselementen, die eine Weltkarte formen und Shanghais Schritt in die Welt symbolisieren sollen. Im Kongresszentrum, in dem auch ein Hotel untergebracht ist, werden internationale Konferenzen, Messen und andere Veranstaltungen ausgerichtet. Hinter dem Gebäude liegt in der Gui'er Lu der Ausgang des Sightseeing-Tunnels. Auffallend ist auch das gegenüberliegende Shanghai Pudong Customs Building, sozusagen das moderne Gegenstück zum alten Zollhaus am Bund. Das 1996 fertiggestellte Gebäude ist zwar »nur« 137 Meter hoch, sticht aber mit seiner »Krone« um die Dachkuppel ins Auge, die einer historischen Kopfbedeckung von Zollbeamten nachempfunden wurde.

Oben: Der China Ping'an Financial Tower ist nicht unbedingt schön, aber außergewöhnlich.
Unten: Spazieren gehen unter Wasser: Die Plexiglastunnel im Ocean Aquarium machen es möglich.

Etwas weiter südlich liegt die Super Brand Mall, Shoppingparadies für Shanghaier und Touristen, eröffnet 2002 und mit Hunderten Geschäften und einigen ausgezeichneten Restaurants eines der

Lujiazui

größten Einkaufszentren in Asien. Kino und Eislaufbahn machen den Konsumtempel an Regentagen zusätzlich interessant.

Auf der anderen Seite des Pearl Tower liegt der ausgefallene China Ping'an Financial Tower, der mit seinen übereinandergestapelten griechischen Säulen nicht nur bei Architekturfreunden für geteilte Meinungen sorgt. Die einen finden ihn verunglückt, die anderen aufregend. Sehenswert ist er so oder so. Dahinter ragen an der Lujiazui Huan Lu und der Yincheng Zhong Lu weitere imposante Wolkenkratzer auf, darunter das knapp 169 Meter hohe Azia-Center, das 2005 erbaut wurde, der 208 Meter hohe Tower der China Merchants Bank (2011), One Lujiazui mit 269 Metern (2008) und das 265 Meter hohe Bocom Financial Center aus dem Jahr 2002.

Tiefseebewohner

Wen die gewaltige Wolkenkratzersammlung im Osten des Pearl Tower überfordert, kann sich im Shanghai Ocean Aquarium mit einer deutlich naturnäheren Thematik befassen. Mit einem Besuch macht man sich vor allem bei seinen Kindern beliebt. Die Plexiglastunnel, die einen ungefährlichen Blick auf Haie und andere Meeresbewohner aus nächster Nähe zulassen, sind aber auch für ältere Besucher eine besondere Attraktion. Mehr als eine Million Gäste zählt der 2002 eröffnete »Meereszoo« jährlich. Je nachdem, wie viele Besucher sich gerade hier versammelt haben, kann die Besichtigung mehr oder weniger entspannt sein, reizvoll ist sie allemal. Das Aquarium ist über vier Etagen in neun verschiedene Zonen unterteilt, darunter eine Polarzone mit Pinguinen, eine Kaltwasserzone mit Robben und einen Bereich, der gefährdeten Arten aus dem Reich der Mitte eine »Heimat« bietet.

AUTORENTIPP!

NEAPOLITANISCHE PIZZA

»The Kitchen« ist ein bei Ausländern beliebter Italiener mit einer schönen Terrasse mit Aussicht auf den Bund. Küchenchef Salvatore Cuomo betreibt in Korea und Japan ebenfalls mehrere Restaurants und genießt dort Kultstatus. Auf der Karte stehen unter anderem Antipasti, Pasta, Meeresfrüchte und Fleischgerichte. Innen sitzt man mit Blick in die offene Küche und kann dem Koch über die Schulter schauen. Der neapolitanische Pizza-Ofen hat dem Haus den Ruf eingebracht, die beste Pizza in Shanghai zu servieren, aber auch alle anderen italienischen Spezialitäten sind überzeugend. Oft ist es hier sehr voll, deshalb besser vorher reservieren.

The Kitchen Salvatore Cuomo.
11–23 Uhr, Binjiang Dadao
(Binjiang Ave.) 2967/Fenghe Lu
(滨江大道 2967号, 近丰和路),
Tel. 021 50 54 12 65, www.ystable.com

Der neapolitanische Pizza-Ofen im »Kitchen« genießt Kultstatus.

RUND UM DEN BUND UND PUDONG

Infos und Adressen

SEHENSWÜRDIGKEITEN

Bocom Financial Towers 交银金融大厦.
Im 48. Stock des Nordturms ist ein öffentliches Schwimmbad mit Blick über Shanghai untergebracht. Yincheng Zhong Lu 188 (银城中路188号)

Oriental Pear Tower 东方明珠塔. 8–22 Uhr, Shiji Dadao 1(Century Ave.1) (世纪大道1号), Metro 2 Lujiazui, Exit 1, www.orientalpearltower.com

Shanghai History Museum 上海市历史博物馆.
Im Fernsehturm. 8–21.30 Uhr, verschiedene Kombitickets mit dem Fernsehturm,
Tel. 021 63 23 22 08, www.historymuseum.sh.cn

Shanghai International Convention Center
上海国际会展中心. 8.30–16.30 Uhr, Binjiang Ave. (Riverside Ave.) 2727 (滨江大道 2727号), www.sicec.net

Shanghai Pudong Customs Building 浦东海关大厦. Lujiazui Xi Lu 153 (陆家嘴西路153),
Tel. 21 68 89 00 00

China Ping'an Financial Tower 平安金融大厦.
Lujiazui Ring Rd 1333 (陆家嘴环路1333号)

Shanghai Ocean Aquarium 上海海洋水族馆.
9–18, Tickets bis 17.30 Uhr (während der Ferien zum Chinesischen Neujahr, der Nationalfeiertage im Sept./Okt. und in den Sommerferien bis 21 Uhr, Tickets dann bis 20.30 Uhr). Lujiazui Ring Road 1388 (陆家嘴环路1388号), Tel. 021 58 77 99 88, Metro 2 Lujiazui, www.sh-soa.com

Bund Sightseeing Tunnel 上海外滩观光隧道.
Schleichfahrt mit Gondeln bei schrägen Sphärenklängen und Lightshow in ca. fünf Minuten unter dem Huangpu hindurch. Die meisten finden es kitschig, manchen gefällt es. Ein- bzw. Ausgang in Pudong neben dem Oriental Pearl Tower, auf der Bund-Seite gegenüber dem »Peace Hotel«. 8–22 Uhr, 300 Zhongshan Dong Yi Lu, nahe Nanjing Dong Lu (南京东路旁浦东滨江大道出入口)

ESSEN UND TRINKEN

South Beauty 上海俏江南. Leckere Sichuanküche mit tollem Blick auf den Bund. 11–22 Uhr, 10/F Super Brand Mall, Lujiazui Lu 168, nahe Fucheng Lu (陆家嘴西路168号)

Element Fresh. Die Küche zeichnet sich durch zahlreiche gute und frische Gerichte, Salate, Säfte, Smoothies und Co. aus. 8–23 Uhr, 1/F Super Brand Mall, Lujiazui Xi Lu 168, nahe Fucheng Lu (陆家嘴西路168号), Tel. 021 50 47 20 60, www.elementfresh.com

Blue Frog. Populäres American-Style-Restaurant und Bar. 10–1 Uhr, Super Brand Mall, Lujiazui Xi Lu 168, nahe Fucheng Lu 14 (浦东新区富城路14号正大广场), Tel. 021 68 94 09 77, www.bluefrog.com.cn

O'Yamee Restaurant 欧米亚. Restaurant mit nettem Blick auf die Wolkenkratzer von Lujiazui. Die Küche bietet frische europäische Gerichte, die bei sonnigem Wetter auf der Terrasse, bei Regen in der Lounge genossen werden können. 10–23 Uhr, 2. Etage Chinese Tower, Century Avenue 55 (世纪大道55号), Tel. 021 33 82 91 17

Yong Yi Ting 雍颐庭. Hier wird authentische regionale Jingnan- (Shanghai-, Zhejiang- und Jiangsu-)Küche geboten. Zu empfehlen ist der Mandarinfisch, der von feinem Gemüse begleitet wird. 11.30–14.30, 17.30–22.30 Uhr, Mandarin Oriental Hotel, Pudong Nan Lu 111, nahe Yincheng Lu (雍颐庭 浦东浦东南路111号, 近银城路),
Tel. 021 20 82 99 78

ÜBERNACHTEN

Oriental Riverside Hotel 上海浦东滨. Im Convention Center gelegen, Fünfsterne-Luxus mit allem, was das Herz begehrt. Eigentlich nichts für den kleinen Geldbeutel, aber Aktionspreise machen den Aufenthalt bezahlbar. Binjiang Dadao (Binjiang Avenue) 2727(滨江大道2727号),
Tel. 021 50 37 00 00, www.shicc.net

Lujiazui

Pudong Shangri-La Hotel 上海浦东香格拉大酒店. Luxus-Businesshotel mit Pool und sensationellem Blick von der Bar aus. Fucheng Road 33 (浦东富城路33号), Tel. 021 68 82 88 88, www.shangri-la.com

Grand Kempinski Hotel Shanghai 上海凯宾斯基大酒店. 700 Luxuszimmer, traumhafte Ausblicke, große Preise. Lujiazui Ring Road 1288 (陆家嘴环路1288号), Tel. 021 40 06 66 34 89, www.sh-kihotel.com

Courtyard Marriott Shanghai Pudong 海齐鲁万怡大酒店. Günstig gelegenes Viersternehotel der mittleren Preisklasse. Die Metro 2, 4, 6 und 9 Century Avenue Station sind zu Fuß in 5 Minuten erreichbar. Dongfang Lu 838, nahe Weifang Lu (浦东新区东方路838号/潍坊路), Tel. 021 60 21 68 88, www.marriott.com

EINKAUFEN

Super Brand Mall 正大广场. Riesiges Einkaufszentrum, in dem man von Schmuck und Uhren über Mode aller Marken und Preisklassen bis zu Elektronikartikeln wirklich alles bekommt. Mit mehreren Restaurants. 10–22 Uhr, Lujiazui Lu 168 (浦东新区陆家嘴西路168号), Tel. 21 68 87 78 88, www.superbrandmall.com

AKTIVITÄTEN

Lujiazui Central Greenland 陆家嘴中心绿地. Von Hochhäusern überragte Grünanlage mit kleinem See, insgesamt etwas künstlich, doch trotzdem gut für eine Pause vom Stadtgewühl. In unregelmäßigen Abständen finden hier auch Kulturveranstaltungen statt, wie zum Beispiel die Shanghai Jazz Week. Lujiazui Dong Road 160 (陆家嘴东路160号)

Zahlreiche Restaurants laden in Lujiazui zu gutem Essen ein.

RUND UM DEN BUND UND PUDONG

4 Century Avenue
世纪大道
Über den Wolken

Für Chinas Wirtschaft ist der Himmel zum Greifen nahe. Die zweitgrößte Importnation nach den USA gilt als Motor der Weltwirtschaft und hat zum Sprung zur größten Volkswirtschaft der Welt angesetzt. Bereits im Jahr 2009 verdrängte China den einstigen Exportweltmeister Deutschland auf Platz zwei. Shanghai hat daran einen nicht unerheblichen Anteil, will aber höher hinaus. Ausdruck für die ehrgeizigen Pläne sind die gigantischen Finanztürme, die sprichwörtlich in den chinesischen Himmel ragen.

Der Pearl Tower bildet mit seiner Mischung aus Fernsehturm, Unterhaltungszentrum und Freizeitparadies eindeutig das touristische Zentrum von Lujiazui und zeigt, dass der Aufbruch in eine neue Zeit auch eine Menge Spaß machen kann. Spaß ist

Die Hochhausgiganten rund um die Century Avenue gehören zu den höchsten und modernsten der Welt. Der alles überragende 632 Meter hohe Shanghai Tower vervollständigt das lang geplante Trio superhoher Gebäude in Shanghai.

MAL EHRLICH

GELD FÜR DEN ZUG IN DIE HEIMAT
Leute, die versuchen, die Hilfsbereitschaft anderer Menschen auszunutzen, gibt es überall – auch in Shanghai. Hilflos wirkende junge Frauen und Männer erzählen den Touristen rund um den Jinmao Tower gern Geschichten von verlorenen Geldbeuteln oder Restriktionen der Shanghaier Polizei, weshalb sie dringend Geld für eine Zugfahrkarte in die Heimat benötigen. Auch wenn man nie weiß, ob nicht doch ein Schicksal dahinter steckt, ist das in der Regel nur eine von vielen Varianten, um mit wenig Aufwand zu Geld zu kommen.

Century Avenue

aber auch in China längst nicht alles. Das »neue Pudong« wurde geplant, um die Wirtschaft Shanghais in neue Höhen zu katapultieren und China anzutreiben. Der überwiegende Teil der Gebäude in Lujiazui wird folgerichtig von Finanzinstituten belegt, deren Beschäftigte hinter den Glasfassaden darum bemüht sind, bei der Steuerung der globalen Finanzströme ein gehöriges Wort mitzureden. Dass sie dabei nicht ganz erfolglos sein können, zeigen die alles überragenden, glitzernden Giganten rund um die Century Avenue. Von hier aus strebt China an die Weltspitze. Davon profitiert natürlich auch Pudong selbst, mehr als 4000 ausländische Firmen haben sich hier angesiedelt, darunter zahlreiche Großgewichte wie GM, Coca-Cola und Siemens. Die Steuereinnahmen des einst vernachlässigten und armen Stadtteils vervielfachten sich innerhalb weniger Jahre. Von den heute rund drei Millionen Bewohnern leben nur noch 350 000 von der Landwirtschaft. Blumen, Früchte, Pilze, Eier, Getreide und Gemüse sind die wichtigsten landwirtschaftlichen Erzeugnisse, die direkt vor der Haustür des Finanzzentrums erzeugt werden und zu einem guten Teil in den Restaurants der Bürotürme verschwinden.

Wolkenkratzer als Kinostars

Die Shiji Dadao, oder eben Century Avenue, beginnt kurz hinter dem zentralen Kreisverkehr Lujiazuis und arbeitet sich von hier über gut vier Kilometer bis zum Century Park vor, wo sie als Fußgängerzone endet. 1999 fertiggestellt, verbindet die Straße, die mit ihren 80 bis 100 Metern Breite auf den Betrachter durchaus verstörend wirken kann, einige sehenswerte architektonische Höhepunkte miteinander. Den Anfang macht das aus zwei Türmen bestehende Shanghai International Finance Center, kurz IFC, gegenüber der Metrostation Lujiazui an prominenter Stelle am Kreisverkehr. In den beiden

AUTORENTIPP!

BESINNLICHES KONTRAST-PROGRAMM

Das Aurora-Gebäude sticht mit dem beliebten »I love Shanghai«-Motiv auf seinem übergroßen Bildschirm sofort ins Auge. Der 56 Meter hohe LED-Bildschirm ergatterte sich einen Eintrag ins Guinnessbuch der Rekorde. Gern übersehen wird aber das 2012 eröffnete Aurora Museum. Untergebracht in einem historischen Gebäude, das mit einem Neubau kombiniert wurde, zeigt das Museum die Privatsammlung des Aurora-Präsidenten Chen Yung-Tai, der über 30 Jahre lang chinesische Antiquitäten von hoher nationaler Bedeutung zusammengetragen hat. Tausende Exponate – kostbare Keramiken, Porzellan, buddhistische Statuen und Jade-Artefakte aus verschiedenen Dynastien – werden sehr ansprechend präsentiert. Das ideale Kontrastprogramm zur schönen neuen Businesswelt.

Aurora Museum 震旦博物馆, Di–So 10–17, Fr bis 21 Uhr, Fucheng Lu 99 (富城路99号), Tel. 021 58 40 88 99, www.auroramuseum.cn

Das Aurora-Museum zeigt viele außergewöhnliche Exponate.

250 und 260 Meter hohen Türmen, die in Form zweier Diamanten gestaltet sind und 2009 beziehungsweise 2011 bezogen wurden, sind Büros, Hotels und ein Einkaufszentrum beheimatet. Gegenüber, auf der anderen Seite der Century Avenue, liegt der BOC Tower mit der glückbringenden Hausnummer 8, Heimat der »Bank of China«. Das 258 Meter hohe Gebäude, das im Jahr 2000 eröffnet wurde, ist einer der drei berühmten Wolkenkratzer, die einen Auftritt im Kinofilm »Mission Impossible III« hatten. Von hier aus machte Tom Cruise seinen Bungee-Sprung auf die dahinterliegenden Bocom Financial Towers.

Jinmao Tower

Der Grundstein für den Jinmao Tower, den wohl schönsten und bekanntesten Wolkenkratzer Shanghais, wurde 1994 gelegt. Nur vier Jahre später war das knapp 421 Meter hohe »goldene prachtvolle Hochhaus« mit seinen 88 Etagen an der Hausnummer 88 bezugsfertig. Die Häufung der Glückszahl Acht hat Methode: So soll die Auswahl des Gebäudeentwurfs im 88. Lebensjahr des damaligen Staatschefs Deng Xiaoping (1904–1997) erfolgt sein, das Gebäude wurde auf acht Hauptträgern errichtet und am 28.8.1998 eingeweiht, jedes Segment des sich nach oben verjüngenden Baus ist um ein Achtel schmaler als das darunterliegende, und die Aussichtsplattform befindet sich in der 88. Etage. Schwindelerre-

Oben: Über den Wolken: Blick auf die Spitze des Jinmao Tower
Unten: Faszinierend: das Atrium des »Grand Hyatt« im Jinmao Tower

Century Avenue

gend sind nicht nur die Zahlenakrobatik und der Ausblick; auch wenn man von der Straße aus hinaufsieht, kann man ins Taumeln kommen. Das von der Bauweise traditioneller gestufter Pagoden und dem Wuchs einer Bambuspflanze inspirierte Gebäude besticht nicht nur von außen durch seine Eleganz. Auch das Atrium des »Grand Hyatt Hotel« – mit 152 Metern Höhe und 27 Metern Durchmesser der größte »Innenhof« der Welt – ist einen Blick wert und gehört deshalb zu den meist fotografierten Motiven in Shanghai. Das »Hyatt« belegt die oberen 38 Etagen. Am Fuß des Atriums, im 56. Stock in der Patio Lounge, sitzt man gut bei einer Tasse Tee, während man darüber sinniert, wohin die dahinsausenden Aufzüge verschwinden. In der 87. Etage bietet sich die »Cloud 9«-Bar als Alternative zur Aussichtsplattform an.

World Financial Center

Das Weltfinanzzentrum befindet sich in Shanghai, zumindest wenn man dem Namen des höchsten Himmelsstürmers Shanghais von 2008 bis 2013 glauben darf. Der Grundstein für das Shanghai World Financial Center, nicht zu verwechseln mit dem International Financial Center, wurde bereits 1997 gelegt. Während der Finanz- und Wirtschaftskrise in Asien unterbrach das japanische Investoren-Konsortium aber die Bauarbeiten, weil die Fertigstellung und die weitere Finanzierung nicht gesichert schienen. Erst im Februar 2003 wurden die Bauarbeiten fortgeführt. In drei Tag- und Nachtschichten waren 2000 Arbeiter im Einsatz, um den Bau, der ursprünglich »nur« 460 Meter hoch werden sollte, nach geänderten Plänen fertigzustellen. Mehr als 2200 Stahlpfähle mussten in das Fundament integriert werden. Insgesamt wurden 40 000 Tonnen Stahl verbaut, bevor das schließlich 492 Meter hohe Gebäude, das wegen der trapezförmigen Öffnung an der Spitze auch

AUTORENTIPP!

BRAUHAUSATMOSPHÄRE

Bei so vielen Hightechtürmen ist ein im Dirndl serviertes, selbst gebrautes Bier in Shanghai zwar etwas skurril, kann aber auch eine willkommene Abwechslung sein. Paulaner betreibt insgesamt vier Brauhäuser in Shanghai, die jedoch nicht unbedingt die gleichen Standards erfüllen. Während das an der Fenyang Lu wirklich empfehlenswert ist, macht das Essen im Xintiandi schon auch einmal einen aufgewärmten Eindruck. Das Brauhaus an der Riverside Promenade liegt meist irgendwo dazwischen, ist aber wegen der Livemusik und der Atmosphäre eine nette Alternative zu den Hochhausbars. Die Aussicht auf den Bund gibt es natürlich auch hier inklusive.

Paulaner Bräuhaus Riverside Promenade 滨江大道, 香格里拉大酒店. So–Do 11–1, Fr–Sa 11–2 Uhr, Riverside Promenade, Binjiang Da Dao, nahe Huangpujiang Pudong (滨江大道临黄浦江), Tel. 021 68 88 39 35, www.bln.com.cn

Im »Paulaner« machen Chinesinnen auch im Dirndl eine gute Figur.

RUND UM DEN BUND UND PUDONG

als »Flaschenöffner« bekannt ist, 2008 eingeweiht werden konnte. Von der 79. bis zur 93. Etage wird der Tower vom »Park Hyatt Shanghai« belegt, die Sky Arena im 94. und die Observatorien im 97. und 100. Stock bieten bei schönem und klarem Wetter einen unvergleichlichen Blick. In der 94. Etage werden unter anderem glamouröse Modeshows und verschwenderische Produkt-Präsentationen beklatscht, wie zum Beispiel die Weltpremiere des Porsche Panamera im Jahr 2009, zu der Porsche 300 Journalisten aus aller Welt einlud, die darüber rätselten, wie der neue Luxusschlitten in den Aufzug passte.

Shanghai Tower

Der 2015 fertiggestellte Shanghai Tower ist die neueste Errungenschaft in der Wolkenkratzer-Sammlung Pudongs. Mit 632 Metern Höhe löste das dank energiesparender Bauweise und Technik als »grünes Gebäude« ausgezeichnete Prestigeprojekt bereits in seiner Bauphase den bisherigen Rekordhalter Shanghais als höchstes Gebäude der Stadt ab, wird aber nach der Fertigstellung des Pingan International Finance Center in Shenzhen nur der zweithöchste Wolkenkratzer Chinas und der dritthöchste der Welt sein. Der in sich gedrehte Shanghai Tower vervollständigt das lang geplante Trio superhoher Gebäude in Lujiazui. Die Arbeiten begannen 2008. Der Turm besteht aus neun aufeinandergestapelten Segmenten, die von einer Glasfassade eingefasst werden. Dazwischen befinden sich Hallengärten auf verschiedenen Höhen als öffentliche Plätze. Mit ihrem einzigartigen Doppelwandsystem bietet die »Thermoskanne« 40 000 Menschen Platz zur Arbeit und Freizeitgestaltung. Offiziell sind keine weiteren Bauten in Weltrekordhöhe geplant: Bisher sind der rund 900 Meter hohe M Tower und der über 1000 Meter hohe Bionic Tower nur Vision.

Oben: Wolkenkratzer als Kleinstadt: Der Shanghai Tower bietet Platz für 40 000 Menschen.
Unten: Momente der Ruhe: In den Grünanlagen rund um die Hochhäuser gibt es auch ruhige Ecken.

Century Avenue

Infos und Adressen

SEHENSWÜRDIGKEITEN

Jinmao Tower 金茂大厦. Sightseeing-Etage 8.30–22 Uhr, Century Ave. 88 (浦东世纪大道88号), Metro 2 Lujiazui, Exit 5, Tel. 021 50 49 12 34

Shanghai World Financial Center 上海环球金融中心. Atemberaubender Blick vom Skywalk auf der 100. Etage (474 m). Durch den Glasboden kann man bis auf die Straße sehen – als stünde man im Himmel. 8–23 Uhr, Einlass bis 22 Uhr, Century Ave. 100 (浦东世纪大道100号), swfc-shanghai.com

Shanghai IFC 上海国际金融中心. Century Ave. 8 (浦东世纪大道8号), Tel. 021 63 11 55 88, www.shanghaiifc.com.cn

Shanghai Bank of China Tower 上海中银大厦. Yincheng Zhong Lu 200 (银城中路200号), Tel. 021 38 82 45 00, www.bocichina.com

Wu Changshuo Memorial Center. Altes Wohngebäude und Museum inmitten der Wolkenkratzer. Wu Changshuo (1844–1927) war ein prominenter Maler, Kalligraf und Siegelmacher. Mi–So 10–16 Uhr, Lujiazui Dong Lu 15 (陆家嘴东路15号), Tel. 021 58 78 72 52

Gigantisch: Das Shanghai IFC trumpft mit einer großen Mall auf.

ESSEN UND TRINKEN

Brotzeit. Bayerische Kost und Bier. Mo–Fr 9–23, Sa–So 10–23 Uhr, 2. Etage World Financial Center, Century Ave. 100, nahe Lujiazui Huan Lu (浦东新区世纪大道100号环球金融中心3楼, 近陆家嘴环路), Tel. 021 58 95 28 87, www.swfc-shanghai.com

Im IFC ist Shanghais höchste Outdoor-Bar.

Miss Ma's Vegetable Macaron Patisserie. Hübsches, sehr helles Café. Kuchen mit ausschließlich natürlichen Inhaltsstoffen. 3. Etage World Financial Center, Adresse siehe »Brotzeit« Tel. 021 68 77 77 26

Wujie SWFC 大蔬无界环球金融中心美素馆. Vegetarisches Restaurant: eingelegter Rettich, Zucchini-Pilz-Rollen, auch »Stinkender Tofu« (Mapo Tofu). 3. Etage World Financial Center, Adresse siehe »Brotzeit«, Tel. 021 68 77 77 15/16

ÜBERNACHTEN

Grant Hyatt Shanghai 上海金茂君悦大酒店. Unvergessliches Fünfsterne-Erlebnis in 555 Zimmern. Jinmao Tower, Century Ave. 88 (浦东新区世纪大道 88 号金茂大厦), Tel. 21 50 49 12 34, www.shanghai.grand.hyatt.com

IFC Residence 国金汇. Luxuriöses »Wohnzimmer« mit besonderem Designkonzept. Century Ave. 8 (浦东新区世纪大道8号国金中心), Tel. 021 20 33 88 88

RUND UM DEN BUND UND PUDONG

5 Century Square
世纪广场
Kultur und Technik

Als die Stadtplaner das neue Pudong-Viertel Lujiazui entwarfen, hatten sie nicht nur das Finanzzentrum im Blick. Einkaufs-, Kultur-, Bildungs-, Grün- und Erholungszonen wurden gleich großzügig mitgedacht. Verbunden wurde das Ganze mit der Century Avenue als zentraler Achse, an deren Ende Konzerthalle, Technikmuseum und die Skulpturenlandschaft des Century Square säuberlich aufgereiht sind. Den Abschluss dahinter bildet der Century Park.

Als »Stadt der Zukunft« scheint sich Shanghai die stille Verpflichtung auferlegt zu haben, möglichst alles, was neu gebaut wird, irgendwie größer, beeindruckender, futuristischer oder wenigstens etwas verrückter zu gestalten, als es irgendwo sonst

Oben: Säulenskulptur am Century Square
Unten: Fahrräder können im Century Park gemietet werden.

MAL EHRLICH

ALLES NUR »FAKE«

»Alles ist gefälscht, nur Fake ist echt«, sagen manche Shanghaier, die die Fake-Märkte der Stadt meistens eher meiden. Es sind vor allem Reisende aus Ost und West – darunter durchaus Geschäftsleute –, die hier günstige Markenkopien erstehen oder auch legale Schnäppchen machen wollen. Aber Vorsicht: Die Händler wissen, dass man kräftig feilschen und nicht mehr als ein Drittel des zuerst geforderten Preises bezahlen sollte. Sie fordern ein Vielfaches des Üblichen. Wer kaufen will, sollte über gängige Preise informiert sein, mehrere Händler aufsuchen und viel Geduld mitbringen.

Century Square

auf der Welt zu sehen ist. Century Square und Park, am Ende der überdimensionalen Century Avenue, sind Beispiele dafür. Den besten Eindruck davon, wie unwirklich sich das architektonische »Gesamtkunstwerk Jahrhundertwende« bisweilen anfühlt, gewinnt man beim rund einen Kilometer langen Fußmarsch von der Metrostation Century Avenue. Glas, Stahl und großzügige Weite bestimmen hier das Bild. Auch wenn es sonst nichts zu sehen gibt, lohnt es sich, die irritierend menschenleere Szenerie auf sich wirken zu lassen. Allzu oft hat man schließlich nicht die Gelegenheit, sich in einer »Computermodell-Landschaft« zu bewegen. Nach einigen Hundert Metern stößt man auf die riesige Sonnenuhren-Skulptur »Oriental Light«, die den Übergang zum Century Square markiert. Das moderne Kunstwerk wirkt wie ein gestrandetes Radioteleskop und ist Teil eines Skulpturenprojekts zum Thema Zeit. Dazu gehört auch 300 Meter weiter die Säulenskulptur »Time of the Day«.

Konzerte und Theater

Nicht zu übersehen ist auch das Oriental Art Center. Vom französischen Architekten, Ingenieur und Autor Paul Andreu entworfen, ist das 2005 eröffnete Konzerthaus mit seinen fünf Hallen aus der Luft betrachtet einer blühenden Orchidee nachempfunden. Die normale Perspektive erinnert eher an riesige Kesselpauken, was aber angesichts des Zwecks des Gebäudes kaum weniger beeindruckend ist. Das Oriental Art Center gehört zu den modernsten und schönsten Veranstaltungsorten Shanghais, auch das Innere lohnt einen Blick, selbst wenn man keinen Konzertbesuch plant. Sehenswert ist nicht zuletzt das Music Box Museum, das hier untergebracht ist. Ein Spaziergang in dieser Gegend lohnt sich besonders abends, wenn das Konzerthaus und die umliegenden Plätze reizvoll beleuchtet sind.

AUTORENTIPP!

ENTSPANNEN AM FLUSS

Der Zhangjiabang, von den Einheimischen auch als »Mutterfluss Pudongs« bezeichnet, zieht sich quer durch Pudong und verbindet den Huangpu im Westen mit der Yangtze-Mündung im Osten. 1998 wurde der Fluss, der bis dahin eher eine Kloake war, auf seiner gesamten Länge von rund 32 Kilometern umfassend renaturiert. Heute sind an den Ufern Fußwege angelegt, und an vielen Stellen kann man gemütlich sitzen. Gleich hinter dem Science-Museum gelangt man über eine Fußgängerbrücke zur Jinyan Lu mit Cafés und Restaurants, von denen zum Beispiel die »Starbucks«-Kette auch mit Tischen am Fluss lockt. Die Straße bietet mit zahlreichen Restaurants und Gaststätten – darunter das »Hofbräuhaus« – und der verspielt-künstlerischen Architektur der Gebäude Erlebnisgastronomie und einen Anreiz für einen weiteren Spaziergang.

Jinyan Lu 锦延路. Metro 2 Science & Technology Museum oder Linie 4 Pudian Rd

Viele Shanghaier entspannen sich beim Angeln an Flüssen und Seen.

RUND UM DEN BUND UND PUDONG

Naturwissenschaft und Technik

Der etwas weiter südlich liegende Century Square beheimatet – neben der Bezirksregierung von Pudong – das Science and Technology Museum. 2001 eröffnet, vermittelt die interaktive Ausstellung über zwölf Themenbereiche alle Aspekte von Naturwissenschaft und Technik. Kinder haben besonders im Children's Technoland ihren Spaß. Hier erfahren sie, wie Roboter entwickelt werden, erproben sich mit dem Fahrrad auf dem Hochseil oder »erlaufen« in einer »Organ-Landschaft« die Geheimnisse des menschlichen Körpers. Mit seinen Simulatoren sowie den 3-D- und 4-D-Kinos macht das Museum aber auch älteren Besuchern Spaß. Immer Trubel herrscht im Fashion and Gift Market unter dem Museum, direkt an der Metrostation. Vom Souvenir bis zur Designerkleidung wird hier alles billig angeboten, was chinesische Fabriken hergeben, das meiste ist allerdings nicht original, und die Qualität ist nicht immer gut. Frequentiert wird der Markt vor allem von Touristen, die nicht selten bereit sind, völlig überzogene Preise zu bezahlen. Kaufen muss man hier eigentlich nicht, aber der Markt ist eine Erfahrung wert. In Acht nehmen sollte man sich vor Taschendieben.

Parklandschaft

Der Century Park am Ende der Century Avenue wurde als »Vorbote des neuen Jahrtausends« angelegt. Mit 140 Hektar Fläche ist er der größte im Bereich des Inneren Rings. Westliche und östliche Gartenarchitektur und verschiedene Themenbereiche sind über ein umfangreiches Wegenetz miteinander verbunden. Die ausgedehnten Wasserflächen, ein See im Zentrum, eine Vogelschutzzone und die Möglichkeit zum Inlineskaten, Skateboarden, Tretbootfahren, Picknicken und sogar Angeln macht den Park auch für viele Shanghaier zum Ausflugsziel.

Oben: Beflaggung am Nationalfeiertag
Mitte: Der Fashion and Gift Market bietet eine Riesenauswahl an Produkten *Made in China.*
Unten: Seerosen im Century Park

Century Square

Infos und Adressen

SEHENSWÜRDIGKEITEN

Century Park 世纪公园. Viel Platz zum Picknicken und Relaxen, Boote und Fahrräder können gemietet werden. 16.3.–15.11. 7–18, 16.11.–15.3. 7–17 Uhr, Jinxiu Lu 1001 (上海市浦东新区锦绣路1001号), www.centurypark.com.cn, Metro 2 Century Park, Exit 1

Shanghai Oriental Art Center 东方艺术中心. Ding Xiang Lu 425 (浦东新区丁香路425号), Tel. 021 68 54 12 34, Kartenbestellung 021 40 06 46 64 06, en.shoac.com.cn, Metro 2 Science & Techn. Museum, Exit 1

Gallery of Antique Music Boxes 八音盒珍品陈列馆. Das sehenswerte Museum im Oriental Art Center zeigt die Entwicklungsgeschichte von Drehorgeln und Musikboxen. Mo–Fr 10–17, Sa, So 9–17 Uhr, Tel. 021 68 54 76 47

Science & Technology Museum 上海科技馆. Teilweise nur unzureichend auf Englisch beschriftet – trotzdem sehr interessant. Di–So 9–17.15 Uhr. Century Ave. 2000 (上海市浦东新区世纪大道2000号), Tel. 021 68 54 20 00, www.sstm.org.cn, Metro 2, Exit 7, 8

Yatai Xinyang Fashion and Gift Market 上海亚太新阳服饰礼品市场. Fake-Markt mit 500 Ständen und Läden. 9–17.30 Uhr, Century Ave. 2002 (浦东新区世纪大道2002号), Metro 2 Science & Techn. Museum

Freizeitvergnügen: Tretbootfahren im Century Park

ESSEN UND TRINKEN

Ganlanba 橄榄坝傣家餐厅. Eines der wenigen Restaurants der Dai-Minderheit. Klassische Yunnan-Küche: gegrillter Fisch, Reisnudeln, Pilze. Mutige probieren die Insektenplatte. 9–21 Uhr, Meihua Lu 1025 (梅花路1025号), Tel. 021 50 59 62 82

Hong La Jiao 红辣椒 张杨路店. Sichuan Hot-Pot, immer gut besucht. Tägl. 10.30–2 Uhr, Huadu Mansion 3, Zhangyang Lu 828, nahe Laoshang Lu (浦东新区 张杨路828号华都大厦3楼), Tel. 021 38 71 17 82

ÜBERNACHTEN

Dorsett Shanghai 上海帝盛酒店. Direkt am Century Park und an der Metrostation gelegen. Huamu Lu 800 (上海市浦东新区花木路800号), Tel. 021 38 52 22 00, www.dorsetthotels.com/shanghai

Café und Restaurant im Oriental Art Center

RUND UM DEN BUND UND PUDONG

6 Maglev-Bahn
磁悬浮
Schwebend zum Meer

Das Shanghaier Tempo hat einen Namen: Der Maglev schafft mehr als 400 Stundenkilometer Höchstgeschwindigkeit – und erreicht damit nicht nur Flugtempo, sondern ist dabei auch erstaunlich leise. Die weltweit erste kommerzielle Magnetschwebebahn begeistert nicht nur Technikfans. Bis auf Weiteres wird die offiziell als Teststrecke ausgewiesene Trasse in Shanghai wahrscheinlich die einzige Möglichkeit bleiben, die Fahrt in einem schwebenden Zug zu genießen.

Der Kick kommt nach knapp vier Minuten und dauert nicht länger als 50 Sekunden: 431 km/h zeigt die Anzeigetafel in der weltweit ersten und einzigen Magnetschwebebahn im kommerziellen Einsatz. Die Fahrgäste sind begeistert, und nicht

Oben: Der »Maglev« ist eine Touristenattraktion und zugleich ein bequemes Verkehrsmittel.
Unten: In Shanghai ist die weltweit erste kommerzielle Magnetschwebebahn im Einsatz.

MAL EHRLICH

SCHWARZTAXEN

In der Stadt wimmelt es von eigentlich illegalen Motorrad- und Schwarztaxifahrern, die sich damit ihren Lebensunterhalt verdienen oder aufbessern. Manchmal sind sie eine praktische Alternative, da sie jedoch über keine Versicherung verfügen, geht man beim Mitfahren ein Risiko ein. Der Preis sollte unbedingt vorher verhandelt werden, viele versuchen Wucherpreise durchzusetzen. Vor allem am Flughafen sollte man sich selbst bei langen Warteschlangen am Taxistand keinesfalls auf Schwarztaxen einlassen, die regulären Taxen sind sicherer und günstiger.

nur Ingenieure zücken in diesem Moment die Handy-Kameras. Nach acht Minuten ist der Spuk vorbei, so lange braucht der aus Deutschland stammende Maglev, der in Shanghai aber eben nicht Transrapid heißt, um die 30 Kilometer lange Strecke von der Station an der Longyang Lu bis zum Flughafen zurückzulegen. Außer als Touristenattraktion bietet sich die einzigartige Bahn damit auch als bequemes und schnelles Transportmittel für die Fahrt zum Flughafen oder in die Stadt an. Leider liegt der Longyang-Bahnhof etwas zu weit draußen. Wer in die Innenstadt will, muss in die Metro (Linie 2) oder ins Taxi umsteigen. Nicht zuletzt deshalb bleibt die Auslastung wohl unter den Erwartungen zurück. Trotzdem ist der Maglev eine Alternative zum Taxi, vor allem allein oder zu zweit auch finanziell. Rund 40 Millionen Fahrgäste sind seit der offiziellen Inbetriebnahme zum Flughafen oder von dort nach Pudong geschwebt, jährlich kommen rund drei Millionen hinzu.

Deutsche Technik

Eigentlich sollte der erste Transrapid in deutschen Gefilden fahren, hier wurde er schließlich erfunden. Irgendwie wollte das aber am Hightech-Standort Deutschland nichts werden, nicht zuletzt weil die Wirtschaftlichkeit der Magnetschwebebahn infrage gestellt wurde. Die Shanghaier waren weniger zimperlich: Mit deutscher Unterstützung planten

Oben: Rund drei Millionen Fahrgäste transportiert der »Maglev« jährlich.
Unten: Für viele der Kick: Die Bahn fährt 431 Stundenkilometer Höchstgeschwindigkeit.

RUND UM DEN BUND UND PUDONG

AUTORENTIPP!

CHINESISCHE MEDIZIN
Obwohl die Wirksamkeit der chinesischen Medizin in westlichen Ländern nicht unumstritten ist, haben sich einige ihrer Methoden auch im Westen etabliert, beispielsweise Akupressur und Akupunktur. Sie hat aber wesentlich mehr zu bieten, wie ein Besuch des Museum of Traditional Chinese Medicine auf dem Gelände der Universität für TCM in Pudong beweist. Statuen, antike Werkzeuge und Schriftstücke zeugen auf drei Etagen von der 5 000 Jahre alten Geschichte des Fachs. Von Akupunkturnadeln bis zu Duftschalen werden viele Gerätschaften ausgestellt. Vitrinen voller Kräuter und Mineralien sowie der große hauseigene Kräutergarten geben einen tiefen Einblick in die Vielfalt dieser Heilkunst.

Shanghai Museum of TCM 上海中医药博物馆. (Englischer Audioguide, aber leider sind die Übersetzungen etwas knapp.) Di–So 9–16 Uhr, Cailun Lu 1200 (蔡伦路1200号, 金科路), Tel. 021 51 32 27 10, Metro 2 Zhangjiang High Tech Park

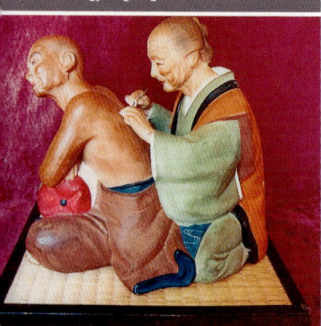

Die Traditionelle Chinesische Medizin hat eine 5000-jährige Geschichte.

und bauten sie eine Trasse, meldeten nebenbei acht Patente auf den Fahrweg an, und bereits im Dezember 2002 weihten der damalige chinesische Ministerpräsident Zhu Rongji und Gerhard Schröder, seinerzeit Bundeskanzler, die Strecke ein. Sie hat Symbolcharakter: Wo sonst, wenn nicht im von Dynamik und Tempo geprägten Shanghai, hätte der Transrapid fahren sollen? Mit Stolz blicken die Shanghaier nun auf ihren Weltrekord-Zug, die ursprünglich geplante Verbindung bis zum Flughafen Hongqiao wollen sie aber trotzdem nicht haben. Viele befürchten gesundheitliche Beeinträchtigungen durch Elektrosmog und protestierten gegen die Erweiterung der Trasse. Auch die angedachte Erweiterung in die Gartenstadt Hangzhou wurde aufgegeben. Die Regierung setzt derzeit eher auf den Ausbau der Schnellzugstrecken. Zumindest in naher Zukunft wird die Trasse daher die einzige Strecke bleiben, auf der sich testen lässt, wie es sich anfühlt zu schweben.

Um Enttäuschungen zu vermeiden, sollte man aber auf die Abfahrtszeiten achten, Höchstgeschwindigkeit fährt der Maglev nur zu bestimmten Zeiten. Auf den meisten Fahrten erreicht der Zug »nur« eine Geschwindigkeit von 300 Stundenkilometern, was zwar immer noch beeindruckend ist und reicht, um die Strecke in etwas mehr als acht Minuten zurückzulegen, aber doch den vorgestellten Erlebniswert ein wenig schmälert. Im Maglev-Museum im Erdgeschoss der Station Longyang Lu kann man mehr zur Geschichte, zur Technik und zu den künftigen Perspektiven der Magnetschwebebahn in Shanghai erfahren. Die Ausstellung hat zwar nicht übermäßig viel zu bieten, aber die Technologie wird zumindest zum Teil auch auf Englisch gut erklärt. Vor allem technikaffine Menschen dürften sich hier recht gut aufgehoben fühlen, aber wenn man Zeit hat, lohnt sich auch für alle anderen ein kurzer Blick.

Maglev-Bahn

Infos und Adressen

SEHENSWÜRDIGKEITEN

Maglev Train 磁悬浮. Fahrtzeiten des Hochgeschwindigkeitszuges: ab Longyang-Station 6.45 bis 19 Uhr (alle 15 Min.), 19–21.40 Uhr (alle 20 Min.), Spitzentempo nur von 9–10.45 Uhr und 15–15.45 Uhr. Ab Flughafen 7.02–19.02 Uhr (alle 15 Min.), 19.02–21.42 Uhr (alle 20 Min.), Spitzentempo nur von 9.02–10.47 Uhr und 15.02–15.47 Uhr, www.smtdc.com

Maglev Museum. Kleine Ausstellung, die die Technologie erklärt. 9–17.30 Uhr, Longyang Lu 2100 (龙阳路2100号), Erdgeschoss Longyang-Station, Tel. 021 28 90 77 77

ESSEN UND TRINKEN

Xi Yumei Shilou 西域美食楼. Die islamische Küche der Uiguren aus Xinjiang bietet eine erfrischende Alternative zur süßlichen Shanghai-Küche. Empfehlenswert sind z.B. die Lammspieße (Yang Rou Chuan) oder das Hühnchen-Gericht Da Pan Ji. 9.30–21.30 Uhr, im Einkaufszentrum Long Hui Lu 300 (龙汇路300号105-107室), 1. Etage/105–107, Tel. 021 50 42 34 59

ÜBERNACHTEN

Parkyard Hotel 博雅酒店. Verkehrsgünstig gelegenes und durchschnittlich teures Hotel mit guter Ausstattung. Bibo Lu 699 (浦东新区碧波路699号), Tel. 021 61 62 11 60, www.parkyard.com

Royal International Hotel Shanghai 上海皇廷国际大酒店. In der Nähe des Flughafens, guter Standard, vergleichsweise günstig. Xiuchuan Lu 998 (浦东新区 川沙新镇绣川路998号), Tel. 40 01 88 95 00, www.royal-sh.cn

Home Inn Shanghai 上海如家快捷酒店. In Flughafennähe, sehr günstig, niedriger Standard. Huaxia Lu 2682 (浦东新区 川沙华夏东路2682号), Tel. 021 58 92 99 90

EINKAUFEN

Decathlon 迪卡侬. Die Sportartikel-Kette aus Frankreich hat Filialen im ganzen Stadtgebiet. Günstige Ausrüstung zu fast allen Sportarten, von Eigenmarken bis zu Markenartikeln. 9–21, Fr, Sa 9–22 Uhr, Yinxiao Lu 393 (浦东新区银宵路393号, 近龙阳路), Tel. 021 50 45 38 88, www.decathlon.com.cn

Die Maglev-Trasse zwischen Longyang Lu und dem Pudonger Flughafen ist rund 30 Kilometer lang.

ALTSTADT UND XINTIANDI

7 Das Altstadtviertel
Das alte Shanghai und seine Götter   70

8 Yu-Garten 豫园
Historische Gartenkunst   78

9 Fuyou Lu 福佑路
Bunte kulturelle Vielfalt   84

10 Dajing Lu 大境路 **und Tempel der Weißen Wolke** 白云观
Alte Mauern, kostbare Schriften   90

11 Pfirsichgarten-Moschee 小桃园清真寺
Muslime in Shanghai   94

12 Konfuziustempel 文庙
Auf den Spuren von Kong Zi   96

13 Xiaonanmen 小南门
Alte Hafenstraßen, neuer Lebensstil   102

14 Xintiandi 新天地
Neue Welt mit KP-Anschluss   106

15 Expo-Park 世博公园
Das Erbe der Weltausstellung   112

Altstadt und Xintiandi

7 Das Altstadtviertel
Das alte Shanghai und seine Götter

Der Stadtgott-Tempel Chenghuang Miao und seine Umgebung waren einst das eigentliche Zentrum innerhalb der ehemaligen Stadtmauern Shanghais. Heute bilden der Altstadtbasar rund um den Yu-Garten und den Stadtgott-Tempel und die sogenannte Shanghai Old Street neben dem Bund das zweite touristische Gravitationszentrum Shanghais: Für jeden, der die Stadt besucht, ist der Besuch der Altstadt und des Basarviertels zu Recht ein Muss.

Shanghai ist berühmt für seine Architektur am Bund und geprägt durch eine durchaus beeindruckende und manchmal futuristische, teils aber auch chaotische oder gähnend langweilige Straßen- und Hochhauslandschaft. Mit dem alten China, das der europäische Tourist in seiner Vorstellung

Seite 66/67: Die Altstadt und das Basarviertel sind für Shanghai-Besucher ein Muss.
Mitte: In der Altstadt setzt man auf Tradition.
Unten: Im Basarviertel geht es fast immer sehr lebhaft zu.

MAL EHRLICH

NERVIGE VERKÄUFER

Um die aufdringlichen Händler abzuwimmeln, würde im Normalfall ein mehr oder weniger freundliches »bù yào« (不要/ich will nicht) reichen, davon lassen sich aber viele nicht abschrecken. Deshalb folgt man am besten der chinesischen – und daher auch erfolgreichsten – Taktik: einfach ignorieren. Nicht ansehen, nichts sagen, kein Interesse zeigen. Reicht das immer noch nicht, darf man den Händler mit dem Handrücken nachdrücklich aus dem Weg wedeln, am besten ohne ihn dabei anzusehen. Das ist zwar recht unhöflich, aber als letzte Möglichkeit wirkungsvoll.

vor Augen hat, hat das meist nicht viel zu tun. Traditionelle chinesische Architektur begegnet dem Besucher im Stadtbild eher selten. Umso dankbarer nehmen die Touristen das Basarviertel im tatsächlich ältesten Teil der Stadt an, der vom 14. Jahrhundert bis zum Beginn des 20. Jahrhunderts politisches und kulturelles Zentrum war. Anders als viele andere Teile der Stadt blieb dieser auch in der Zeit der Konzessionen fest in chinesischer Hand, weshalb er von ausländischen Einflüssen weitgehend verschont wurde. Passend zum Stadtgott-Tempel, der hier seit Beginn des 15. Jahrhunderts steht, wurde das Altstadtviertel im traditionellen chinesischen Stil der Ming- und der Qing-Dynastie rekonstruiert. Magisch zieht es jeden Shanghaibesucher aus dem In- und Ausland in dieses siedende und schwitzende Zentrum der alten Chinesenstadt, das bereits vor rund 600 Jahren ein lebhafter und bunter Handelsplatz war, der bis heute nichts an Dynamik verloren hat.

Wie immer gibt es grundsätzlich mehrere Möglichkeiten, sich seinem Ziel zu nähern: Für die Anfahrt mit der U-Bahn bietet sich von der

Oben: Souvenirläden, Teehäuser und traditionelle Geschäfte bieten Gelegenheit zum Stöbern …
Unten: … und eine reichhaltige Auswahl an Mitbringseln.

AUTORENTIPP!

XIAOLONGBAO

Das »Nanxiang Mantou Dian« neben der Zickzackbrücke ist wegen seiner Xiaolongbao – gedämpfte Teigtäschchen mit Füllung – ein heißer Tipp. Wer sie probieren will, geht am besten in den Schnellimbiss in der ersten oder das Restaurant in der zweiten Etage. Dazu bestellt man Ingwer (Shēngjiāng 生姜) und Essig (Cù 醋). Die Xiaolongbao kommen in kleinen Körben und sind mit einer sehr heißen Soße gefüllt, die den Kick ausmacht. Leider läuft sie oft bereits in den Körben aus, auch wenn man versucht, die Teigtaschen vorsichtig daraus zu lösen. Selbst wenn das gelingt, ist es eine Kunst, die Soße auszuschlürfen, ohne sie zu verschütten oder sich zu verbrennen. Ein Löffel (Tiáogēng 调羹) schafft Abhilfe. Lange Wartezeiten, vor allem zwischen 11 und 13 Uhr.

Nanxiang Mantou Dian 南翔馒头店. Mo–So 7.30–20 Uhr, 2. Etage 9–19 Uhr, Yuyuan Lu 85 (豫园路85号), Tel. 021 63 55 42 06

Tangbao – mit Suppe gefüllte Teigtaschen – sind beliebte Snacks.

Altstadt und Xintiandi

Metrostation Yuyuan Garden aus entweder die Fuyou Lu an, die schnellere Variante, oder die Fangbang Lu. Wer letztgenannte Route wählt, hat das größere Kontrastprogramm, denn wenn man von der stark befahrenen Henan Lu kommt, mit Blick auf moderne Hochhäuser, gelangt man mit dem Schritt nach links durch das rekonstruierte Stadttor schlagartig in eine andere Welt.

Souvenirs auf der Shanghai Old Street

Die Souvenirmeile Fangbang Lu ist auf dem Abschnitt bis zum Basar wie dieser selbst eine Rekonstruktion im Stil der Ming- und Qing-Architektur. Die Straße, die auch als Shanghai Old Street bekannt ist, ist gesäumt von zahllosen Antiquitäten- und Souvenirläden, die neben vielen netten Andenken wie Essstäbchen oder Stempeln – die man aber auch an anderen Stellen der Stadt oft günstiger erwerben kann – auch allerlei Nippes anbieten. Dazwischen befinden sich Teehäuser, Nudelrestaurants und traditionelle Läden mit Wasserpfeifen, Porzellan und Stickereien. Das Stöbern lohnt auch ohne Kaufabsichten. Wer trotzdem etwas mitnehmen will, sollte nicht bis zum Yuyuan-Basar um den Stadtgott-Tempel warten, weil die gleichen Waren dort tendenziell eher teurer angeboten werden. Wer sich von den »Antik, Antik«-Rufen der Händler in deren Läden locken lässt, sollte sich aufs Feilschen einstellen: Meist handelt es sich um günstig hergestellte Massenware und auf alt getrimmte »Plagiate«.

Ähnliches gilt für den sehenswerten Antikmarkt auf der linken Seite am Anfang der Shanghai Old Street. Hier werden Jade und anderer Schmuck, Vasen, Münzen, Skulpturen und vieles mehr angepriesen, darunter wirklich schöne Stücke. Wer aber kein Experte ist, sollte sich die teureren

Dinge vielleicht besser nur anschauen. Wer sich jedoch auskennt und gut verhandelt, kann gute Schnäppchen machen. Spannend ist es hier vor allem am Wochenende, wenn in den oberen Etagen neben »echten« Antiquitäten auch allerlei Trödel angeboten wird.

Auf der Fangbang Lu geht es so lebhaft zu wie zu alten Zeiten, als die Straße noch Hauptdurchgangs- und Marktstraße war. Je näher man dem Basar kommt, desto größer wird an normalen Tagen das Gedränge. Kopien von Markenuhren und Handtaschen werden von plötzlich auftauchenden Gestalten angeboten, erlaubt ist das offiziell nicht, weshalb die Uhrenverkäufer inzwischen etwas vorsichtiger agieren und schnell wieder weg sind, wenn man kein Interesse zeigt. Aufdringlicher sind die fliegenden Händler, die durch die Touristenmasse flitzen, um ihre beleuchteten Rollschuhe, oder was sonst gerade der Renner ist, an den Mann oder die Frau zu bringen. Die Jiujiaochang Lu, die von der Fangbang Lu abgeht und den Yuyuan-Basar im Westen begrenzt, setzt die Vielfalt aus Läden und Restaurants der Shanghai Old Street fort. Von hier aus kann man sich durch zahlreiche Gassen direkt in das Getümmel des Basarviertels stürzen. Entspannter ist es aber, der Fangbang Lu weiter zu folgen und zunächst die Stadtgötter zu begrüßen, die den Basarbesuch dann hoffentlich segnen.

Oben: Zahlreiche Garküchen locken mit einer reichhaltigen Auswahl an lokalen Spezialitäten.
Mitte: Teeblätter – Tee gehört zu den beliebtesten Getränken.
Unten: Stempel in einem Souvenirgeschäft auf der Fangbang Lu

AUTORENTIPP!

ALTSTADTGASSEN
Rund um das gepflegte Basarviertel geben noch viele Gassen einen kleinen Einblick in den beschwerlichen Alltag der Altstadtbewohner, die noch in den alten Wohnvierteln leben. Die Anren Lu (安仁街), die von der Fangbang Zhong Lu (方浜中路) direkt hinter dem Basar nach Norden abzweigt, ist eines von vielen Beispielen. Hier scheint die Zeit stehen geblieben zu sein. Handwerker, die im Eingang windschiefer Häuser arbeiten, Tofu-Garküchen, Gemüsehändler und Kleinwaren am Straßenrand und Wäsche, die zwischen den Hauswänden zum Trocknen hängt, bieten ein malerisches Bild, das aber nur dem ersten Blick standhalten kann. Zufällig offenstehende Türen und Fenster offenbaren feuchte, dunkle und beengte Wohnstuben, die Bausubstanz ist marode. Zudem sind viele der alten Viertel nicht mit sanitären Anlagen ausgestattet. In den meisten Fällen ist hier nicht mehr viel zu retten, der Abriss ist programmiert.

Biertransport auf dem Dreirad durch die Altstadtgassen

Altstadt und Xintiandi

Der Stadtgott-Tempel

Wie in jeder älteren und einigermaßen bedeutenden chinesischen Stadt gibt es auch in Shanghai einen Tempel, in dem den Göttern gehuldigt werden konnte, die die Stadt beschützen und den Einwohnern Wohlstand und Frieden sichern sollten. Davon macht die Shanghaier Bevölkerung auch heute noch gelegentlich Gebrauch, vorzugsweise wenn es sich um persönlichen Beistand für ein sorgenloses Leben, Gesundheit, die Familie oder um die schulische Entwicklung der Kinder handelt – für jedes Ansinnen gibt es (nicht nur) im Stadtgott-Tempel einen »Ansprechpartner«. Der Tempelbesuch gestaltet sich allerdings schnell zu einem recht zeitaufwendigen Unterfangen: Weil man es nicht riskieren will, einen der Schutzpatrone, die im Tempel »zu Hause« sind, zu verärgern, verbeugen sich die Shanghaier möglichst auf korrekte Weise vor jedem Einzelnen. Und weil hier neben dem ursprünglichen Stadtgott eine ganze Reihe weiterer Schutzheiliger beisammen ist, kann das eine Weile dauern. Es gibt zwei Eingänge zum Tempel, einen an der Fangbang Lu, einen am Basar (siehe S.76). Hinter dem Tor an der Fangbang Lu gelangt man zu dem Vorplatz, auf dem die Gläubigen ihre Räucheropfer darbieten.

Vorläufer des Shanghaier Stadtgott-Tempels war eine Gedenkstätte für Huo Guang (gest. 68 v. Chr.), einem verdienten Staatsmann und General der Han-Dynastie, dessen Geist die Bewohner der Dörfer Shanghai und Huating, die später mit zwei anderen Dörfern zu einem Kreis zusammengelegt wurden, im Kampf gegen Piraten und andere Plagen beschworen. Der heutige Tempel wurde 1403 als »Heimstätte« für Qin Yubo (1295–1373) gebaut, einen verdienten Gelehrten und Beamten der Ming-Dynastie, der als aufrichtig, loyal und unbestechlich galt und nach seinem Tod zum ersten Stadtgott der Kreisstadt Shanghai erkoren wurde. Gleichzeitig zog Huo Guang um. Sein Tempel wurde ihm zu Ehren in den neuen Tempel integriert. Damit hatte Shanghai gleich zwei Schutzgötter.

Der Tempel wurde im Lauf seiner Geschichte immer wieder zerstört und neu aufgebaut: Während der Opiumkriege wurde er zweimal von britischen Truppen verwüstet, 1922 und 1923 brachen Feuer aus. Nachdem er 1926 mit Spenden reicher Bürger abermals aufgebaut und bei dieser Gelegenheit auch gleich umgebaut werden konnte, zog 1937 auf Drängen der Bevölkerung unter den Augen der britischen Besatzer die Statue von General Chen Huacheng (1776–1842) ein, der im Kampf gegen die britischen Truppen während des Ersten Opiumkrieges gefallen war. Während der Kulturrevolution wurde der Tempel abermals verwüstet und 1966 geschlossen. 1988 an die chinesische Taoistenvereinigung übergeben, wurde er 1995 schließlich wiedereröffnet. Neben den Stadtgöttern Huo Guang und Qin Yubo ist hier heute eine ganze Reihe weiterer Unsterblicher untergebracht, darunter der Gott der Literatur Wenchang, der

Oben: Gläubige brennen auf dem Vorplatz des Stadtgott-Tempels Räucherkerzen ab.
Mitte: Der rotgesichtige Stadtgott Qin Yubo

Altstadt und Xintiandi

AUTORENTIPP!

SNACKS PROBIEREN

Das Basarviertel lockt mit kulinarischen lokalen Spezialitäten, nicht nur in bekannten Restaurants, sondern auch an Straßenständen. Die Reputation als »Snack-Königreich« kommt nicht von ungefähr: Seit 2002 wird in der Jiujiaochang Lu jährlich das »Snack Festival« ausgerichtet, bei dem verschiedene Spezialitäten aus Shanghai und anderen Regionen Chinas angeboten werden. Typische Kleinigkeiten, wie zum Beispiel gedämpfte Brötchen, gefüllt mit Krabbenfleisch oder mit Pilzen. Fünferlei gewürzte Bohnen und Schweinekoteletts mit Reiskuchen gibt es aber auch an normalen Tagen. Das Angebot an appetitlichen Köstlichkeiten ist beinahe unerschöpflich, probieren lohnt, auch wenn man manchmal nicht genau weiß, worauf man sich gerade einlässt. Wer sich an den Chinesen orientiert und dort kauft, wo viel los ist, kann nicht allzu viel verkehrt machen.

Snack Street. Jiujiaochang Lu, 旧校场路

Ein reichhaltiges Angebot an appetitlichen Köstlichkeiten

auch beim Lernen um Beistand gebeten werden kann, der Kriegsgott Guan Di, der Gott des Wohlstands Cai Shen, die Schutzgöttin der Fischer und Seeleute Mazu und die Göttin des Mitgefühls Guanyin.

Im Altstadt-Basar

Verlässt man den Stadtgott-Tempel im Norden, steht man unmittelbar im Yuyuan-Basarviertel – und damit an den meisten Tagen in einem unvorstellbaren Trubel. Das Viertel ist nichts für schwache Nerven. Besonders am Wochenende, wenn sich hier Tausende Touristen aus allen Teilen Chinas und den Ländern der restlichen Welt durchschieben oder gezwungenermaßen schieben lassen, kann man schnell die Geduld verlieren: Alles wuselt und schreit durcheinander, es schubst und drängelt, fliegende Händler ziehen nervige Kreise um die Besucher. Wer das nicht als Meditationsübung sehen will, kommt nicht am Wochenende und am besten frühmorgens, wenn die Luft noch einigermaßen klar und nicht von Hupen und Schreien erfüllt ist.

Der Basar ist eine Mischung aus kitschigen und übertreuerten Souvenirläden, Kaufhäusern und Restaurants. Mehr als 100 Geschäfte locken mit allem, was sich als Andenken eignen könnte, darunter geschmackvolle und typisch chinesische Produkte, aber auch allerlei Touristenramsch. Das wilde Treiben lohnt einen Rundgang so lange die Nerven reichen. Inmitten des Basarviertels liegt mehr oder weniger friedlich der Huxinting-Pavillon aus dem Jahr 1784 in einem kleinen See. Zu erreichen ist er nur über die sogenannte Zickzackbrücke oder auch »Brücke der neun Biegungen«, die dadurch für böse Geister nicht zugänglich ist, weil diese nach dem Volksglauben nur geradeaus gehen können.

Das Altstadtviertel

Infos und Adressen

SEHENSWÜRDIGKEITEN

Stadtgott-Tempel Chenghuang Miao 上海城隍庙-南门. In den Seitenhallen des Vorplatzes stehen rechts die Schutzgöttinnen für das Augenlicht, des Friedens oder Mitgefühls und der Seeleute. Auf der linken Seite befindet sich der Gott des Reichtums mit einer weiblichen Bodhisattva, die seine Ehefrau ist.
Die dahinterliegende erste Halle ist dem vergöttlichten Staatsdiener Huo Guang gewidmet, der hier mit seinen Gehilfen steht. Die Halle wurde 1926 nach einem Brand neu gebaut. Zwischen der ersten und der zweiten Halle im hinteren Bereich des Tempels stehen im Verbindungstrakt die 60 Geburtsjahrgangsgottheiten. Für 50 RMB kann man eine rote Schleife kaufen und die taoistische Gottheit, die über den eigenen Jahrgang wacht, um Beistand oder um Frieden und Glück im Jahr bitten.
In den Seitenhallen auf dem folgenden Hof stehen links Guan Yu, General in der Zeit der Drei Reiche (220–265), der zum Gott glorifiziert für Treue, Mut und Gerechtigkeit steht, und rechts der Gott des Wissens und der Literatur, den man gern bei Prüfungen um Beistand bittet.
Stadtgott Qin Yubo, mit rotem Gesicht und langem Bart, wird im Zentrum der letzten Halle verehrt. Er war ein Nachkomme des berühmten Poeten Qin Guan (1049 – ca. 1100). In den Seitenräumen stehen links Qin Yubos Ehefrau Chu und rechts seine Eltern.
Tägl. 8.30–16.30 Uhr, Fangbang Zhong Lu 249 (方浜中路249号), Tel. 021 63 86 57 00, www.shchm.org, Metro 10 Yuyuan Garden

ESSEN UND TRINKEN

Lao Shanghai Teehaus 老上海茶馆. Die Deko und die Einrichtungsgegenstände aus alten Shanghai-Zeiten können gekauft werden. Der Preis ist Verhandlungssache. 9–21 Uhr, Fangbang Zhong Lu 385, nahe Jiujiaochang Lu (方浜中路385号, 近旧校场路), Tel. 021 53 82 12 02

Xishi Doufu Fang 西施豆腐坊. Spezialisiert auf verschiedene Tofuprodukte. Die Speisen sind gut, aber die Atmosphäre ist wenig einladend und gewöhnungsbedürftig. 8–18.30 Uhr, Fangbang Zhong Lu 454 (方浜中路454号), Tel. 021 53 83 17 33

Chunfeng Songyue Lou 春风松月楼. Dieses vegetarische Restaurant blickt auf eine wirklich lange Geschichte zurück. Gegründet im Jahr 1910, ist es noch immer beliebt. 7–21 Uhr, Jiujiaochang Lu 99 (旧校场路99号), Tel. 021 63 55 36 30

EINKAUFEN

Shanghai Kuaizi Dian 上海筷子店. Hier gibt es traditionelle Essstäbchen. Yuyuan Lao Jie 37, nahe Fuyou Lu (豫园老街,福佑路), Tel. 021 23 02 91 11

Li Gao Tang 梨膏糖商店. Traditionelle Süßigkeiten aus Shanghai, sie helfen bei Husten und beruhigen den Hals. Wenchang Lu 41 (文昌路41) (westl. des Tempels), Tel. 021 63 55 99 99/13 30

Fuyou-Antikmarkt. Der Markt im Cangbao-Gebäude kurz hinter dem westlichen Stadttor an der Fangbang Lu wird auch »Geistermarkt« genannt, weil die Händler am Wochenende ihre Waren bereits vor Sonnenaufgang präparieren, wenn nur die Geister sehen können, was sie verkaufen. Der beste Zeitpunkt hier zu stöbern ist das Wochenende. Vor allem sonntags, wenn Händler aus dem Umland ihre Waren anbieten, kann man allerlei Schätzchen finden, wenn man wirklich früh da ist. Drei Etagen des Marktes sind Mo–Fr von 9–17 Uhr geöffnet, der Wochenendmarkt auf der 3. und 4. Etage von 5–18 Uhr, ab Mittag ist aber nicht mehr viel los. Fangbang Zhong Lu 457 (方浜中路457号), Metro 10 Yuyuan Garden, Tel. 021 63 26 27 33

ÜBERNACHTEN

Ibis Shanghai Yu Garden. Preisgünstig, nur wenige Gehminuten vom Yu-Garten entfernt. Zhoujin Lu 85 (黄浦区昼锦路85号), Tel. 021 33 66 28 68, www.accorhotels.com

Altstadt und Xintiandi

8 Yu-Garten 豫园
Historische Gartenkunst

Einst war der Yu Yuan ein privater Garten im Zentrum Shanghais, der schon nach seiner Fertigstellung als der schönste Garten im Südosten Chinas gepriesen wurde. Angelegt in der Ming-Dynastie ab 1559, überdauerte die kleine Anlage mehr oder weniger unbeschadet alle Wirren und Unruhen, die seither über Shanghai hinwegzogen. Heute zählt er zu den bekanntesten und ältesten Sehenswürdigkeiten der Stadt.

Friedlich und schön liegt der im klassischen Stil angelegte Yu-Garten direkt im Basarviertel der Altstadt. Der Haupteingang befindet sich unmittelbar am See, über den die Zickzackbrücke zum Huxinting-Teehaus führt; einen Nebeneingang gibt es in der Nähe vom Ausgang des Stadtgott-Tempels. Obwohl der Garten im Laufe der Zeit um einige Gebäude erweitert wurde, blieb sein ursprünglicher Charakter weitgehend erhalten.

Der im klassischen Stil angelegte Yu-Garten in der Altstadt zählt zu den bekanntesten Sehenswürdigkeiten Shanghais.

> **MAL EHRLICH**
>
> **IN RUHE ODER GAR NICHT**
> Der Yu-Garten zählt ohne jeden Zweifel zu einem der Höhepunkte Shanghais. Ein unbedingtes Muss ist er trotzdem nicht – zumal dann, wenn man nur kurz in der Stadt ist und keinen ruhigen Zeitpunkt erwischt. Wer plant, auf seiner Reise vielleicht noch einen Stopp im Umfeld oder in Hangzhou einzulegen, kann dort viele Gärten in Ruhe genießen, während der Yu-Garten leider oft so überlaufen ist, dass man kaum einen authentischen Eindruck von der Anlage bekommt – von der nötigen Besinnlichkeit ganz zu schweigen.

Yu-Garten

Er beeindruckt als herausragendes Beispiel traditioneller chinesischer Gartenkunst mit seiner abwechslungsreichen Gestaltung, teilweise sehr alten Bäumen und seiner Ruhe inmitten des hektischen Trubels der Mega-Metropole.

450-jährige Wurzeln

Ursprünglicher Eigentümer des Yu-Gartens war der in Shanghai geborene kaiserliche Beamte Pan Yunduan (1526–1601). Selbst Sohn eines sehr hohen Beamten, ließ er die bereits in der Entstehungszeit beeindruckende Anlage zur Erbauung seiner alternden Eltern von Zhang Nanyang entwerfen, einem der angesehensten Gartenarchitekten seiner Zeit. Während der Bauzeit ging allerdings das Geld aus, Pans Vater En verstarb, und der erfolgreiche Sohn wurde Gouverneur von Sichuan. So vergingen fast 20 Jahre, ehe Pan Yunduan den »Garten der Freude« oder auch »Garten der Zufriedenheit« fertigstellen konnte – im Stil der wegen ihrer kunstvollen Anmut besonders berühmten Gärten von Suzhou. Tatsächlich steht das chinesische Zeichen 豫 (Yù) für »Frieden« und »Ruhe« oder »Bequemlichkeit«. Im Laufe der Zeit verarmte die Familie Pan und der Garten verwahrloste, bis schließlich einige reiche Shanghaier Mitte des 18. Jahrhunderts einen Teil der Anlage kauften und renovierten. Später wurde auch der Rest des Gartens wiederhergestellt, aber während des Ersten Opiumkrieges (1839–1842) durch britische Truppen 1842 stark beschädigt.

1853 nutzte die Geheimgesellschaft der »Kleinen Schwerter« den Garten als Quartier, um gegen den Kaiserhof zu agieren, bevor er während des Taiping-Aufstands (1850–1864) und im Zweiten Japanisch-Chinesischen Krieg (1937–1945) abermals verwüstet wurde. Die Anlage überdauerte die Zeit verwahrlost, bevor Ende der 1950er-Jahre beschlos-

AUTORENTIPP!

SCHLECHTES WETTER IST GUTES WETTER

Die beste Zeit, die Atmosphäre des alten China im Yu-Garten und im Basarviertel zu erspüren, sind wochentags die frühen Morgenstunden, wenn die Altstadt noch nicht von Touristen überlaufen ist. Der Garten öffnet erst um 8.30 Uhr, aber wenn man zu den ersten Besuchern gehört, lässt sich der Spaziergang durch die Anlage mit ihren kunstvollen Mauern, Pavillons, Minigebirgen und Teichen noch besinnlich genießen. Ab 10 Uhr drängen sich hier meist unzählige sehr kommunikationsfreudige Reisegruppen. Die Zeit vor der Öffnung des Gartens nutzt man, um mitzuerleben, wie das Basarviertel erwacht und sich auf die Besucherströme vorbereitet. Am besten wählt man einen Regentag, dann bleibt nicht nur der Massenandrang aus und die Luft ist besser, sondern auch der Garten zeigt sich von seiner schönsten Seite.

Traditionelle chinesische Gartenkunst erleben

Altstadt und Xintiandi

Oben: Mauerkronen sind wie sich windende Drachenkörper gestaltet, Drachenköpfe verzieren die Gebäude.
Mitte: Öffnungen geben den Blick auf andere Teile des Gartens frei.
Unten: Der Große Künstliche Berg erlangte schon zur Zeit seiner Entstehung Berühmtheit.

sen wurde, sie gründlich zu restaurieren. Erst 1961 wurde der Yu-Garten in alter Pracht der Bevölkerung zugänglich gemacht. 1982 wurde er in die Liste der Denkmäler der VR China aufgenommen.

Der Garten als Kunst

Wie alle klassischen chinesischen Gärten ist der Yu-Garten weit mehr als eine kraftvolle und kunstvoll durchdachte Ruheinsel. Die Gartengestaltung spielt in der chinesischen Kunst eine herausragende Rolle, die sich bis 3000 v. Chr. zurückverfolgen lässt. Die traditionelle chinesische Landschaftsmalerei und die Kunst der Gartengestaltung stehen in sehr enger Beziehung zueinander. Auch Dichtung, Architektur und Kalligrafie wurden durch die Gartenkunst beeinflusst – und strahlten ihrerseits auf diese zurück. So bildet der Yu-Garten auch die Basis der Kalligrafie und der Malerei im Shanghai-Stil. Chinesische Gärten sollten nicht einfach nur die Natur nachbilden, sondern Abbild eines idealen Universums sein. Ihre wesentlichen Bestandteile waren künstlich angelegte Seen und Hügel, ungewöhnlich geformte Vegetation und Steine, deren Form und Anordnung symbolische Bedeutung hatten.

Der Yu-Garten ist mit 20000 Quadratmetern vergleichsweise klein, erscheint aber aufgrund seiner raffinierten Architektur viel größer. Die sogenannten Drachenwände, deren Mauerkronen wie sich windende Drachenkörper gestaltet sind, gliedern ihn in fünf Bereiche, angelehnt an die Vorstellung einer harmonischen Welt, in der die fünf Elemente Holz, Feuer, Erde, Wasser und Metall in ihrer Ausgewogenheit den Ablauf der Naturerscheinungen regeln. Felsen, Teiche und Brücken bilden ein harmonisches Ganzes, kleine Bänke laden zum Betrachten der Landschaft und zum »geistigen« Erwandern der Welt ein. Ausgefallen geformte

Yu-Garten

Öffnungen in den Mauern sichern den ungewöhnlichen Ausblick auf den jeweils »anderen Teil der Welt« hinter den Mauern. Auch Hallen, Ziersteine, Miniaturgebirge und Teiche dienen zur Abgrenzung der einzelnen Bereiche. Außer einer Reihe wirklich alter Bäume hat der Garten in den mehr als 50 Pavillons auch einiges an antiken Einrichtungen aus der Zeit der Ming- und Qing-Dynastie zu bieten.

Pavillons, Teiche und Brücken

Direkt hinter dem Eingang steht die neun Meter hohe Drei-Ähren-Halle, die 1760 errichtet und zum Empfang von Gästen und für Versammlungen genutzt wurde. Dahinter gelangt man zur Halle zum Betrachten des Berges, die einen Blick auf die dahinterliegende Felslandschaft namens Großer Künstlicher Berg gewährt. Besonders für diesen Hügel aus Klippen, Überhängen und Plattformen erlangte der Gartenarchitekt Zhang Nanyang Berühmtheit, obwohl heute nicht als gesichert gilt, ob er ihn tatsächlich erbaut hat. Durch überdachte Wandelgänge gelangt der Besucher in eine weitere Felslandschaft, wobei die Maueröffnungen wie Rahmen von Landschaftsgemälden immer neue Ausblicke freigeben. An der Halle der Zehntausend Blumen steht ein mehr als 400 Jahre alter Ginkgobaum. Wie alle Pflanzen wurde auch er nicht zufällig ausgewählt: Ginkgo steht für ein langes Leben und Glück, Bambus für Ausdauer und Charakter, Hibiskus für sanfte Standhaftigkeit, die sich darin zeigt, dass seine Blüten verwelken, nur damit sie um ein Vielfaches schöner und größer zurückkehren.

Hinter dem Pavillon der Zehntausend Blumen gelangt man zur Frühlingshalle, die Mitte des 19. Jahrhunderts als Quartier der Anführer der »Kleinen Schwerter« diente. Während der Taiping-

AUTORENTIPP!

ABWARTEN UND TEE TRINKEN

Anders als der Yu-Garten, bietet der Altstadtbasar kaum eine Möglichkeit, um zwischendurch zu entspannen, selbst in den Restaurants geht es meist laut und hektisch zu. Ausnahme ist das »Huxinting-Teehaus«. Es ist zwar längst kein Geheimtipp mehr, aber trotzdem noch immer ein Ruhepunkt im rastlosen Basar. Das liegt vielleicht daran, dass die meisten Touristen sich kaum Zeit nehmen, zur Besinnung zu kommen. Das Personal wird versuchen, unten einen Platz anzuweisen. Der Besucher sollte sich aber lieber selbst davon überzeugen, ob oben noch etwas frei ist. Hier sitzt man mit einem Blick über das geschäftige Treiben des Basars und auf den Yu-Garten einfach schöner. Der Pavillon stammt aus dem Jahr 1784, wurde aber erst 1856 zum Teehaus umgewidmet.

Huxinting-Teehaus 湖心亭茶室.
Mo–So 8.30–21 Uhr, Yuyuan Lu 257
(豫园路257号), Tel. 021 63 73 69 50,
www.huxintingth.com

Altes Shanghai in moderner Großstadt: das »Huxinting-Teehaus«

Oben: Klassische Gemälde kann man im Yu-Garten ebenso bewundern wie Schnitzereien, Kalligrafien, …
Unten: … Teiche, alte Bäume und Pavillons.

Rebellion (1851–1864) gelang es dieser Geheimgesellschaft, für ein Jahr die Herrschaft über den chinesischen Teil Shanghais zu übernehmen, bevor der Aufstand blutig niedergeschlagen wurde. In der Halle sind Waffen, Münzen und andere Objekte der »Kleinen Schwerter« ausgestellt. Südlich der Frühlingshalle schließt sich eine Wasserlandschaft an, die durch Brücken, weitere Hallen und Felsen durchbrochen wird. Vor allem der Felsen der Kunstvollen Jade, ein außergewöhnlicher Stein aus dem 100 Kilometer westlich von Shanghai gelegenen Tai-See, erlangte wegen seiner Größe Berühmtheit. Die Steinlandschaft im Inneren Garten bei der Halle der Stillen Betrachtung schließlich gibt dem Besucher Gelegenheit, seiner Fantasie freien Lauf zu lassen: Jeder Fels ahmt hier ein chinesisches Schriftzeichen oder eine Situation nach, wie zum Beispiel »Langlebigkeit« oder »Tanzende Fledermaus«. Wer sich Zeit nimmt, kann hundert verschiedene Tiergestalten erkennen, sagen die Shanghaier. Und darum, sich Zeit zu nehmen, geht es ja vor allem in den chinesischen Gärten, die immer auch ein Ort der Besinnung und der stillen Einkehr sind.

Yu-Garten

Infos und Adressen

SEHENSWÜRDIGKEITEN

Yuyuan Garden 豫园. März–Okt. 8.30–17.30, Nov.–Febr. 8.30–17 Uhr, Anren Lu 218 (安仁街137号) (Eingang über Yuyuan-Basar), Metro 10 Yuyuan Garden, Tel. 021 63 28 24 65, www.yugarden.com.cn

Tonghanchun Tang 童涵春堂中药博物馆. Tonghan Chun Tang betreibt eine der ältesten Apotheken Shanghais für Traditionelle Chinesische Medizin mit mehreren Filialen. Das Ladenlokal ist von 8.30–17 Uhr geöffnet, das angegliederte Museum Di–Do, Sa, So 9–11, 13–15 Uhr, Yuyuan Xin Lu 20 (豫园新路20号豫园商城内), 3. Etage, Tel. 021 63 55 66 07

Lebensmittelspezialitäten im Lao Chenhuang Miao

ESSEN UND TRINKEN

Lvbolang Jiulou 绿波廊酒楼. Gutes Restaurant mit allerfeinster Shanghaier Küche und prominenten Besuchern. Hier waren schon die Queen und Bill Clinton zu Gast. Auch für andere Staatsoberhäupter steht der Besuch auf dem Pflichtprogramm. Mo–So 7.30–21 Uhr, Morgentee 7.30–10.30 Uhr, Nachmittagstee 14–16.30 Uhr, Yuyuan Lu 115 (豫园路115) (neben der Zickzackbrücke), Tel. 021 63 28 06 02, www.lvbolang.com

Ningbo Dumplings 宁波汤团店. Bekannt für die in Wasser gekochten Klebreisklöße mit verschiedenen Füllungen. 8.30–21 Uhr, Yuyuan Lu 98 (豫园路98号, 近绿波廊), Tel. 021 63 73 94 58

ÜBERNACHTEN

Shanghai Lao Fan Dian 上海老饭店. Hotel und Restaurant mit Tradition direkt am Basar. Der »Ursprung« der Shanghai-Küche. Fuyou Lu 242 (福佑路242号), Tel. 021 63 11 17 77, telef. Buchung 021 63 55 22 75, www.laofandian.com

EINKAUFEN

Lao Chenghuang Miao 老城隍庙食品商店. Angeboten wird eine reichhaltige Auswahl an Lebensmittelspezialitäten aus Shanghai und dem restlichen China. 8–21 Uhr, Yuyuan Lao Lu 80 (unweit der Wutong Lu) (豫园老路80号近梧桐路), Tel. 021 63 87 17 22

Shaomai heißen die mit Klebreis und Gemüse gefüllten Teigtaschen.

Altstadt und Xintiandi

9 Fuyou Lu 福佑路
Bunte kulturelle Vielfalt

Die Fuyou Lu verläuft nördlich des Yu-Gartens und des Yuyuan-Basars. Besonders das bunte Straßenleben und die abwechslungsreiche Architektur laden zu einem gemütlichen Spaziergang ein. Die Fuyou-Moschee und der Chenxiang-Tempel liegen am Weg. Vor allem im Ostteil wird der Alltag auf der Fuyou Lu durch Gemüsemärkte, kleine Nudelläden und ein sympathisches Chaos bestimmt.

Touristen und Anwohner, Händler und Handwerker, Märkte und Kaufhäuser, moderne Glaspaläste und Gebäude im Ming- und Qing-Stil – auf der Fuyou Lu geht es abwechslungsreich zu. Wie man sich der Straße nähert, ist egal, auf jeden Fall gewinnt man hier ganz unterschiedliche Eindrücke vom Leben der Bewohner zwischen Touristenattraktionen und Alltag. Wenn man den Basar und den Yu-Garten vorher besucht hat, bietet es sich

Oben: Von klassisch bis modern: Auf der Fuyou Lu gibt es unterschiedliche Architekturstile.
Unten: Alltagsleben und Alltagssorgen im Touristenrummel

> ## MAL EHRLICH
> **TEURE TRINKPAUSEN**
> Nichts ist schöner als in einem ruhigen Lokal gemütlich Durst und Hunger zu stillen. Das Angebot dazu ist in Shanghai riesig, nur mit der Ruhe ist es oft nicht weit her. Vor allem rund um die Sehenswürdigkeiten ist Essen und Trinken dazu oft auch ein verhältnismäßig teures Vergnügen. »Nachtanken« kann man auch in den kleinen Supermärkten, die es an fast jeder Ecke gibt. Ob Family Mart, Alldays oder Lawson: Die 24-Stunden-Märkte sind zuverlässig, und eine Flasche Wasser ist hier für umgerechnet 20 bis 80 Eurocent zu haben.

Fuyou Lu

an, von der Anren Lu aus zunächst nach rechts abzubiegen und der Fuyou bis zur Renmin Lu zu folgen, um dann gemächlich über den Gucheng-Park zurückzugehen. Von der Metrostation Yuyuan Garden aus stürzt man sich direkt in das Getümmel.

Der erste Anlaufpunkt befindet sich direkt an der Kreuzung zur Henan Lu. Zwei steinerne Löwen markieren den Haupteingang des Fuyou Commercial Market, sie stehen traditionell für Mut und Stärke und bewachten schon in alten Zeiten die Eingänge von Palästen und Wohnsitzen. Die klassische Positionierung sieht vor, dass der männliche Löwe – erkennbar an der Kugel, auf der die rechte Pfote ruht – auf der linken Seite steht, während die Löwin, die mit der linken Pfote ihren Nachwuchs hegt, die rechte Seite bewacht. Heute haben die Löwen genauso wie die goldenen Drachenköpfe auf den Werbemasten, die hier auf der Straße zwischen den Straßenlaternen stehen, zwar überwiegend dekorativen Charakter, Symbolik und Mythologie sind aber trotzdem noch immer tief in der Gesellschaft verankert. Der Drache war nicht nur Symbol des chinesischen Kaiserreiches, er steht auch heute noch als Zeichen für China, für Macht und Stärke, und bringt unter anderem Glück und Wohlstand. Im Straßenbild Shanghais sind Glückssymbole so allgegenwärtig wie in den Wohnungen der Bewohner und den Hinterköpfen der Geschäftsleute. In der Fuyou Lu vermischen sich aber nicht nur mythische Glückssymbole mit moderner Buchhaltung. Hier leben seit 200 Jahren auch Menschen unterschiedlicher Religionen beieinander.

Muslimisches Zentrum: die Fuyou-Moschee

Vor allem vor dem Wochenende, wenn die Fuyou-Moschee zum Freitagsgebet ruft, verwandelt sich

AUTORENTIPP!

ZEIT ZUM BUMMELN UND STÖBERN

Nicht wenige Touristen passen sich dem schnellen Puls der Stadt an und hetzen mehr oder weniger durch Shanghai, um nichts zu verpassen. Genießen und vielleicht auch »erfassen« kann man Shanghai aber dann am besten, wenn man sich immer wieder Zeit lässt. Um Menschen zu beobachten oder auch zum gemütlichen Bummeln und Stöbern auf Märkten und in Kaufhäusern, die viel über den Lebensalltag der Menschen erzählen. Einen Besuch wert ist zum Beispiel der Haushalts-, Kleinwaren- und Souvenirmarkt Fuyou Commercial Market. Von allerlei Nippes bis zu praktischen Haushaltswaren gibt es hier alles, was man vielleicht noch braucht. Die Atmosphäre ist vor allem unter der Woche angenehm, weil man kann in Ruhe in den vielen Gängen stöbern kann.

Fuyou Commercial Market 福佑门商厦. 6.30–17.30 Uhr, Fuyou Lu 427, nahe Henan Nan Lu (福佑路427号, 近河南南路)

Wer Zeit zum Stöbern mitbringt, findet so manchen Schatz.

AUTORENTIPP!

SPAZIERGANG ZUM BUND
Der Gucheng-Park verbindet die Altstadt mit dem Bund, und so bietet sich ein Spaziergang zum Bund an, um den Ausflug zur Fuyou Lu mit einem gemütlichen Essen ausklingen zu lassen. Zum Beispiel bei »El Willy«, einem der besten Spanier der Stadt, der früher in einer Villa in der französischen Konzession untergebracht war und sich hier einen Namen gemacht hat. Der Umzug 2012 in ein Gebäude aus dem Jahr 1906 an den Bund hat das Image eher noch verbessert. Auch wenn es keine klassische Paella gibt, bietet »El Willy« hervorragende Reisgerichte und Tapas aus der spanischen Küche, die mit der chinesischen Kochkultur verbunden werden. Das Restaurant ist vom Gucheng-Park aus in wenigen Minuten zu Fuß zu erreichen.

El Willy. Mo–Fr 11–2.30, Sa Brunch 11.30–15 Uhr, Zhongshan Dong Er Lu 22, Ecke Xinyong'an Lu (中山东路22号5楼, 近新永安路), 5. Etage, Tel. 021 54 04 57 57, www.el-willy.com

Altstadt und Xintiandi

ein Teil der Straße zum Markt für Leckereien. Händler aus der Xinjiang-Provinz bieten dann vor dem Eingang getrocknete Früchte und Brot an. An Festtagen sind die Straßen mit Gläubigen gefüllt. Die Fuyou-Moschee, auf der rechten Seite mit der Hausnummer 378 gelegen, ist das älteste islamische Gotteshaus im alten Stadtgebiet Shanghais. Früher wurde die im Jahr 1870 gegründete Moschee auch Chuanxin-Jie-Moschee oder Nordkloster genannt. Hier versammeln sich die Hui, mit rund zehn Millionen Angehörigen eine der 56 Minderheiten Chinas. Die Moschee wird regelmäßig von bis zu 700 Gläubigen zum Gebet besucht, an Feiertagen kommen bis zu tausend. Die Gemeinde wurde von Hui-Angehörigen aus Nanjing gegründet, die sich in Shanghai niedergelassen hatten. Als die Umgebung noch überwiegend von ihnen geprägt war, war die Stätte kultureller Mittelpunkt und Hauptsitz des Islam in Shanghai. Hier befanden sich in den frühen 1900er-Jahren die erste Koranschule Shanghais, der Islam-Verband Shanghai und die Shanghaier Moslem-Handelsvereinigung. Die Moschee war lange unbenutzt, wurde aber recht früh nach der Kulturrevolution im Jahr 1979 wiedereröffnet. Das Gebäude erscheint von außen insgesamt eher unspektakulär und kann normalerweise nicht besichtigt werden, meist kann man aber einen kurzen Blick in den Eingangsbereich erhaschen.

Buddhistisches Chenxiang-Kloster

Nur rund 200 Meter von der Moschee entfernt beten buddhistische Nonnen im Kloster Chenxiang, dessen Ursprünge bis in die Ming-Dynastie (1368–1644) zurückreichen. Um dorthin zu gelangen, biegt man nach rechts in die Houjia Lu mit ihren kleinen Geschäften und roten Laternen ein und dann links in die Chenxiang Lu, die von alten,

Gemütliche Atmosphäre, abwechslungsreiche Küche

zweistöckigen Häusern und zahlreichen Marktständen dominiert wird. Auf der linken Seite steht das buddhistische Frauenkloster, das ursprünglich im Jahr 1600 errichtet wurde. Es wurde von Pan Yunduan, der auch den Yu-Garten in Auftrag gab, für seine Mutter erbaut. Das Nonnenkloster wurde in seiner Geschichte mehrere Male zerstört und neu errichtet und war schließlich lange Zeit geschlossen. 1994 wurde es nach alten Plänen erneuert und als Kloster und Gebetsstätte wiedereröffnet. Heute beten die buddhistischen Nonnen hier zweimal täglich und machen das Kloster zu einem belebten Anziehungspunkt, der auch unter Shanghaiern nicht nur für seinen schönen und gepflegten Garten bekannt ist. Die erste Halle des Tempels ist den Vier Himmelskönigen gewidmet, in der zweiten, der Halle des Großen Helden, befindet sich die goldene Buddhastatue. In der letzten Halle steht eine Figur der Boddhisattva Guanyin aus Adlerholz (Chénxiāng), von der sich auch der Name des Tempels ableitet. Die Anlage steht auf der Liste der staatlichen zentralen Kulturdenkmäler und gehört zu den bekanntesten Nonnenklöstern in China.

Oben: Besinnliche Ruhe strahlt der Innenhof des Chenxiang-Klosters aus.
Unten: In der letzten Halle des Klosters steht eine vergoldete Guanyin-Figur aus Adlerholz.

Umweltprojekt Gucheng-Park

Über die Jiuxiaochang Lu geht es durch das Touristengetümmel zurück zur Fuyou Lu, die nach rechts schon wieder bedeutend ruhiger wird. Der Ostteil der Straße (bis zur Renmin Lu) ist überwiegend in der Hand der Anwohner und ihrer kleinen Geschäfte, Gemüsestände und Nudelhäuser. Lohnend sind einige Schritte in die Danfeng Lu mit ihren alten Häusern und engen Gassen, denen wahrscheinlich das gleiche Schicksal droht wie der Wohnsiedlung, die einst auf dem heutigen Gelände des Gucheng-Parks stand. Der Park ist Teil eines Shanghaier Grüngürtel-Projektes, das 2002 begonnen hat und dafür sorgen soll, dass das Klima verbessert wird und die Anwohner mehr Erholungsflächen haben. Die sehr dichte Bebauung der Altstadtviertel lässt dazu nur begrenzten Raum, und so musste eine alte Lilong-Siedlung (siehe S. 107f.) abgerissen werden, 4100 Haushalte wurden umgesiedelt. Die Reste einer Grundmauer und eine Gedenktafel im Park erinnern heute daran. Genutzt wird die Anlage vor allem von den Anwohnern. Touristen laufen meist daran vorbei, obwohl man hier viele authentische Eindrücke vom Leben der Menschen sammeln kann und der Park mit seinen kleinen Bambuswäldchen, sehr schönen Gärten, Seen und Bächen dazu einlädt, genau das zu tun, was auch viele Shanghaier machen: auf einer Bank im Schatten der Bäume durchatmen und für eine Weile einfach nur den Tag genießen.

Oben: Für den Gucheng-Park musste eine alte Wohnsiedlung weichen, die Anlage sorgt für Abkühlung …
Unten: … und ist eine wichtige Erholungsfläche für die Anwohner.

Fuyou Lu

Infos und Adressen

SEHENSWÜRDIGKEITEN

Chenxiang Temple 沉香阁. 7–17 Uhr, Chenxiangge Lu 29 (黄浦区沉香阁路29号), Metro 10 Yuyuan Garden, Tel. 021 63 28 78 84

Fuyou Mosque 福佑路清真寺. Shanghais älteste Moschee (1870). 9–16 Uhr, Fuyou Lu 378, nahe Houjia Lu (福佑路378号近侯家路), Tel. 021 63 28 21 35

Gucheng Park 古城公园. April–Sept. 5–20, Okt.–März 6–19 Uhr, Renmin Lu 333 (人民路333号), Südeingang Fuyou Lu (福佑路), Tel. 021 63 36 60 16

ESSEN UND TRINKEN

Nan Xiang Xiaolong Mantou 上海南翔馒头店 (豫园新路)的点评. Beliebtes Restaurant, in dem es berühmte Shanghaier Delikatessen wie Xiao Long Bao oder Dumplings in Suppe gibt. 7.30–21 Uhr, Yuyuan Lao Lu 85, nahe Fuyou Lu (豫园老路85号, 近福佑路), Tel. 021 63 55 42 06

ÜBERNACHTEN

Renaissance Shanghai Yu Garden Hotel (上海豫园万丽酒店). Zentrale Lage, guter Service. Henan Nan Lu 159, (河南南路159号), Tel. 021 23 21 88 88, www.marriott.com

Narada Boutique Hotel Shanghai Yu Garden (上海中星君亭酒店). Oberklassehotel mit

Die Fuyou-Moschee ist das älteste islamische Gotteshaus im alten Shanghaier Stadtgebiet.

traditionellen Stilelementen, Renmin Rd 839 (人民路839号), Tel. 021 63 26 56 66, www.naradaboutiquehotels.com

EINKAUFEN

Haishang Papierschnitte 海上剪纸. Im Yuyuan-Kaufcenter, Fuyou Lu 288 (黄浦区福佑路288号)

First Asia Jewelry Plaza. Perlenmarkt, Kreativität ohne Grenzen. 10–18 Uhr, Fuyou Lu 288, nahe Jiuxiaochang Lu (福佑路288号3楼, 近旧校场路)

Fuyuan Shopping Mall 福佑商厦. Auf der zweiten Etage gibt es Kräuter, die in der chinesischen Medizin eingesetzt werden. Fuyou Lu 338 (黄浦区福佑路338号)

Fuyou Antiques Market 福佑路工艺品市场. Bunter Markt mit Antiquitäten, Gebrauchtwaren, Holzschnitzereien, Porzellan, alten Fotos, Münzen. Mo–Fr 9–17, Sa, So 5–17 Uhr, Fangbang Zhong Lu 459 (方浜中路459号)

Handgemachte Nudeln in der Fuyou Lu

Altstadt und Xintiandi

10 Dajing Lu 大境路 und Tempel der Weißen Wolke 白云观
Alte Mauern, kostbare Schriften

Mehr als 350 Jahre lang war Shanghai von einer Stadtmauer umgeben. 1554 vor allem zum Schutz vor Piraten gebaut, wurde sie nach dem Zerfall des Kaiserreichs 1911 zum Zeichen des Neubeginns abgerissen. Nur ein kleiner Rest ist erhalten geblieben. Ein Abstecher lohnt, um eine Ahnung vom Leben im Schatten der Mauer zu bekommen, aber auch, um sich ein Bild von den anhaltenden Veränderungen im Leben der Altstadt heute zu machen.

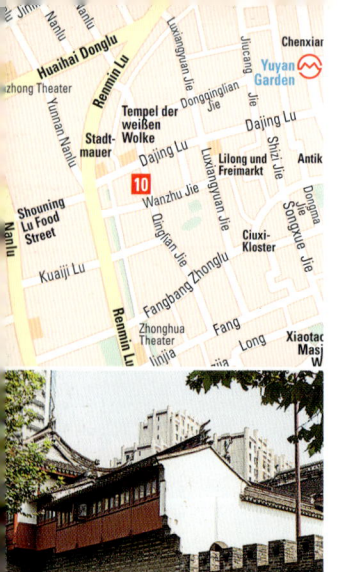

Oben: Der letzte Rest der alten Stadtmauer mit dem Dajing-Turm
Unten: Marktstände gehören überall zum Alltagsleben.

Nachdem Shanghai 1292 zur Kreisstadt erhoben wurde, die auch das umliegende Land mitverwalten durfte, entwickelte sie sich allmählich zu einem wichtigen und florierenden Handelszentrum. Doch mit dem Erfolg kamen auch dunkle Gesellen, die sich am Wohlstand weiden wollten, ohne dazu beigetragen zu haben: Piratenüberfälle wurden für Shanghai zum wachsenden Problem. Nachdem die Bürger allein im Jahr 1553 innerhalb weniger Monate mehrere Plünderungen über sich ergehen lassen mussten, erhielt die Stadt schließlich die Genehmigung zum Bau einer Mauer, die 1554 errichtet wurde. Kreisrund, etwa fünf Kilometer lang und acht Meter hoch war das Bollwerk, das die Verteidigung der Stadt für lange Zeit vereinfachen sollte, auch wenn die Stadtmauer nicht alle Bezirke Shanghais umgab. Das politische Zentrum lag innerhalb der Mauern, große Teile des Geschäfts- und Handelsbereiches, einschließlich der Schiffsanlegestellen, befanden sich außerhalb, am Ufer des Huangpu.

Dajing Lu

Dajing-Turm

Spätestens nachdem die Briten mit ihren Kanonenbooten demonstriert hatten, dass auch Mauern keine Sicherheit mehr bieten, verlor die Stadtmauer ihre Funktion als militärische Festung. Stattdessen entwickelte sie sich nach der »Öffnung« der Stadt allmählich zu einem Hemmnis, das Wachstum und Handel behinderte. Bereits um 1900 sprachen sich chinesische Grundstücksbesitzer und Geschäftsleute für den Abriss aus. Mit dem Ende des Kaiserreichs stimmten schließlich auch die Behörden zu, und die Mauer fiel, von 1912 bis 1914 wurde sie endgültig abgerissen.

Der alte Verlauf lässt sich heute mit einem Blick auf den Stadtplan deutlich nachvollziehen, entstand doch anstelle der Stadtmauer die Ringstraße Renmin Lu/Zhonghua Lu um die Altstadt. Die letzten 70 Meter der Mauer wurden erst im 21. Jahrhundert wiederentdeckt, als alte Wohnhäuser der Modernisierung weichen mussten. Das letzte wieder aufgepäppelte Stück Stadtmauer steht heute an der Ecke Renmin Lu/Dajing Lu. Das kleine Museum, das im Dajing-Turm untergebracht ist, versucht einen Eindruck vom einstigen Leben in der Altstadt zu vermitteln. Eine Idee davon, wie die Menschen in den kleinen Gassen gelebt haben und wie sehr sich die Altstadt unaufhörlich verändert, bekommt man auch auf dem Fußweg zur Stadtmauer.

Der Tempel der Weißen Wolke

Dazu biegt man, von der Metrostation Yuyuan Garden über die Henan Lu kommend, am besten in die Dajing Lu nach Westen ein. Das ganze Viertel ist im Umbau, aber links und rechts der Straße sieht man noch immer alte Häuser und Wohnanlagen. Um die Kreuzung an der Luxiangyuan Lu herum breiten Gemüsehändler ihre Waren an der

AUTORENTIPP!

KULINARISCHE MEILE

Ein kleiner Snack zwischendurch, Mittagessen, Abendessen oder auch die »vierte Mahlzeit« am späten Abend – auf der Shouning Lu wird eigentlich immer gegessen, Essen ist schließlich ein wichtiges Thema für die Shanghaier, und auf dieser kulinarischen Meile gibt es eine reichhaltige Auswahl vor allem an Meeresfrüchten. Ob Muscheln, Hummer, Austern, Fisch oder die beliebten Krabben, hier kommt in der Regel alles frisch und lecker auf den Tisch, auch wenn es in der Umgebung nicht unbedingt danach aussieht. Die schönste Atmosphäre hat die Straße am Abend, einen Spaziergang lohnt sie allemal. In den kleinen Restaurants an der Straße zu essen, ist vielleicht nicht jedermanns Sache, wer sich aber traut, ist um eine authentische Shanghai-Erfahrung reicher.

Shouning Lu. Schräg gegenüber der Stadtmauer an der Dajing Lu (大境路); Shouning Lu/Renmin Lu 寿宁路 人民路

Die Food-Meile lockt mit frischen Muscheln, Fisch und Krabben.

Straße aus. Der große und bunte Freimarkt, der einst zu den bekanntesten und lebendigsten Shanghais zählte, ist seit einiger Zeit bereits auf dem Rückzug, auch er muss immer mehr den modernen Zeiten weichen.

An der Ecke Qinglian Jie steht der Baiyun Guan, der Tempel der Weißen Wolke. Ursprünglich wurde er im Jahr 1863 in einer nahe gelegenen Straße gebaut, dort stand er jedoch irgendwann der neuen Stadtplanung im Wege und musste deshalb im Jahr 2004 »umziehen«.

Der Tempel ist einer von zweien in China, die im Besitz kostbarer taoistischer Schriften aus der Ming-Dynastie (1368–1644) sind. Der zweite ist der ungleich größere, aber namensgleiche Baiyun Guan in Peking, dessen Abt auch den Bau des Tempels in Shanghai unterstützte. Die roten Mauern und Türen und das schön verzierte Dach machen den zweistöckigen Tempel schon von außen zur Zierde. Nicht nur die vergoldeten Statuen taoistischer Gottheiten, die von den Gläubigen mit Räucheropfern um Beistand gebeten werden, sind einen zusätzlichen Blick ins Innere des Tempels wert. Mit etwas Glück kann man eine taoistische Gebetszeremonie erleben.

Nur wenige Meter weiter in Richtung Westen stößt man neben dem Tempel auf die Stadtmauer und den Dajing-Turm.

Oben: Der Tempel der Weißen Wolke ist nicht nur wegen der vielen Heiligenfiguren und taoistischen Gottheiten einen Blick wert.
Unten: Im Innenhof des Tempels bitten die Gläubigen mit Räucheropfern um Beistand.

Dajing Lu

Infos und Adressen

Im kleinen Museum des Dajing-Turms wird die Geschichte der Altstadt thematisiert.

SEHENSWÜRDIGKEITEN

White Cloud Temple, Baiyun Guan 白云观. 8 bis 16 Uhr, Dajing Lu 239 (大境路 239), Metro 10 Yuyuan Garden, Exit 3 oder Linie 1 Dashijie, Exit 3, Tel. 021 63 26 61 53, www.taoist.org.cn

Stadtmauer und Dajing-Turm, Dajing Ge 大境阁. 9–16 Uhr, Dajing Lu 269 (大境路269号) Tel. 021 63 26 61 71

Ciuxi An 慈修庵. Das kleine buddhistische Nonnenkloster wurde 1869 errichtet, ursprünglich hieß es »Nonnentempel der Wongs«, 1876 wurde es umbenannt. Nach zwei Zerstörungen wurde der Tempel 1893 komplett restauriert. Heute liegt er mitten im Abrissgebiet der Altstadt, seine Zukunft ist ungewiss. Fangbang Zhong Lu 593 (方帮中路 593号), Tel. 021 63 73 87 56

ESSEN UND TRINKEN

Mayita. Mexikanische Küche. Mo–Fr 11–15, ab 17 bis nachts, Sa–So ab 11 Uhr, 6. Etage, Shouning Lu 98, nahe Xizang Nan Lu (寿宁路98号6楼, 近西藏南路),
Tel. 021 63 34 32 88,
www.cosmogroup.cn

Xiang Ba Dao Hairy Crab Restaurant 长寿面馆 乡吧岛香辣小龙虾. Bietet die in Shanghai sehr beliebten »hairy crabs« (chinesische Wollhandkrabbe) an. Serviert werden die Krabben im Ganzen. Man kann das Fleisch nach dem Knacken der Schale leicht herausholen. Shouning Lu 23 (寿宁路23号)

ÜBERNACHTEN

Fraser Residence Shanghai. Große, modern-elegant eingerichtete Hotelzimmer, die sich auch für einen längeren Aufenthalt eignen. Gute Angebote. Shouning Lu 98 (寿宁路98号),
Tel. 021 23 08 00 00,
shanghai.frasershospitality.com

Gebete im Tempel der Weißen Wolke

Altstadt und Xintiandi

11 Pfirsichgarten-Moschee 小桃园清真寺
Muslime in Shanghai

In Shanghai treffen nicht nur Menschen unterschiedlicher Nationen aus Ost und West aufeinander. Die Stadt ist und war immer auch Anziehungspunkt für chinesische Bürger aus anderen Provinzen, die hier nach Arbeit und Zukunftsperspektiven gesucht haben. Mitgebracht haben die »Zuwanderer« nicht nur ihren eigenen Lebensstil, ihre lokale Kultur und ihre eigene Küche, sondern oft auch ihren eigenen Glauben.

Neben dem Konfuzianismus, der eher als philosophische Schule denn als Religion gesehen wird, sind der Buddhismus, der Taoismus, das Christentum und der Islam die vorherrschenden Religionen Chinas. Angehörige unterschiedlicher Religionen leben in Shanghai von jeher friedlich miteinander. Dabei sind die Grenzen zwischen den Glaubensrichtungen oft fließend, viele Menschen sind von mehreren Religionen beeinflusst. Der Islam spielt im Umfeld Shanghais seit dem 14. Jahrhundert eine Rolle, als in Songjiang die erste Moschee auf heutigem Shanghaier Stadtgebiet gebaut wurde.

Von den rund 20 Millionen Muslimen Chinas leben heute 50 000 bis 100 000 in Shanghai. Ihre wichtigste und aktivste Glaubensstätte ist die Xiao Taoyuan Qingzhensi, die Kleine Pfirsichgarten-Moschee. Anders als die meisten anderen Moscheen in Shanghai, ist das islamische Gotteshaus für Besucher zugänglich. Der Eingang an der Henan Lu ist allerdings nur freitags vor dem Gebet zwischen 13 und 13.30 Uhr geöffnet, sonst führt der Zugang durch das eigentliche Haupttor über die Xiao-

Die Xiaotaoyuan-Moschee wurde 1925 bis 1927 erbaut.

Pfirsichgarten-Moschee

taoyuan Jie. Die Straße, nach der die Moschee heute benannt ist, geht von der Fuxing Lu kurz vor der Henan Lu ab.

Gegründet wurde die Xiaotaoyuan-Moschee 1917, der Bau des heutigen Gebäudes begann 1925 und wurde 1927 abgeschlossen. Zwischen 1919 und 1948 hatte sich Shanghai zu einem Zentrum für islamische Pilger entwickelt, die von hier aus nach Mekka reisten, und die Xiaotaoyuan-Moschee wurde religiöser Zwischenstopp der gläubigen Muslime. Unmittelbar nach der Gründung der Volksrepublik China machte der erste Shanghaier Bürgermeister Chen Yi finanzielle Mittel für die Unterstützung der Moschee frei. Während der Kulturrevolution wurden große Teile der Anlage zerstört, die danach aber abermals mit städtischen Mitteln restauriert wurde. Die Bedeutung der Moschee zeigt sich heute nicht nur daran, dass hier unter anderem die Shanghaier Islamgesellschaft ihren Sitz hat, sondern sie verfügt als einzige in der Stadt auch über eine eigene Gebetshalle für Frauen, die etwas abseits in einem 1920 errichteten separaten Gebäude untergebracht ist. Hinter dem Eingang gelangt der Besucher auf einen rechteckigen Platz, an dessen Westseite das große Gebetshaus steht mit der Haupthalle in der ersten Etage. Im dreistöckigen Gebäude an der Ostseite ist unter anderem die – nicht zugängliche – Bibliothek untergebracht, die über mehrere kostbare Koranausgaben verfügt.

Empfehlenswert ist anschließend ein Spaziergang durch die kleinen Gassen rund um die Moschee, der einfach Spaß macht, weil man in das chinesische Leben eintauchen kann, das sich in dieser Gegend auf der Straße abspielt. Es gibt viele Verkaufsstände, die Lebensmittel und Haushaltswaren aller Art anbieten. Kleine Märkte und zahlreiche Garküchen runden den Besuch dieses Viertels ab.

Infos und Adressen

SEHENSWÜRDIGKEITEN
Xiaotaoyuan Mosque 小桃园清真寺. 9–16.30 Uhr, Xiaotaoyuan Jie 52 (小桃园街52号), Metro 10 Laoximen, Exit 7, Tel. 021 63 77 54 42

ESSEN UND TRINKEN
Harvest Festival Restaurant. Jiangnan- und Ningbo-Küche, die besonders für ihre frischen Meeresfrüchte bekannt ist. Im »Yun's Paradise Hotel«, Fuxing Dong Lu 789 (复兴东路789号), www.yunsparadisehotel.com

Xiaotaoyuan Lu. In dieser Straße sowie den Gassen ringsum gibt es viele kleine Garküchen und Restaurants, wo man einfach mal probieren sollte. In Shanghai kann man in der Regel gefahrlos kulinarisch experimentieren. Weil aber die Kühlkette nicht immer gesichert ist, lohnt sich ein genauer Blick auf die Waren. Ein guter Wegweiser sind die Einheimischen: Stände und Restaurants ohne Kunden sollte man meiden.

ÜBERNACHTEN
Yun's Paradise Hotel 上海云悦酒店. In der Nähe der Yuyuan-Metro gelegen, recht günstig. Innenstadt und Bund sind fußläufig zu erreichen. Fuxing Dong Lu 789 (复兴东路789号), Tel. 021 63 35 66 66, www.yunsparadisehotel.com

Vogelkäfige in der Xiaotaoyuan Lu

Altstadt und Xintiandi

12 Konfuziustempel 文庙
Auf den Spuren von Kong Zi

Unweit der Xiaotaoyuan-Moschee befindet sich mit dem Konfuziustempel ein weiteres lohnendes Ziel in der Shanghaier Altstadt. Der Besuch der beiden Sehenswürdigkeiten lässt sich sehr gut mit einem Spaziergang durch die engen Gassen verbinden. Wenn nach der Besichtigung Zeit bleibt, bietet sich ein weiterer Bummel auf die Dongtai Lu an, zum letzten auf Antiquitäten spezialisierten Straßenflohmarkt Shanghais.

Religion oder Philosophie? Während viele Experten beim Taoismus den religiösen Charakter betonen, der Taoismus also überwiegend als Religion betrachtet wird – obwohl er auch eine ausgeprägte philosophische Schule kennt –, scheiden sich die Geister bei der Frage, ob der Konfuzianismus eine philosophische Lehre oder vielleicht doch eher Staatsreligion (gewesen) ist. Was als wissenschaftlicher Diskurs seine Berechtigung hat, stellt sich im Lebensalltag der meisten Chinesen als Frage

Die meisten Chinesen nehmen die Konfuziusverehrung nicht als Religion wahr. Im Konfuziustempel bitten sie Meister Kong aber gern um seinen Beistand.

> **MAL EHRLICH**
>
> **FEILSCHEN IST PFLICHT**
>
> Angefangen bei den Hotelpreisen bis zur neuen Brille kann in Shanghai beinahe um alles gefeilscht werden. Spätestens auf den Flohmärkten und Souvenirmeilen wird aus dem »Kann« ein absolutes »Muss«. Touristen beschleicht oft ein peinliches Gefühl dabei, das sollte es aber nicht. Das Feilschen gehört zum Wesen der sozialen Gesellschaft, peinlich aus Sicht des Chinesen ist es daher eher, es nicht zu tun. Wer freiwillig zu viel zahlt, verliert schnell sein »Gesicht«.

Konfuziustempel

aber gar nicht. Die Grenzen zwischen Religion und Philosophie – wie sollte es anders sein – sind fließend, die zwischen Taoismus, Buddhismus und Konfuzianismus auch. Richtig ist, was nützlich ist, und auch wenn die Mehrzahl der Chinesen die Konfuziusverehrung eher nicht als Religion wahrnimmt, bitten sie doch im Konfuziustempel, der »Meister Kong« gewidmet ist, um seinen Beistand. Für Chinesen ist es zudem kein Widerspruch, gleichzeitig Konfuzianer, Taoist und Buddhist zu sein – letztlich sind die drei Glaubensrichtungen, wie der Song-Kaiser Xiaozong (1162–1189) feststellte, alle für verschiedene Lebensbereiche zuständig: der Buddhismus für den Geist, der Taoismus für den Körper und der Konfuzianismus für die Gesellschaft.

Der Helfer in Bildungsfragen

Kong Zi (551–479 v. Chr.), auch »Meister Kong« oder eben Konfuzius, wurde als Sohn eines Heerführers aus dem verarmten Adelsgeschlecht der Kong in eine äußerst unfriedliche Zeit geboren, genoss aber dank seiner Herkunft eine gute Erziehung, die ihm zu einer erträglichen Beamtenlaufbahn verhalf. Ab 496 v. Chr. zog er als Lehrer und Berater 13 Jahre lang durchs Land, ohne dabei besonders erfolgreich zu sein. Nichtsdestotrotz sollten es seine Ideen sein, aus denen sich die Philosophie des Konfuzianismus entwickelte, die die Beziehungen zwischen Herrscher und Untertan, Mann und Frau und Familienoberhaupt und Kindern regelt und die chinesische Gesellschaft bis heute prägt.

Wie sehr Konfuzius auch im heutigen China noch verehrt wird – oder zumindest wie wenig man auf seinen möglichen Beistand in Bildungsfragen verzichten mag – zeigt sich, wenn in China mit der landesweiten Gaokao die Hochschulaufnahmeprü-

AUTORENTIPP!

FÜR BÜCHERFREUNDE

Auf dem im Nordosten des Konfuziustempels gelegenen Areal, das im Stil der Ming- und Qing-Dynastie rekonstruiert wurde, haben sich zahlreiche Verlage und Buchhandlungen angesiedelt. Sonntags findet hier ein schöner und gut genutzter Büchermarkt statt, dessen Besuch sich auf jeden Fall lohnt, auch wenn man wahrscheinlich selbst keine chinesischen Bücher kaufen will. Der Markt zeigt ein weiteres der vielen verschiedenen Gesichter Shanghais. Allein zu sehen, wie beflissen sich die Senioren mit Expertenblick über die Theken lehnen und die Bücher studieren, um ein interessantes oder seltenes Stück zu finden, ist ein Erlebnis. Angeboten werden hier tatsächlich überwiegend alte Exemplare, darunter auch manchmal echte Schätze.

Büchermarkt. Konfuziustempel, Eingang Menghua Jie

Viele Senioren suchen auf dem Büchermarkt nach seltenen Stücken.

AUTORENTIPP!

ANTIQUITÄTEN AUF DEM FLOHMARKT

Märkte verschwinden in Shanghai bedauerlicherweise immer mehr aus dem Straßenbild, auf der Dongtai Lu befindet sich der letzte auf Antiquitäten spezialisierte Flohmarkt unter freiem Himmel. Er ist auf Ausländer eingestellt, doch der Besuch lohnt sich. Von Buddhas, Porzellan und Jade bis hin zu Maofiguren, Plakaten und Schachspielen findet man alles, was genügend Staub angesetzt hat, um als alt durchzugehen. Natürlich handelt es sich bei den meisten »Antiquitäten« um Kopien, die aber trotzdem nette Erinnerungsstücke sind und mit richtigem Handeln günstig erstanden werden können. Am schönsten ist es am frühen Morgen, wenn der Markt noch verschlafen ist. Gute Preise erzielt man aber abends, wenn die Händler eher bereit sind, hohe Nachlässe zu geben.

Dongtai Lu Antiquitätenmarkt. Etwa 8–17 Uhr, Dingtai Lu, nahe Zizhong Lu (东台路近自忠路), Metro 10 Laoximen, Exit 5

Pinsel auf dem Antiquitätenmarkt

Altstadt und Xintiandi

fung ansteht. In Scharen strömen jedes Jahr Anfang Juni vor allem die Eltern in die Konfuziustempel, um für eine gute Prüfung zu bitten, bevor sie an den Prüfungstagen vor der Schule ihrer Kinder ausharren, um ihnen moralischen Beistand zu leisten. Die Gaokao entscheidet über das Studium und die Universität, zu der die Schüler zugelassen werden, und das Studium gilt als entscheidend für den weiteren Lebensweg. Die Prüfung kann zwar wiederholt werden, doch der gesellschaftliche und familiäre Druck, gleich beim ersten Mal den Sprung auf eine erstklassige Uni zu schaffen, ist hoch. Wer, wenn nicht Konfuzius als Verfechter der Tugendhaftigkeit und der Selbstvervollkommnung, der im Studium die Voraussetzung für das Verständnis der Ordnung des Himmels und der Menschen sah, sollte dabei besser fachkundige Hilfestellung geben können?

Tempel und Beamtenschule

Konfuzius selbst hielt nicht viel von Religion und Aberglauben. Stattdessen sah er Lernen als zielführend an, und so waren die Konfuziustempel, die ab dem 6. Jahrhundert gebaut wurden, auch Lehr- und Prüfungsanstalten für die kaiserlichen Beamten. Als Shanghai 1267 zur Stadt wurde, gab es bereits einen kleinen Tempel mit einer Statue des Meisters. Die Studierhalle stand an der heutigen Danfeng Lu. Nachdem die Stadt 1292 zur Kreisstadt erhoben worden war, begann man mit dem Bau eines neuen Tempels, der 1296 fertiggestellt werden konnte und danach immer wieder erweitert wurde. 1853 zog vorübergehend der Kopf der Geheimgesellschaft »Kleine Schwerter« ein, die auch den Yu-Garten als Quartier für sich belegte (siehe S. 81f.) Der Tempel wurde bei Kämpfen zerstört und 1855 wieder aufgebaut. Doch auch danach wurde die Anlage immer wieder in Mitleidenschaft gezogen, zuletzt während der Kulturre-

Konfuziustempel

volution von den »Roten Garden«, die alles verwüsteten, was Religion und der bei ihnen als reaktionär geltende Konfuzianismus präsentierten. Was übrig blieb, wurde in den Folgejahren zweckentfremdet und unter anderem als Vergnügungspark genutzt. Erst in den 1990er-Jahren wurde das gesamte Areal einer gründlichen Restaurierung unterzogen, die 1997 abgeschlossen werden konnte. Vom originalen Tempel, dem einzigen auf dem alten Shanghaier Stadtgebiet, ist aber fast nichts mehr erhalten. Im Jiading-Distrikt, der heute zu Shanghai gehört, steht ein weiterer Konfuziustempel, der in einem kleinen Museum die Geschichte der Beamtenprüfungen thematisiert, die an diesen Stätten abgehalten wurden (siehe S. 248).

Tee im Tempel

Wie alle Konfuziustempel wird auch im Wenmiao die Haupthalle durch das Da-Cheng-Tor betreten, das die Halle von den übrigen Bereichen der Anlage abtrennt. Zentral vor der Haupthalle steht eine Konfuzius-Statue. Rechts davon eine eineinhalb Tonnen schwere Glocke aus dem Jahr 2000, deren Klang nach dem Anschlagen für volle drei Minuten die Luft erfüllt. Im Baum neben der Glocke hängen Hunderte von Wunschzetteln, die mit Bändern angebunden sind. Die kleinen Kärtchen kann man für ein paar Yuan zusammen mit einigen Räucherstäbchen kaufen und dann seinen Wunsch, nachdem man sich dreimal korrekt vor dem Meister verbeugt hat, ebenfalls im Baum platzieren. Im Inneren der Haupthalle findet man erneut Konfuzius, flankiert von seinen Schülern Mengzi (Mencius) und Yanhui, sowie seine favorisierten Musikinstrumente. Der Stolz des Tempels sind die auf Steinplatten an den Wänden aufgezeichneten Texte der »Gespräche des Konfuzius« (Lunyu): Sie beinhalten seine Antworten auf die Fragen seiner Schüler und bilden die Grundlage für die spätere

Oben: Konfuzius selbst hielt nicht viel von Religion und Aberglauben.
Mitte: Verehrt wird der alte Meister trotzdem.
Unten: Die Texte der Gespräche des Meisters sind der Stolz des Konfuziustempels.

Oben: Teezeremonie im Teehaus des Tempels
Unten: Nicht immer ist es so ruhig, besonders vor den Hochschul-Aufnahmeprüfungen strömen Eltern und Schüler zum Tempel.

Berühmtheit des Meisters. Neben der Halle liegt das Teehaus, in dem – im Eintrittspreis enthaltene – Teezeremonien abgehalten werden. Natürlich kann man den Tee auch kaufen. In der ehemaligen Studierhalle ist außerdem eine kleine Ausstellung wertvoller Teekannen untergebracht. Östlich der Haupthalle sieht man eine Liste der 279 Top-Beamten, die im Tempel während der Yuan-, Qing- und Ming-Dynastien ihre Prüfungen abgelegt haben, um danach die Geschicke des Reiches mitzubestimmen. Im südöstlichen Teil der Anlage steht mit der 1730 gebauten und 1855 restaurierten Kuixing-Pagode das älteste original erhaltene Bauwerk des Tempels. Die dreistöckige Pagode ist 20 Meter hoch und in ihrem Stil in diesem Teil Chinas eine Seltenheit.

Nach dem Rundgang durch den Tempel bietet sich ein Spaziergang durch die engen Gassen im Umfeld an. Auf der Wenmiao Lu gibt es allerlei Schnickschnack, und viele kleine Verkaufsstände und Garküchen laden zu einem Snack ein. Über die ebenfalls trubelige Menghua Lu gelangt man zur Xizang Lu.

Konfuziustempel

Infos und Adressen

SEHENWÜRDIGKEITEN

Wenmiao Confucius Temple 文庙. 9–16.30 Uhr, Wenmiao Lu 215, nahe Zhonghuao Lu (文庙路 215近中华路), Metro 10 Laoximen, Exit 7, Tel. 021 33 31 12 25, www.confuciantemple.com

ESSEN UND TRINKEN

Cuihua Tsui Wah Restaurant, 翠华餐厅(西藏南路店). Kantonesische Küche, die sich durch leicht und mild gewürzte Gerichte auszeichnet. Hoisin-Soße, Austernsoße, Pflaumensoße oder auch süßsaure Soße sind beliebte Zutaten. 11–24 Uhr, Xizang Lu 251, Hongji Ximen Ting 106 (西藏南路251号), Tel. 021 33 66 26 36, www.tsuiwahrestaurant.com

Pangzimian Nudelrestaurant 胖子面. Kleines, vor allem bei Einheimischen beliebtes Restaurant, in dem es leckere Nudelgerichte und Suppen gibt. 7–17 Uhr, Wenmiao Lu 113 (文庙路113号)

Antiquitätenmarkt in der Dongtai Lu

Kong Yi Ji 孔乙己. Hier isst man gern ein beliebtes Shanghaier Gericht: Kaltes betrunkenes Hühnchen, Juiji, 醉雞. Dabei handelt es sich um ein in Shaoxing-Wein eingelegtes und anschließend pochiertes Hühnchen. 10–21 Uhr, Xuegong Lu 36–40, nahe Wenmiao Lu (学宫路36-40号近文庙街), Tel. 021 63 76 79 79

ÜBERNACHTEN

Graceland International Hotel 格澜国际大酒店. An der Kreuzung Xizang Lu/Fuxing Lu gelegen, ist das Hotel ein guter Ausgangspunkt für alle Sehenswürdigkeiten in der Altstadt. Xizang Lu 567, (西藏南路567号), Tel. 021 63 87 77 00, www.gracelandinternationalhotel.com

EINKAUFEN

Wanshang Second-Hand Trading Market 万商二手货交易市场. Sehr wuseliger Elektronik- und Haushaltswarenmarkt in der Nähe des Antiquitätenmarkts, hier werden neue und gebrauchte Haushaltswaren und Technik aller Art verkauft. Renmin Lu 1028/Fangbang Lu (人民路1028号近万浜路)

Kantonesische Küche im »Tsui Wah«-Restaurant

Altstadt und Xintiandi

13 Xiaonanmen 小南门
Alte Hafenstraßen, neuer Lebensstil

Östlich vom »kleinen Südtor« (Xiaonanmen) ist Shanghais Geschichte spürbar. Hier lebten nach der Öffnung der Stadt durch die Kolonialmächte die Fabrik- und Hafenarbeiter, die die Warenlager und Produktionsstätten der Handelshäuser im Hinterhof der Hafengebiete befeuerten. Während die alten Hafenstraßen zum Abriss freigegeben werden, ist in die runderneuerten Warenlager und Docks am Süd-Bund bereits der neue Lifestyle eingezogen.

Es beginnt wie so oft in Shanghai mit Baustellen. Das Viertel östlich der Metrostation Xiaonanmen ist im Umbruch. Mauern und vom Zerfall zerfressene, teilweise aber auch noch ganz hübsche Häuser bestimmen das Straßenbild rund um die Wangjia Matou Lu. Das Viertel ist nur einen Stein-

Oben: Die Gegend um die Metrostation Xiaonanmen ist von Kontrasten geprägt, das Viertel ist im Umbruch.
Unten: Wer etwas Zeit mitbringt, kann sich auf dem Stoffmarkt Kleider oder Anzüge nähen lassen.

MAL EHRLICH
»TING BU DONG«
Es gibt in Shanghai viele junge Menschen, die Englisch sprechen, doch Taxifahrer gehören in der Regel nicht dazu. Obwohl zur Expo viele Fahrer geschult wurden, werden die meisten auf englischsprachige Wünsche, wenn überhaupt, mit einem trockenen »Ting Bu Dong« (»Ich verstehe nicht«) reagieren. Da die Fahrer auch die englischen Namen der Hotels und anderer Ziele nicht verstehen, hilft nur, die Adresse immer in chinesischen Schriftzeichen dabeizuhaben. Man sollte sich daher im Hotel mit Visitenkarten eindecken und Zielorte aufschreiben lassen.

Xiaonanmen

wurf vom Glanz des trendigen Süd-Bunds entfernt, doch die Kontraste zur hippen Bar- und Restaurantmeile der Cool Docks könnten größer nicht sein. Xiaonanmen ist ein perfektes Beispiel für die Wucht, mit der das alte und neue Shanghai aufeinandertreffen und sich trotzdem in den Armen liegen – meistens jedenfalls. Die Bewohner werden die Gegend verlassen müssen, wenn ihre Häuser abgerissen werden. Viele sehen darin durchaus auch eine Chance, nicht wenige spekulieren sogar darauf, zumindest wenn sie offiziell in Shanghai registriert sind. Denn in der Regel zahlt die Stadtregierung recht großzügige Entschädigungen für die alten Wohnungen, die der Bevölkerung früher von der Stadt oder vom Arbeitgeber zugewiesen worden waren. Für die Luxusapartments, die überall entstehen, reicht das Geld trotzdem nicht. Die meisten ziehen deshalb in die Außenbezirke, wo die Immobilienpreise allerdings auch von Jahr zu Jahr schneller steigen.

Abriss und Neubau

Biegt man rechts in die Wangyu Jie ein, wird klar, dass die Stadtplanung zumindest da Gnade walten lässt, wo sie erhaltenswerte Gebäude vorfindet. Allerdings ist die Denkmalschutzbehörde dabei im Wettlauf mit den Abrissbaggern. Überall in Shanghai stehen unentdeckte architektonische Schätze, beinahe wöchentlich nehmen die Behörden ein neues Erbe in die Liste der schützenswerten Gebäude auf – oft kommen sie trotzdem zu spät. So konnte etwa im Jahr 2012 der überhastete Abriss des 150 Jahre alten Shen-Hauses beim Abbruch eines Wohnviertels in Dongjiadu nicht mehr verhindert werden. Das Gebäude stand versteckt zwischen abbruchreifen Häusern und fiel wie diese den Baggern zum Opfer. Die Behörden stoppten zwar die Arbeiten, außer den Grundmauern war aber nichts mehr zu retten. Dieses Schicksal blieb

AUTORENTIPP!

KUNST-POWER

Das Konzept, Kunst in alten Fabrikhallen unterzubringen, funktioniert auch in Shanghai, wie nicht zuletzt das 2012 in einem alten Kohlekraftwerk eröffnete Museum Power Station of Art beweist. Im Zuge der Expo wurde das 1897 gebaute Nanshi-Kraftwerk am Huangpu als Pavillon für das Thema »Zukunft der Welt« umgebaut. Heute beheimatet es die Shanghai Biennale. Lohnenswert sind nicht nur die internationalen Ausstellungen, sondern ist mit seinem 167 Meter hohen Kamin auch das Gebäude selbst, denn bei der Umgestaltung blieb die industriell geprägte Innenarchitektur erhalten. Das Museumscafé lockt mit großer Dachterrasse und atemberaubendem Blick auf den Huangpu.

Power Station of Art 上海当代艺术博物馆. Di–So 9–17 Uhr, Huayuangang Lu 200, nahe Miaojiang Lu (黄浦区花园港路20弄, 近苗江路), Metro 8 South Xizang Rd, Tel. 021 31 10 85 50, www.powerstationofart.org

Das alte Nanshi-Kraftwerk hat seit der Expo eine neue Bestimmung.

Altstadt und Xintiandi

den Gebäuden, auf die man an der Ecke zur Dongjiadu Lu stößt, glücklicherweise erspart: Sie gehören zur ältesten katholischen Kirche Shanghais.

Die Dongjiadu-Kirche

Von einem italienischen Jesuiten initiiert und von einem spanischen Glaubensbruder entworfen, ab 1847 gebaut und 1853 eröffnet: St. Francis Xavier war das erste katholische Gotteshaus Shanghais und die erste von Ausländern errichtete Kirche der Stadt. Sie gehört seit 1946 zur Diözese Shanghai und wurde 2008, zum 400. Jahrestag des Katholizismus in Shanghai, gründlich renoviert. Die Herkunft der Bauherren prägte auch das Gebäude: Seine Fassade besticht im Stil des spanischen Barock in strahlendem Weiß, Säulen und Giebel wiederum erinnern an die Jesuitenkirche Il Gesù in Rom. Sehenswert ist die Kirche auch von innen, wo sie westliche Barockelemente und chinesische Einflüsse vereint.

Der Dongjiadu Lu bis zur Zhongshan Lu folgend, ist man schnell wieder in der modernen Gegenwart angekommen. Die verspricht an den Cool Docks, wo einst – lange bevor die Ausländer das Ödland des Nord-Bunds zu ihrem Hafengebiet erklärten – die chinesischen Werften und Anlegestellen lagen, einen gemütlichen Nachmittag in ehemaligen Warenlagern und Fabrikgebäuden. Man folgt der Dongjiadu Lu über die Kreuzung am besten weiter bis zur Waima Lu. Wer einen Abstecher zum Stoffmarkt Shanghai South Bund Fabric Market machen will, geht hier nach rechts – beim Fußmarsch gibt es noch einiges zu entdecken – oder nimmt an der Zhongshan Lu ein Taxi. Zu den Cool Docks geht es links herum an schicken dreistöckigen Häusern vorbei. Die trendigen Restaurants und Bars auf dem ehemaligen Fabrikgelände und in den Warenlagern sind nicht zu verpassen.

Oben: Die Dongjiadu-Kirche mit ihrer Fassade im Stil des spanischen Barock ist die älteste katholische Kirche Shanghais.
Unten: Wenn sich die Gelegenheit bietet, hält man gern ein Nickerchen.

Xiaonanmen

Infos und Adressen

SEHENSWÜRDIGKEITEN

The Cool Docks 老码头. Alte Gebäude in neuem Glanz. Große Auswahl an guten Restaurants und Bars. Zhongshan Nan Lu 505 (中山南路505号), Metro 9 Xiaonanmen Rd, Exit 1, 2, en.thecooldocks.com

Dongjiadu Cathedral 董家渡天主堂. Geöffnet zu den Gottesdiensten: So 10.30, 12.30 Uhr, Dongjiadu Lu 185 (董家渡路185), Metro 9 Xiaonanmen Rd, Exit 2, Tel. 021 63 78 72 14, www.sfx.sh

Shanghai Sanshan Guild Hall 上海三山会馆. Die einzige erhaltene Gildehalle (1909) wurde 1986 um 30 Meter nach Süden versetzt und 2008 restauriert. Von hier aus startete 1927 einer der Arbeiteraufstände, die dann brutal niedergemetzelt wurden. Heute dient das absolut sehenswerte Gebäude als herausragendes historisches Museum. Di–So 9–17 Uhr, Zhongshan Nan Lu 1551 (中山南路1551号), Metro 4 Nanpu Bridge oder 8 Xizang Rd, Tel. 021 63 13 55 82, www.sanshanhuiguan.cn

… bieten eine große Auswahl an Restaurants.

ESSEN UND TRINKEN

Mythos 希腊餐厅. Griechisches Restaurant, Außenterrasse mit schönem Blick über den Fluss. 10–24 Uhr, The Cool Docks, Zhongshan Nan Lu 479, nahe Fuxing Dong Lu (中山南路479弄6号楼, 近复兴东路), Bldg 6, Tel. 021 61 52 67 55

Y2C2. Kantonesische Küche. 18–22 Uhr, Waima Lu 579, nahe Xinmatou Jie (黄浦区外马路579号5楼, 近新码头街), 5. Etage, Tel. 021 63 39 11 88

ÜBERNACHTEN

The Waterhouse at South Bund 水舍时尚设计酒店. Boutiquehotel in der Nähe des Flusses. Maojiayan Rd 1–3, Zhongshan Nan Lu (黄埔区毛家园路1–3号), Tel. 021 60 80 29 88, waterhouseshanghai.com/

EINKAUFEN

Shanghai South Bund Fabric Market 茂盛龙洋服. Stoffmarkt mit riesigem, wenn auch qualitativ sehr unterschiedlichem Angebot. Viele lassen sich hier günstig Anzüge, Kleider oder Mäntel schneidern. Man sollte genug Zeit für eventuelle Reklamationen und Nachbesserungen mitbringen. Der Preis ist Verhandlungssache. Lujiabang Lu 399 Nancang Jie (黄浦区陆家浜路399号近南昌街)

Von Sushi bis Choriatiki, die Cool Docks …

Altstadt und Xintiandi

14 Xintiandi 新天地
Neue Welt mit KP-Anschluss

Das Viertel »Neuer Himmel, neue Erde«, so die sinngemäße Übersetzung von Xintiandi ist so neu schon gar nicht mehr. Die angesagte Fußgängerzone mit den hippen Lokalen, Bars und Boutiquen entstand Ende der 1990er-Jahre, als ein Investor aus Hongkong das Land nahe der Luxus-Einkaufsmeile Huaihai Lu kaufte und aufwendig umgestaltete. 2300 Haushalte mussten weichen, bevor das abbruchreife Viertel sprichwörtlich zerlegt und neu aufgebaut wurde.

Das Ergebnis kann sich sehen lassen, auch wenn das Szeneviertel historisch wenig authentisch ist. Immerhin blieb ihm der endgültige Abriss erspart. Vielleicht auch deshalb, weil die Gründungsstätte der Kommunistischen Partei Chinas hier liegt. Abriss oder Umzug waren anscheinend keine Option, und so steht der Geburtsort des kommunistischen Chinas jetzt im geschichtlich angehauchten Kom-

Zahlreiche Cafés und Restaurants laden im Szeneviertel Xintiandi dazu ein, zu entspannen und das Treiben zu beobachten.

> **MAL EHRLICH**
>
> **PREIS-HORROR**
>
> Wer sich in den angesagten Vierteln der Stadt bewegt, stellt schnell fest, dass Shanghai zu den teuersten Pflastern der Welt gehört. Das stimmt aber nur bedingt. Die Preisunterschiede sind teilweise extrem, und wie viel man für ein Essen ausgeben muss, hängt stark von der Lage und damit der Höhe der Lokalmiete ab. Über die Qualität des Essens oder die Atmosphäre sagt das nicht unbedingt viel aus. Man ist daher gut beraten, auch einmal außerhalb der Szeneviertel essen zu gehen.

Xintiandi

merzzentrum Xintiandi. In gewisser Weise knüpft die Partei damit freilich an ihre Geschichte an, schließlich wurde sie inmitten eines auf Gewinnmaximierung angelegten Umfelds geboren. Letzten Endes steht das Viertel aber auch für die konsequente Fortsetzung des Wegs, den die Partei mit der Öffnungspolitik zu Beginn der 1980er-Jahre eingeschlagen hat. Willkommen im neuen China.

Yuppies und Touristen

Täglich ziehen die Touristenschwärme durch die schöne neue Xintiandi-Welt (»xin« steht für neu, »tiandi« für Himmel und Erde bzw. Welt), die aber vor allem abends mit ihren Szenerestaurants und Klubs auch den aufstrebenden Yuppies der wachsenden Shanghaier Mittelschicht und den ausländischen Fachkräften aus Ost und West gehört. Die »Expats« treffen sich zum Kaffee im »Starbucks« oder bei philippinischer Livemusik und deutschem Bier im »Paulaner«. Auch junge Männer, die die Dame ihres Herzens beeindrucken wollen, kommen gerne hierher. Über die Kosten für das Abendessen werden sie wohl schweigen, denn wenn sie nicht zu den Besserverdienenden gehören, kann der Abend schnell den halben Wochenlohn kosten – die Preise in den Lokalen sind hier mindestens auf West-Niveau.

Seinen architektonischen Charme verdankt Xintiandi den restaurierten Shikumen-Häusern, einer in Shanghai häufigen Bauform für Lilong-Wohnsiedlungen, die vor allem den Kolonialmächten zu verdanken ist. Erschaffen, um günstigen Wohnraum für Hunderttausende bereitzustellen, die im Lauf der Jahrzehnte in die internationalen Konzessionen Shanghais strömten, sind die Lilongs im Aufbau einfachen britischen Arbeitersiedlungen aus der Zeit der Industrialisierung und früheren deutschen Zechensiedlungen nicht unähnlich, auch wenn sie

AUTORENTIPP!

ERKUNDUNGSTOUR
Xintiandi bietet mit seinen Galerien, Designerläden, Boutiquen und Restaurants wahrlich genug, um hier den Tag zu verbringen. Es spricht nichts dagegen, bei schönem Wetter in einem der gemütlichen Cafés oder einer Eisdiele zu entspannen und das Treiben zu beobachten – genau das machen auch viele Chinesen hier. Vergessen sollte man dabei aber die Umgebung nicht. Jinan Lu, Ji'An Lu, Fuxing Lu, Hefei Lu und Zhaozhou Lu zum Bespiel bieten mit ihren Alleen und schönen Wohnblocks viele Beispiele dafür, dass nicht alles abgerissen oder zu Konsumtempeln umgebaut wird und dass es neben den neuen Luxusvierteln ein angenehmes, urbanes Leben gibt. Ein Spaziergang durch die Straßen südöstlich von Xintiandi lohnt sich. Verlaufen kann man sich nicht, früher oder später trifft man wieder auf die großen Hauptstraßen mit Metrostationen.

Viele Shanghaier haben Hunde – oft modisch ausstaffiert.

AUTORENTIPP!

MITTAGS JAPANISCH

Manchmal ist ein Kaffee zu wenig und das Essen in einem Edelrestaurant zu viel. Koyama ist ein guter Kompromiss für mittags. Das japanische Restaurant bietet eine reichhaltige Mittagskarte mit einem empfehlenswerten Menü zu moderaten Preisen. Das Lokal liegt zwar in einer Shoppingmall und nicht unbedingt in einer schönen Umgebung, aber die Atmosphäre im Restaurant selbst ist recht angenehm. Viele Chinesen aus den umliegenden Büros kommen mittags hierher. Die Portionen sollte man nicht unterschätzen, normalerweise wird man von einem Menü gut satt. Zusätzlich kann man frischen Ingwer bestellen. Zum Abschluss gibt es einen Kaffee, Obst oder Eis auf Kosten des Hauses.

Koyama Japanese Cuisine 小山日本料理. So–Do 11.30–14.30, 17.30–24, Fr, Sa, 11–2 Uhr, Haus 3, 3. Etage, Südblock Xintiandi, Tel. 021 53 82 11 25

Das »Koyama« ist ein beliebtes Restaurant für das Mittagessen.

Altstadt und Xintiandi

sich architektonisch an traditionell chinesischen Wohnhäusern orientieren. Die Shikumen-Häuser, die man vor allem in den früh gebauten Lilongs findet, leiten ihren Namen von den Steintoren ab, durch die man in einen kleinen Innenhof des Hauses gelangt. Der Lilong – »li« steht für Nachbarschaft, »long« für Gasse – ist geprägt durch eng aneinanderstehende Häuser, zwischen denen nur schmale Gassen verbleiben. Auf engstem Raum konnten so sehr viele Menschen günstig untergebracht werden. Zwischen 1860 und 1940 entstanden einige Tausend Lilong-Siedlungen, die auch heute noch Teile des Stadtbilds prägen, obwohl inzwischen mehrere Millionen Quadratmeter der alten Anlagen abgerissen wurden. Zu ihrer Hochzeit machten sie mit rund 9000 Nachbarschaften etwa 60 Prozent des Shanghaier Wohnraums aus. Die Shikumen-Häuser, die den beiden Blocks der Fußgängerzone in Xintiandi heute ihr besonderes Flair geben, vermitteln nur ein unvollständiges Bild von der einstigen Atmosphäre der Lilongs. Im Viertel steht aber beispielsweise noch an der Madang Lu eine ursprünglichere Shikumen-Siedlung mit historischer Bedeutung.

Koreanische Exilregierung

Xintiandi ist nicht nur als Gründungsstätte der KP bedeutsam, auch die koreanische Übergangsregierung, die 1919 in Shanghai als Widerstand gegen die japanische Besetzung Koreas gegründet wurde, hatte von 1926 bis 1932 hier ihren Sitz. In der Madang Lu kann ihr eher bescheidenes Domizil besichtigt werden. Das Gebäude wurde 1993 und 2001 renoviert und befindet sich in einem alten Shikumen-Wohnblock, der noch immer bewohnt wird. Eine Besichtigung ist wegen der koreanischen Historie interessant, deren Hintergründe hier in einer Ausstellung zumindest zum Teil auch auf Englisch erläutert werden. Daneben vermittelt das

Xintiandi

Gebäude aber auch einen lebendigen Eindruck vom Innenleben der Shikumen-Häuser in den 1920er-Jahren. Die Führung beginnt im zentralen Aufenthaltsraum des Hauses und setzt sich über die Küche, die Büros und die Schlafbereiche fort. Wenn man einmal hier ist, kann man die Gelegenheit nutzen, um sich ein bisschen weiter in den Gassen des Wohnblocks umzusehen – wenn man sich nicht zu sehr als Eindringling fühlt.

Einen Eindruck von den 1920er-Jahren vermittelt auch das Shikumen Open House Museum weiter nördlich in der Xingye Lu, die den Süd- und Nordblock der Fußgängerzone Xintiandis trennt. Hier wurden Alltagsutensilien wie Koffer, eine Singer-Nähmaschine, ein Grammofon und alte Möbel zusammengetragen, die zum Teil beim Umbau des Viertels gefunden wurden. In einem neu aufgebauten Shikumen-Haus werden sie wirkungsvoll in Szene gesetzt. Das Museum ist über einen kleinen Laden am Eingang zum Nordblock zugänglich, besichtigt werden kann das gesamte Haus einschließlich Küche und Schlafzimmer. Die Ausstellung ist sehenswert, hat aber den Charme einer Filmkulisse. Auf dem Weg dorthin bietet die Madang Lu einige gemütliche Cafés, die – mit Blick auf die von Bäumen gesäumte Straße – zum Verweilen einladen.

Gründungsstätte der KPCh

Kriege, Aufstände, Reformen und schließlich die Revolution von 1911: Alle Versuche der Chinesen, sich von der Knute ihrer dominanten Machthaber zu befreien, scheiterten. Dann kamen die Kommunisten. Dass sich auch die kommunistische »Befreiung« über viele Jahre der Unterjochung der Massen bediente, wird in der Gründungsstätte der KP Chinas, die zu einem Museum umgebaut wurde, nicht thematisiert. Das macht die mit einer Portion

Oben: Schöne Ecken gibt es auch in den Straßen rund um Xintiandi.
Mitte: Von 1926 bis 1932 hatte die koreanische Übergangsregierung ihren Sitz in einem Shikumen-Haus.
Unten: Das Gebäude der Exilregierung vermittelt einen Eindruck vom Leben in den alten Siedlungen.

Oben: Die Gründungsstätte der KP Chinas wurde zu einem Museum umgebaut.
Unten: Im Juli 1921 wurde beim ersten »National Congress« in einem der alten Shikumen-Häuser das Parteiprogramm formuliert.

Propaganda angereicherte Ausstellung aber nicht weniger interessant. Im Juli 1921 kamen hier die Gründerväter der KP im Schutz der französischen Konzession zusammen, um ihr Parteiprogramm zu formulieren. Unter den Delegierten des ersten »National Congress« waren, wie das mit Wachsfiguren nachgestellte Treffen zeigt, mit dem Dänen Henk Sneevliet, alias Maring (1883–1942), und dem Russen Nikolski (1889–1938), der eigentlich Wladimir Abramowitsch Neumann hieß, zwei Repräsentanten der Kommunistischen Internationale (Komintern) anwesend, die die Gründung der Partei unterstützten. Der Kongress musste nach viertägiger Beratung unterbrochen werden, weil das Treffen bespitzelt wurde. Erst einige Tage später wurde die Parteigründung auf einem Boot auf dem Nanhu-See im 100 Kilometer entfernten Jiaxing in Abwesenheit der Komintern-Vertreter zu Ende gebracht. Die Ausstellung zeigt aber nicht nur die – wenn man von der etwas überbetonten Rolle Mao Zedongs absieht – gut aufbereitete Geschichte der Gründung der KP, sondern bietet auch einen interessanten Abriss der Geschichte Chinas und Shanghais.

Xintiandi

Infos und Adressen

SEHENSWÜRDIGKEITEN

Xintiandi 新天地. Taicang Lu, Lane 181, Metro 1 South Huangpi Rd oder 10 Xintiandi, Tel. 021 63 11 22 88, www.shanghaixintiandi.com

Shikumen Open House Museum 上海石库门博物馆. Taicang Lu 181, Lane 25 (卢湾区太仓路181弄25号), 10.30–22.30 Uhr, Tel. 021 33 07 03 37

Ehem. Residenz der koreanischen Übergangsregierung 上海大韩民国临时政府旧址. 9–17 Uhr, Madang Lu 306 (马当路306号), Tel. 921 53 82 90 57

Gründungsstätte der KPCh 中共一大会址. 9–17 Uhr (Einlass bis 16 Uhr), Xingye Lu 76 (兴业路76号), Tel. 021 53 83 21 71

ESSEN UND TRINKEN

Shanghai Tang Café 上海滩餐厅. Touch der 20er- und 30er-Jahre, kleine Dachterrasse. So–Di 11–24, Fr–So 11–2 Uhr, Huangpi Nan Lu 333, 2.–3. Etage (黄陂南路333号2–3楼 (新天地), Tel. 021 63 77 33 33, www.shanghaixintiandi.com

Das »Din Tai Fung« in Xintiandi

Auch allein lässt es sich in den Cafés aushalten.

Molokai 摩罗街. Hervorragende kantonesische Küche in schicker Umgebung. 11–23 Uhr, Xingye Lu 123, 3. Etage, Südblock, Xintiandi (卢湾区兴业路123弄新天地南里6号3楼), Tel. 021 53 21 08 81, www.shanghaixintiandi.com

Din Tai Fung 鼎泰丰. Mehrere Filialen in der Stadt, bekannt für Xiaolongbao und Dumplings (gefüllte Teigtaschen).11–15, 17–24 Uhr, Xingye Lu 123, 2. Etage, Südblock, Shanghai Xintiandi, (兴业路123弄新天地南里6号楼2楼新天地), Tel. 021 63 85 83 78, www.dintaifung.com

ÜBERNACHTEN

Shikumen Family Museum. Übernachten in einem authentischen Shikumen der 1940er-Jahre oder einfach mal reinschnuppern, wie das Leben sich in diesem gutbürgerlichen Shikumen-Haus anfühlte – beides kann man im Elternhaus des Shanghaier Sprachprofessors Da Shiping nach telefon. Anmeldung. Sa, So 14–18 Uhr, Yong Kang Lu 35, Lane 38 (永康路), Tel. 189 16 08 41 12

Altstadt und Xintiandi

15 Expo-Park
世博公园
Das Erbe der Weltausstellung

So symbolträchtig die Weltausstellung 2010 für China war, für Shanghai war sie mehr als ein Imageprojekt. Sie war Motor für große Infrastrukturprojekte, Anlass, alte Gewohnheiten zu überdenken, und sie gab der Stadt einen weiteren Modernisierungsschub. Die Expo hat Shanghai dauerhaft verändert, davon kündet nicht zuletzt das neue Gesicht der Stadt rund um das ehemalige Ausstellungsgelände.

Ein rund fünf Quadratkilometer großes Areal, mehr als 240 Aussteller aus über 190 Nationen, 73 Millionen Besucher: Die Expo 2010 war als Rekordveranstaltung geplant, und Shanghai hat alles dafür getan, dies auch Wirklichkeit werden zu lassen. Die Weltausstellung wurde zum Anlass, das Stadtgebiet kräftig umzukrempeln. Sicher, die neuen Metrolinien und Straßen waren ohnehin geplant, die internationale Veranstaltung hat ihren Bau allenfalls beschleunigt. Die Ideenschau zum Thema »Better City. Better Life.« legte aber auch die Basis für die dauerhafte Umgestaltung des Expo-Gebietes am Pudonger Flussufer.

Auch auf die Bewohner wirkt die Expo in mancherlei Beziehung nach. Noch vor einem Jahrzehnt gehörten Menschen, die abends im Pyjama durch die Straßen flanieren, zum Stadtbild, was Touristen meist mehr verwirrte als amüsierte, denn die Gemütlichkeit im Schlafanzug wollte nicht zum Bild der modernen Megametropole passen. Das sah auch die Stadtregierung so, die den Shanghaiern die anheimelnde Pyjama-Marotte mit groß angelegten Kampagnen erfolgreich ma-

Oben: Mit dem 63 Meter hohen China-Pavillon ist ein neues Wahrzeichen von Shanghai entstanden.
Unten: Der ehemalige Expo-Boulevard bei Nacht

Expo-Park

dig machte. Mit der Expo gewachsen ist auch das Umweltbewusstsein vieler Bürger, die aufmerksamer hinsehen und dazu beitragen wollen, dass das Versprechen von einem besseren Leben in einer besseren Stadt Wirklichkeit wird.

China-Pavillon

Aus der riesigen Baustelle, in die sich das Gelände nach Ende der Weltausstellung verwandelt hatte, schält sich das Erbe der Expo langsam wieder heraus. Hier entsteht ein neues Büro-, Einkaufs- und Erlebnisviertel, dessen Kern einige der mehr als 100 Expo-Pavillons und der rund ein Kilometer lange Expo-Boulevard sind. Unbedingt sehen und erleben muss man den China-Pavillon. Mit dem 63 Meter hohen Gebäude, in dem heute das China Art Museum untergebracht ist, hat sich die Stadt ein weiteres Wahrzeichen erschaffen. Die »Krone des Orients« wirkt schon aus der Entfernung überaus imposant. Besonders beeindruckend ist das Gebäude, das aus einer anderen Zeit zu stammen scheint, wenn man sich die Stufen zum Eingang hinaufkämpft und dabei einen Blick auf die überhängende Konstruktion über sich wirft. Die umgedrehte Pyramide weiß mit ihrer perfekten Mischung aus Tradition und Moderne architektonisch und emotional zu überzeugen. Dazu tragen die sieben Schattierungen des Gugong-Rot, das früher den kaiserlichen Bauten vorbehalten war, die geschichtete Struktur des Gebäudes und seine Größe maßgeblich bei.

Unbedingt sehenswert sind aber auch die Mercedes-Benz-Arena, die als Veranstaltungsort genutzt wird, und vor allem der ehemalige Expo-Park, der sich am Ufer des Huangpu entlangzieht. Seine Mischung aus Zen-Garten und Kunst sowie der Blick auf den Huangpu laden zu ausgiebigem Verweilen und Tagträumen ein – auch ohne Pyjama.

Infos und Adressen

SEHENSWÜRDIGKEITEN
China Art Museum 中华艺术宫. Chinesische Kunst seit dem 19. Jh. Shanghnan Lu 161 (浦东新区上南路161号), Tel. 021 20 25 20 18/19, www.china.artmuseum.org, Metro 8 China Art Mus.

Mercedes-Benz-Arena 月亮船. 9–18 Uhr, Shibo Da Dao 1200 (世博大道1200号) Tel. 40 08 21 35 88, www.mercedes-benzarena.com

Brücken. Lupu Da Qiao 卢浦大桥, riesige Bogenbrücke im Westen der Expo mit Aussichtsplattform. Nanpu Da Qiao 南浦大桥, im Osten, mehr als 400 Meter Spannweite und mit Aussichtsplattformen

ESSEN UND TRINKEN
The River Mall 世博源. Der Expo-Boulevard wurde zum riesigen Shoppingcenter mit einer großen Auswahl an Restaurants. 10–22 Uhr, Shibo Da Dao 1368 (世博大道1368号), Tel. 021 31 11 80 18, www.therivermall.cn

ÜBERNACHTEN
Intercontinental Shanghai Expo 上海浦东盛高假日酒店. Luxusklasse, aber mit bezahlbaren Angeboten. Xueye Lu 1088 (秀沿路1088号), Tel. 021 38 29 18 88, www.intercontinental.com

AKTIVITÄTEN
Eislaufen 世纪星滑冰场. Auf 1250 Quadratmetern kann man sich richtig austoben. 10.30–21.30 Uhr, Untergeschoss Mercedes-Benz-Arena, Adresse s. oben, Tel. 021 20 25 58 31, www.centurystar.com

PEOPLE'S SQUARE UND JING'AN

16 Shoppingmeile Nanjing Dong Lu 南京东路
Kirmes und Konsum   **118**

17 People's Square 人民广场
Das Zentrum Shanghais   **124**

18 Jing'An-Tempel 静安寺
Tradition und Gegenwart   **130**

19 Beijing Lu 北京路
Kneipen und Kapellen   **134**

20 Am Wusong River
Umweltschutz und Industriekultur   **136**

21 Jadebuddha-Kloster 玉佛禅寺
Tempel und Tofu   **138**

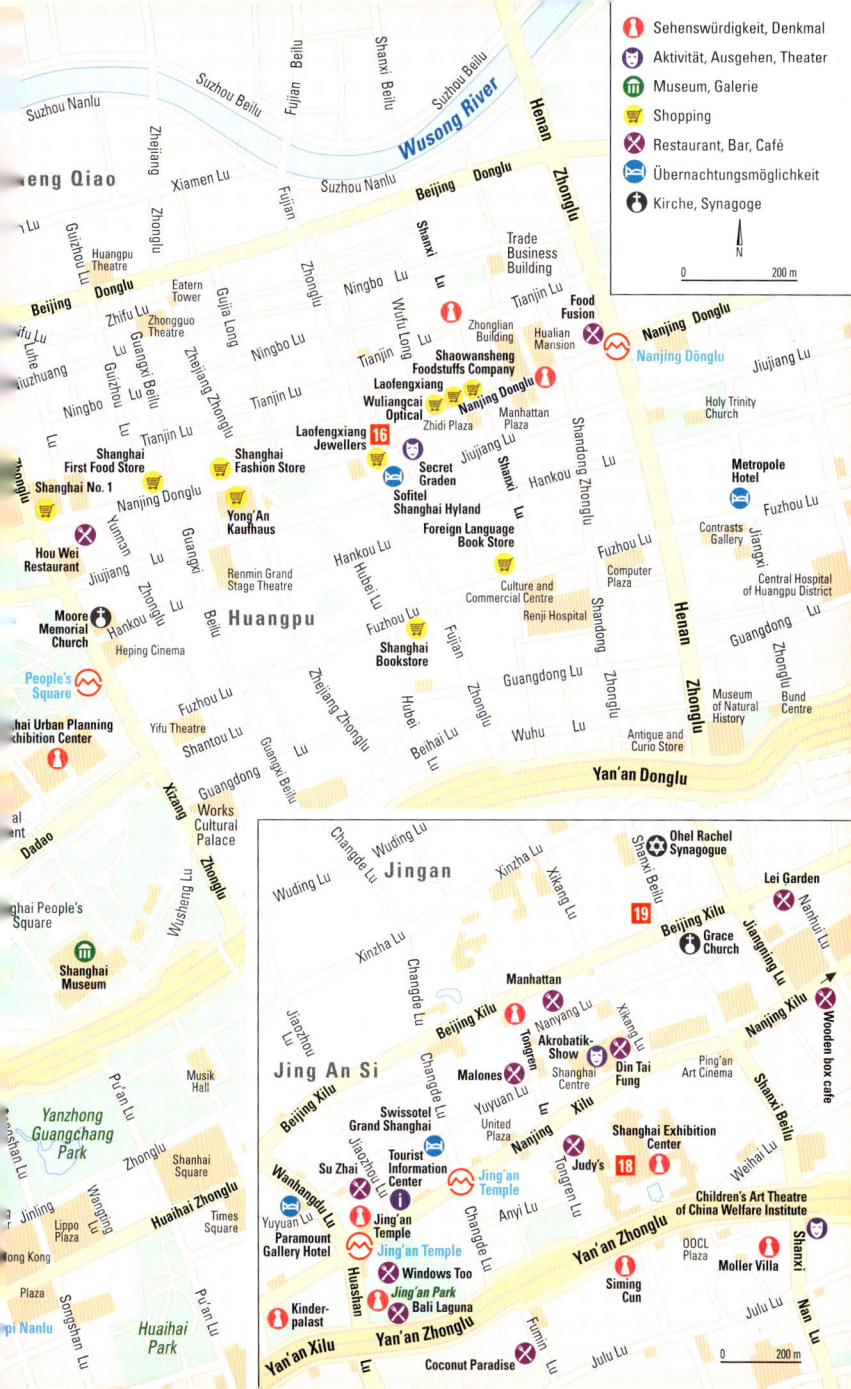

PEOPLE'S SQUARE UND JING'AN

16 Shoppingmeile Nanjing Dong Lu 南京东路
Kirmes und Konsum

Die beste Einkaufsstraße Chinas ist die Nanjing Lu heute nicht mehr, obwohl sich hier noch immer rund 600 Geschäfte befinden. Wahrscheinlich ist sie aber die bunteste und auf jeden Fall eine der geschichtsträchtigsten Straßen Shanghais. Bekannt ist vor allem ihr Ostteil, der den Volksplatz mit dem Bund verbindet und der auf rund einem Kilometer Länge zur Fußgängerzone umgestaltet wurde. Aber auch die Straßen rund um die Nanjing Lu sind sehenswert.

Manchmal fühlt sich Shanghai nicht nur einfach »durchgeknallt« an, im positiven Sinne ist es das auch tatsächlich: laut, staubig und irre aufregend; bunt, aufputschend und absolut nervig. Was sich für den Europäer nach unvereinbaren Widersprüchen anhört, vereint die chinesische Seele mit

Seite 114/115: Der Jing'An-Tempel steht glänzend zwischen Bürotürmen und Einkaufszentren.
Oben: Bunt und lebhaft: die Nanjing Lu im Neonlicht

> ## MAL EHRLICH
> **NEPPER, SCHLEPPER, TOURIFÄNGER**
> Dass es keine gute Idee ist, Schleppern zu folgen, die von Rolex bis Bar-Girls alles im Angebot haben, weiß jeder. Eine richtig fiese Touristenfalle sind aber oft junge Frauen oder Pärchen: Sie bitten um ein Foto, beginnen ein nettes Gespräch und bitten in ein Teehaus. Hier werden die Tische mit teuren Getränken überladen – wer die Rechnung zahlen soll, ist klar. Daher 1. selbst aussuchen, wohin man geht. 2. Nur von der Karte bestellen und die Preise checken. 3. Im Zweifel die Polizei rufen, die ist hilfreicher als man glaubt.

Nanjing Dong Lu

lässiger Eleganz zu einem großen Ganzen. »Sowohl als auch« statt »entweder oder«. Unterstützt durch einen unschlagbaren Pragmatismus, gelingt es den Shanghaiern auf diese Weise, sich in jeder Beziehung zwischen den Welten zu bewegen. Spielerisch orientieren sie sich zum Beispiel inmitten des politischen Kommunismus chinesischer Prägung im wirtschaftlichen Turbokapitalismus, ist doch beides eine Welt. Deshalb ist es auch überhaupt kein Widerspruch, dass sich unweit des Shanghaier Regierungssitzes am People's Square einige der ältesten Konsumtempel ausbreiten. Kommunismus und Konsum, Kirmes und Kultur liegen – wenn man von Xintiandi absieht – kaum irgendwo in der Stadt näher beieinander als auf der Nanjing Lu.

Als Chinas Einkaufsstraße Nummer eins hat die Nanjing Lu in den letzten Jahren zwar starke Konkurrenz bekommen, trotzdem bleibt sie eine der wichtigsten Konsummeilen. Bis zu zwei Millionen Menschen ziehen hier täglich durch, Tag und Nacht tobt das Leben, was wohl auch damit zu tun hat, dass sich in diesem Abschnitt kurz vor dem Bund die Geschichte und Kultur Shanghais in einem Mikrokosmos widerspiegeln.

Vom Pferdeweg zur Einkaufsstraße

Quirlig ging es schon 1850 zu, als britische Pferdenarren an der Ecke Henan Lu unweit der heutigen Metrostation East Nanjing Road eine erste Rennbahn und einen Park anlegten, die über die damalige Park Lane oder Garden Lane mit dem Bund verbunden waren. 1854 verkaufte der Club die Rennbahn und erstand ein günstiges Grundstück weiter westlich, zwischen der heutigen Hubei Lu und der Xizang Lu, an der die Fußgängerzone jetzt endet. Hier entstand mit dem New Garden eine

AUTORENTIPP!

ENTSPANNENDE MASSAGEN
Die Besichtigung der Nanjing Lu kann einige Zeit in Anspruch nehmen – und kann für die Füße ganz schön ermüdend sein. Zum Glück findet man überall in der Stadt neben zwielichtigen Offerten auch ehrbare und vergleichsweise günstige Massage-Angebote. Eine Fußmassage sollte man sich wenigstens einmal gönnen, wenn man in Shanghai ist. Eine seriöse Möglichkeit direkt auf der Nanjing Lu bietet zum Beispiel der angesehene Secret Garden, der neben Fußmassagen auch traditionelle chinesische Massagen oder Aromaöl-Massagen anbietet. Die Kette ist mit fünf Häusern im Stadtgebiet vertreten. Beliebte Anbieter mit vielen Zweigstellen sind auch Dragonfly und Congen.

Secret Garden 桃源乡. 11–2 Uhr, ab 140 RMB, 5. Etage, New World Harbour, Nanjing Dong Lu 479, (上海市黄浦区南京东路479号5楼), Tel. 021 63 51 81 91, www.shtyx.com

Eine gute Massage bringt Körper und Seele in Schwung.

zweite Rennbahn. Auch dieses 170 Hektar große Grundstück wurde verkauft, und eine dritte Rennbahn entstand schließlich 1862 mit angegliederten Bowling-, Golf-, Schwimm- und Cricketclubs am heutigen People's Square. Waren die Pferderennbahn und Clubs Ausdruck des gesellschaftlichen Lebens der Ausländer, entwickelte sich die Park Lane schnell zum Einkaufs- und Handelszentrum, wo sich alles erstehen ließ, was reiche Einheimische und gutsituierte Ausländer für einen »kultivierten westlichen Lebensstil« überall auf der Welt benötigten.

An der immer weiter nach Westen erweiterten Straße, die 1865 in Nanking Road umbenannt wurde, siedelten sich zunehmend Händler an, die Lebensmittel, Tee, Seide oder Porzellan verkauften. Schon zu Beginn der 1860er-Jahre kamen zudem mehr und mehr westliche Waren hinzu, und die Zahl der Läden wuchs beinahe täglich. Gleichzeitig nahmen technische Neuerungen ihren Weg in die Stadt. 1865 standen hier und am Bund die ersten Gaslaternen Shanghais, 1882 wurden die ersten elektrischen Laternen versuchsweise errichtet,

Oben: Selfie auf der Nanjing Lu: Die bunte Einkaufsstraße hat nicht nur für Westler Erinnerungswert.
Unten: Edle Lobby: Die Citic Square Mall gehört zu den schickeren Konsumtempeln.

Nanjing Dong Lu

1908 fuhr die erste Straßenbahn. Im selben Jahr erhielt die Nanjing Lu einen festen Straßenbelag. Bereits in den 30er-Jahren des 20. Jahrhunderts hatte sie sich endgültig in eine Einkaufsstraße verwandelt, die keinen Vergleich mit anderen Shoppingmeilen der Welt scheuen musste. Mehr als 250 Geschäfte zählte die heutige Fußgängerzone. Die ersten großen Kaufhäuser, Giganten ihrer Zeit, entstanden zwischen 1916 und 1934. Mit dem »Palace« und dem »Cathay« (gehören heute beide zum »Peace Hotel«), die 1906 beziehungsweise 1929 am östlichen Ende der Straße am Bund entstanden, sowie mit dem »Park Hotel« aus dem Jahr 1934 am heutigen People's Square standen zudem einige der modernsten Hotels ihrer Zeit an der Nanjing Lu, die bald als Mischung aus Broadway und Oxford Street galt. Auch nach der Konzessionszeit und der Machtübernahme der Kommunisten konnte die Straße ihren Ruf behaupten und blieb eine der belebtesten Einkaufsstraßen der Welt.

Shopping und Unterhaltung

Die Entscheidung, die Nanjing Lu auf ihrem östlichen Abschnitt zur Fußgängerzone umzugestalten, fiel Mitte der 90er-Jahre und wurde 1999 in die Tat umgesetzt. Schon in den Jahren zuvor wurde die Straße wegen des großen Andrangs an Wochenenden und Feiertagen – an denen die meisten Geschäfte in Shanghai geöffnet bleiben – für den Autoverkehr gesperrt. Gleichwohl erinnert die Fußgängerzone heute eher an einen Rummel als eine Einkaufsstraße, vor allem, wenn abends die Lichter angehen – aber gerade das zieht noch immer viele Menschen an diesen Ort, der vor Geschäftigkeit Funken schlägt. Westliche Marken tummeln sich neben Fastfood-Ketten, chinesische Label neben Spezialitätenläden, moderne Shoppingmalls neben traditionellen Kaufhäusern.

AUTORENTIPP!

FUZHOU LU
Parallel zur Nanjing Lu verläuft drei Straßen weiter im Süden die Fuzhou Lu, die sich bereits früh einen Ruf als Kulturstraße erworben hat. Hier gab es die größte Ansammlung an Buchläden, Malereizubehör und Kräuter der chinesischen Medizin. Heute ist sie zum größten Teil eine befahrene Geschäftsstraße, aber am kulturellen Angebot hat sich nicht viel geändert, nur einige der mehr als 30 Buchläden sind größer. Die bekanntesten sind Shanghai Book City (Fuzhou Lu 465), das auf sieben Etagen alles führt, was das chinesische Verlagshäuser verlässt, und der Foreign Language Store, der auch eine gute Auswahl an englischsprachiger Literatur anbietet. Beide sind ständig voll von Lesenden. Auch die vielen kleinen Läden, die Kalligrafie-Zubehör, Schreibwaren und Postkarten anbieten, sind einen Besuch wert.

Foreign Language Store.
10–18.30 Uhr, Fuzhou Lu 390 (黄浦区福州路390号, 近福建中路), Tel. 021 63 22 32 00

Ausgiebig lesen in der Buchhandlung – in Shanghai kein Problem.

Oben: Sympathisch chaotisch: Im alteingesessenen »Shao Wansheng« geht es zu wie in alten Zeiten.
Mitte: Bequem: Wer beim Staunen nicht laufen mag, nimmt die Bahn durch die Fußgängerzone.
Unten: Auf Traditionelle Chinesische Medizin spezialisierte Apotheke.

PEOPLE'S SQUARE UND JING'AN

Zahlreiche Restaurants und Cafés laden zum »Tankstopp« zwischen den Shoppingtouren ein, singende und tanzende Shanghaier sorgen für pausenlose Gesellschaft, spontane Chöre und Livebands für zusätzliche Unterhaltung, die es zum Vergnügen machen, sich hier stundenlang aufzuhalten. Störend sind nur oft aufdringliche Straßenverkäufer und nervige Schlepper, die es vor allem auf männliche Alleinreisende abgesehen haben. Lohnend ist die Nanjing Lu dennoch, nicht zuletzt wegen der vielen historischen Gebäude, die hier stehen.

Alte Kaufhäuser

Zu den auffallenden Gebäuden gehört das Plaza 353, ein Kaufhaus aus dem Jahr 1932. Der alteingesessene Shao Wansheng Delicacies Store« (Nr. 414) an der Ecke zur Shaanxi Lu ist einen Blick wert, weil hier gegen alle modernen Marketingregeln die Waren in einem schlichten Umfeld angeboten werden. Das Lebensmittelgeschäft hat dank seines guten Rufs bisher trotzdem überlebt. Ein Abstecher in die Shaanxi Lu lohnt vor allem, weil die Straße mit ihren niedrigen Häusern einen Eindruck davon erahnen lässt, wie auch die Nanjing Lu früher einmal ausgesehen haben muss. Laofengxiang (Nr. 432) blickt auf eine besonders lange Geschichte zurück, 1848 eröffnete das erste Juweliergeschäft, schöner ist aber die Filiale (Nr. 510) an der Kreuzung Fujian Lu. Auch einige alte Wohnhäuser machen einen kurzen Abstecher in diese Straße empfehlenswert. Das Wing On wurde 1917 im westlichen Stil eröffnet, heute heißt es Yong'an (Nr. 635). Der Shanghai Fashion Store (Nr. 650–690) öffnete 1916 als Sincere als erstes »westliches« Kaufhaus Shanghais seine Türen. 1926 folgte das Sun Sun, das heute Shanghai First Food Store heißt (Nr. 720) und 1934 das Da Sun, heute Department Store No. 1 (Nr. 830).

Nanjing Dong Lu

Infos und Adressen

SEHENSWÜRDIGKEITEN

Nanjing Dong Lu 南京东路. Viele Traditionsgeschäfte und Kaufhäuser, alle haben täglich von 10–22 Uhr geöffnet, aber auch danach ist meist noch reichlich »Dampf« auf der Straße. Metro 2 East Nanjing Rd, Exit 1, 3, 4

EINKAUFEN

Department Store No. 1 上海市第一百货. Seit 1949, das erste staatliche Kaufhaus der Stadt. Nanjing Dong Lu 830 (南京东路830号), Tel. 021 63 22 33 44, www.bldybh.com

Laofengxiang 上海老凤祥. Juwelier mit mehr als 150-jähriger Geschichte. Nanjing Dong Lu 432 und 510 (南京东路432号510号), www.laofengxiang.com

Shao Wansheng Food Company 邵万生食品公司. 1852 gegründetes Geschäft für chinesische Spezialitäten. Nanjing Dong Lu 414 (南京东路414号), www.shswsco.com

Schrill: Etude House an der Hongyi Plaza

Wuliangcai Optical 吴良材眼镜公司. Schon 1719 gegründeter Optiker, berühmt für Präzision und Qualität. Nanjing Dong Lu 456 (南京东路456号)

Yong'an Kaufhaus 永安百货. Seit 1918, bekannt für Kleidung, Kosmetik und Schmuck. Nanjing Dong Lu 635, nahe Zhejiang Lu (南京东路635号, 靠近浙江中路), Tel. 021 63 22 44 66, www.yongan.sh.cn/

ESSEN UND TRINKEN

Food Fusion. Beliebtes Restaurant mit authentischer malayischer Küche. 11–22 Uhr, 4. Etage Metropolitan Plaza, Nanjing Dong Lu 300, nahe Henan Zhong Lu (南京东路300号4楼, 近河南中路), www.myfoodfusion.com

Hou Wei 厚味香辣馆. Frische und günstige Gerichte aus der scharfen Sichuan-Küche, sehr beliebt. 11–22 Uhr, 8. Etage Shimao Intern. Plaza, Nanjing Dong Lu 819 (南京东路819号百联世茂8楼, 近西藏中路), Tel. 021 64 28 27 77, www.howway.com.cn

ÜBERNACHTEN

Jinjiang Metropole Classiq Hotel Off Bund 锦江都城南京东路外滩经典酒店. 1930 eröffnet, 2014 frisch renoviert. Jiangxi Zhong Lu 180 (江西中路180号 (福州路路口), Tel. 021 63 21 30 30, www.metropolehotel-sh.com

Das ehemalige Wing On-Kaufhaus

PEOPLE'S SQUARE UND JING'AN

17 People's Square
人民广场
Das Zentrum Shanghais

Wenn es überhaupt ein Zentrum in Shanghai gibt, dann ist das der Volksplatz. Hier konzentrieren sich nicht nur Kultur, Kommerz und Politik, von hier aus wird auch der Takt der Stadt bestimmt. Neben der Stadtregierung sind auf dem knapp zwei Quadratkilometer großen Areal das Shanghai-Museum, Kunstmuseen und das Stadtplanungsmuseum untergebracht, daneben befinden sich Theater, Kino, Park und Einkaufszentren.

Wer am People's Square aus der Metro steigt, gewinnt schnell den Eindruck, dass sich halb Shanghai genau an diesem einen Ort zusammengeschart hat. Unfassbar sind die Menschenmassen, die zu einem der 20 Ausgänge oder zu den drei Metro-Linien strömen. Unglaublich die Ausmaße, die die unterirdische Stadt aus Gleisen, Wegen zwischen

Oben: Blick auf den Volkspark
Unten: Die Urban Planning Exhibition Hall östlich des Rathauses zeigt, wie sich Stadtplaner Shanghai in naher Zukunft vorstellen.

MAL EHRLICH

SPUCKENDE CHINESEN

Zu den unvermeidlichen Situationen, die dem Touristen begegnen, gehören Chinesen, die sich mit dem Geräusch einer kaputten Cappuccino-Maschine den Rachen reinigen, um sich dann auf höchst unappetitliche Art des Ergebnisses ihrer lautstarken Bemühungen zu entledigen. Die Unart des Spuckens ist in Shanghai so weit verbreitet wie in Deutschland auf dem Fußballfeld oder bei Jugendlichen an der Bushaltestelle. Trotzdem sollte man nicht verallgemeinern: Sehr viele Chinesen finden das genauso eklig wie die Mehrzahl der Ausländer.

People's Square

Drehkreuzen, Fahrkartenschaltern, kleinen Läden und Einkaufszentren hat. Und unbegreiflich, wie sich dieses ameisenhafte Durcheinander organisiert. Aber es funktioniert. Mindestens acht Millionen Menschen befördert die Shanghaier Metro täglich – ein nicht unerheblicher Teil davon sammelt sich am Volksplatz. Hier läuft vieles zusammen, auch oberhalb der Metro auf dem Volksplatz selbst. Müsste man Shanghai an einem Tag verstehen, wäre der People's Square ein hervorragendes Studienobjekt, bietet er als Zentrum Shanghais doch fast alles, was diese Stadt ausmacht.

Geografischer und politischer Mittelpunkt

Mit dem Sitz der Stadtregierung, die von hier aus mit rund 2500 Beschäftigten die Geschicke von Shanghai bestimmt, ist der Volksplatz das Zentrum der urbanen Macht. Die Marke für den Kilometer null der vier Nationalstraßen 312, 318, 320 und 204 liegt in der Renmin Avenue (Remin Da Dao) am People's Square, der der Standard-Referenzpunkt für Entfernungsmessungen in Shanghai ist und auch geografisch als Zentrum der Stadt definiert wird.

Der Platz, einst als Aufmarschgebiet für Militärparaden und Propagandaveranstaltungen konzipiert, wurde ursprünglich ab 1862 von den Kolonialmächten als Pferderennbahn genutzt. Während des Kriegs mit Japan (1937–1945) diente das Areal den japanischen Besatzern und dann während des Bürgerkriegs (1946–1949) amerikanischen Truppen als Barackenlager, bevor es 1951 zum Volksplatz umgestaltet wurde. Paraden und Kundgebungen finden hier kaum noch statt, die Propaganda ist der Kultur und der Lebensfreude gewichen – längst hat Shanghai neue Prioritäten gesetzt.

AUTORENTIPP!

»SKY DOME BAR«
Der Dachaufsatz des »Radisson-Hotels« am Volksplatz gehört zu den Gebäuden, die Assoziationen an fliegende Untertassen wecken und schon deshalb neugierig machen. Wer den Weg dort hinauf findet, wird mit einem Blick auf den People's Square und die Wolkenkratzerlandschaften in der Umgebung belohnt. So recht angesagt ist die »Sky Dome Bar« nicht, wenn man Zeit mitbringt und bei der guten Aussicht in Ruhe ein paar Drinks genießen will, kann sie aber gerade deshalb ein lohnender Tipp sein. Wenn man früh kommt, hat man die futuristisch anmutende Bar fast für sich allein. Ab 21.30 Uhr spielt die hauseigene Liveband, die am späteren Abend zu ansprechender Form aufläuft.

Radisson Blu Bar im Radisson Blu Hotel New World 星空酒吧上海新世界丽笙大酒店. 18–2 Uhr, Musik, Show Mo–Sa 21.30–1.20 Uhr, Nanjing Xi Lu 88 (南京西路88号), Tel. 021 63 59 99 99, www.radissonblu.cn

Von der »Sky Dome Bar« ist ein guter Ausblick gewährleistet.

Oben: Das Shanghai Museum gehört zu den bedeutendsten Museen seiner Art in China.
Mitte: Tausende Exponate führen durch die chinesische Kulturgeschichte.
Unten: Kunstvolle Arbeit aus Jade

PEOPLE'S SQUARE UND JING'AN

Die Stadt der Zukunft

Welche das in Bezug auf die Stadtplanung sind, lässt sich wunderbar anschaulich in der Urban Planning Exhibition Hall erfahren, die östlich des Rathauses steht. Das Museum – wegen der stilisierten Blüte auf dem Dach auch »Haus der weißen Magnolie« genannt – gilt als das größte seiner Art weltweit. Hier wird das neue Shanghai präsentiert, aber auch ein Blick auf die Vergangenheit geworfen. Sogar ein genaues Bild von der Metropole in der nahen Zukunft können sich die Besucher vor dem riesigen Modell in der dritten Etage machen. Es verdeutlicht nicht nur die Ausmaße der 23-Millionen-Stadt, sondern verrät auch, dass bis 2020 von den meist baufälligen Siedlungen, die heute noch in großen Teilen das Bild in der Altstadt bestimmen, nicht mehr viel übrig bleiben soll. Manche Shanghaier befürworten das. Andere befürchten jedoch zu Recht, dass mit den maroden Häusern, in denen die Bewohner unter teilweise extrem schwierigen Bedingungen leben, auch ein weiteres Stück des urbanen Lebens verloren gehen wird. So oder so: Am Ende des gigantischen Masterplans soll die Stadt der Zukunft stehen.

Das Große Theater

Westlich des Rathauses ist das 1998 fertiggestellte Shanghai Grand Theatre von außen und wegen seiner Eleganz unbedingt auch von innen einen Blick wert. Die Form des Gebäudes will sich an das chinesische Zeichen für Kunst (艺 yi) anlehnen. Mit seinen 1800 Plätzen im großen Theater und zwei weiteren Bühnen mit 750 und 300 Plätzen gehört es zu den wichtigsten Veranstaltungsorten Shanghais, unter anderem für Opern, Konzerte und Ballett. Das Haus genießt auch international bei renommierten Künstlern einen ausgezeichneten Ruf.

People's Square

Schätze im Shanghai Museum

Das kann auch das Shanghai Museum von sich behaupten. 1952 gegründet, ist es 1996 in den außergewöhnlichen Bau im Süden des Volksplatzes umgezogen. Die Form des Gebäudes erinnert an einen antiken Kessel – das im Museum ausgestellte Bronzegefäß Da Ke Ding bietet dem Besucher den direkten Vergleich –, will aber vor allem mit dem eckigen Grundriss und dem runden Dach die einstige chinesische Vorstellung von einer quadratischen Erde und einem runden Himmel abbilden. Damit überbrückt die Architektur des Museums rund 5000 Jahre chinesische Kulturgeschichte. Richtig beeindruckend wird die Zeitreise in die chinesische Historie durch die gelungene Präsentation der kostbaren Exponate. Rund eine Million Objekte – darunter etwa 120 000 herausragende, die zu nationalen Kulturschätzen zählen – haben die Kuratoren zusammengetragen und das Museum zu einem der bedeutendsten und besten chinesischen Museen seiner Art gemacht. Langweilig wird es hier nicht, zehn Themen- und Ausstellungsbereiche laden zu einer ausgedehnten Besichtigung ein. Zwischen antiker Bronze, Keramik, Jade und Skulpturen kann man Stunden damit verbringen, die Kunstfertigkeit zu bewundern, mit der die zum Teil mehrere Tausend Jahre alten Stücke gefertigt sind. Spannend sind aber beispielsweise auch die Porzellansammlung aus der Qing-Dynastie (1644–1911), die Kalligrafien und die Sammlung von Möbeln aus der Ming-Zeit (1368–1644) und der Qing-Dynastie.

Heiratsmarkt im Volkspark

1952 angelegt, bietet der Volkspark im Norden des Areals alle Freizeit- und Erholungsmöglichkeiten, die sich auch in anderen Grünanlagen der Stadt finden lassen. Was diesen Park aber vor allem spannend macht, ist der Heiratsmarkt am Wo-

AUTORENTIPP!

»BARBAROSSA«
Der Volksplatz ist nicht unbedingt als Gourmetmeile bekannt, einige gute Restaurants gibt es dennoch. Eines der besten im Umkreis ist eindeutig das »Barbarossa« mitten im Volkspark, direkt am See. Schon die Lage macht es zur Oase in der hektischen Großstadtwüste. Das Haus, das in Baustil und Einrichtung an einen kleinen marokkanischen Palast erinnert, punktet mit guter mediterraner Küche, einem Außenbereich mit Seeblick, außergewöhnlicher und stimmungsvoller Atmosphäre und guten Cocktails in der netten Bar-Lounge. Der schönste Platz ist die Dachterrasse in der dritten Etage, die unbedingt mehr als einen Besuch wert ist. Insgesamt gilt das aber für alle Angebote des Hauses, in dem man vom Mittag- bis zum Abendessen und dem anschließenden Longdrink zu jeder Tageszeit gut aufgehoben ist.

Barbarossa Restaurant & Lounge.
1–23 Uhr, Nanjing Xi Lu 231 (南京西路231号), Tel. 021 63 18 02 20, www.barbarossa.com.cn

Das »Barbarossa« erinnert an einen kleinen marokkanischen Palast.

chenende. Hier preisen besorgte Eltern und Großeltern ihre Sprösslinge an und versuchen, sie unter die Haube zu bringen.

Traditionell sollten die Shanghaier spätestens mit 30 verheiratet sein, vor allem die Frauen nach Möglichkeit früher, ansonsten – so die landläufige Überzeugung – muss offenbar etwas falsch gelaufen sein. Wer keine Zeit oder Lust hat, selbst den Partner fürs Leben zu finden, wird von den Eltern – die bei der Lebensplanung ihrer Kinder oft auch weit nach deren 20. Lebensjahr ein gehöriges Wort mitreden – freundlich, aber nachdrücklich dabei unterstützt. Der durch die Familie aufgebaute Druck kann als ebenso zwingend empfunden werden wie das sogenannte »Ticken der biologischen Uhr«. Ehen werden daher nicht selten über Bekannte der Familie angebahnt. Alternativ wird der Nachwuchs manchmal auf dem Heiratsmarkt beworben, wobei das »Angebot« meist auf die nachprüfbaren Fakten wie Alter, Gewicht, Ausbildung und Einkommen beschränkt wird. Der Rest ergibt sich – oder zum Leidwesen der Eltern eben auch nicht –, wenn sich das von den Eltern ausgewählte Wunschpaar kennenlernt. Mehr und mehr junge Menschen versuchen allerdings inzwischen, sich dem Familiendruck zu entziehen und bleiben lieber Single – im Zweifel arrangiert man sich aber dennoch oft mit dem Wunsch der Eltern, denn mit der Familie überwirft man sich nicht.

Oben: Manchmal werden Ehen über den privaten Heiratsmarkt im Volkspark angebahnt.
Unten: Das Shanghai Museum weiß auch architektonisch zu überzeugen.

People's Square

Infos und Adressen

SEHENSWÜRDIGKEITEN

Anfahrt für alle Ziele: Metro 1, 2, 8 People's Square

Shanghai Museum 上海博物馆. 9–17 Uhr, Renmin Da Dao 201 (人民大道201号), Tel. 021 63 72 35 00, www.shanghaimuseum.net, Metro Exit 1

Shanghai Grand Theatre 上海大剧院. 9–20 Uhr, Renmin Da Dao 300, nahe Huangpi Bei Lu (人民大道300号, 近黄陂北路), Tel. 021 63 86 86 86, Tickets 021 63 72 87 02, www.shgtheatre.com, Metro Exit 11

Moore Memorial Church 沐恩堂. Gebaut im Jahr 1887, erweitert 1931. Während der Kulturrevolution geschlossen, ist die Methodistenkirche seit 1979 wieder eröffnet. So 7.30, 9, 14, 19 Uhr, Xizang Lu 316/Hangkou Lu (西藏中路316号), Tel. 021 63 22 50 69, www.jidujiao.com, Metro Exit 14

Shanghai Urban Planning Exhibition Center 上海城市规划展示馆. Di–Fr 9–17 Uhr, Sa, So 9–18 Uhr, Renmin Da Dao 100 (人民大道100号), Tel. 021 63 18 44 77, www.supec.org, Metro Exit 2, 3

Hotel mit Geschichte: das »Pacific«

Park Hotel. 1934 der erste Wolkenkratzer der Stadt. Nanjing Xi Lu 170 (南京西路170号), Tel. 021 63 27 52 25, www.parkhotelshanghai.cn, Metro Exit 8

Museum of Contemporary Art MOCA 上海当代艺术馆. Zeitgenössische Kunst und modernes Design. So–Do 10–18, Fr, Sa 9–19 Uhr, Nanjing Xi Lu 231 (南京西路231号), Tel. 021 63 27 99 00, www.mocashanghai.org

ESSEN UND TRINKEN

In der **Huanghe Lu** (黄河路) im Norden des Volksplatzes gibt es Dutzende Restaurants aller Preisklassen und Größen, die meisten sind auf Shanghaier Küche und Meeresfrüchte spezialisiert. Empfehlenswert ist unter anderen trotz seiner Wartehallen-Atmosphäre das beliebte kantonesische Lokal:

Xing Hua Lou 杏花楼黄河店. 10–22 Uhr, Huanghe Lu 21 3.–4. Etage (黄河路21号), Tel. 021 57 57 57 77

ÜBERNACHTEN

Pacific Hotel 金门大酒店. Berühmtes Hotel aus dem Jahr 1920, gute Lage, gute Ausstattung, annehmbare Preise. Nanjing Xi Lu 108 (南京西路108号), Tel. 021 63 27 62 26, www.pacific.jinjianghotels.com

Zweckmäßige Atmosphäre im »Xing Hua Lou«

PEOPLE'S SQUARE UND JING'AN

18 Jing'An-Tempel
静安寺
Tradition und Gegenwart

Betriebsam geht es zu im Jing'An-Bezirk nördlich der Yan'an Lu. Der Distrikt ist Einkaufs-, Handels- und Touristenzentrum zugleich. Den Mittelpunkt bildet der buddhistische Jing'An-Tempel, nach dem die Gegend benannt ist. Goldglänzend steht er zwischen hochgewachsenen Bürotürmen und Einkaufszentren aus Stahl und Glas – und zeigt, dass die Tradition in der Gegenwart angekommen ist.

Rund um den Tempel tobt das Shanghaier Leben, Scharen von Büroangestellten im Businessdress eilen durch die stark befahrenen Straßen, Powershopper ziehen von Kaufhaus zu Kaufhaus, und abends machen sich Angestellte und ein guter Teil der rund 300 000 Bewohner des Distrikts auf den Weg zu einem der zahlreichen Restaurants. Stahl und verspiegelte Glasfassaden bestimmen das Bild. Dazwischen befinden sich die kulturellen und

Oben: Kontrast: Der Jing'An-Tempel sticht aus der geschäftigen und modernen Umgebung hervor.
Unten: Ein Relief im Tempel erzählt die Geschichte Buddhas.

MAL EHRLICH

AMPELN BEACHTEN!
So wie in Shanghai viele Autofahrer über grüne Fußgängerampeln donnern, schlängeln sich Fußgänger selbst mit Kindern oft auch bei Rot durch den Verkehr. Theoretisch durchaus gültige Regeln betrachten die meisten Verkehrsteilnehmer nur als Vorschlag. Sie laufen oder fahren drauflos und verlassen sich darauf, dass der andere hält oder ausweicht. Meistens funktioniert das auch erstaunlich gut. Zur Nachahmung ist es trotzdem nicht empfohlen, nicht nur weil klar ist, wer im Zweifel das Nachsehen hat.

Jing'An-Tempel

kolonialen Erbschaften wie der Jing'An Tempel, alte Shikumen-Siedlungen und frühere Residenzen – zumeist runderneuert und an die Umgebung angepasst.

Tempel der Ruhe und des Friedens

Etwas kurios wirkt es schon, wenn der Blick aus dem Innenhof des Jing'An-Klosters auf die Fassaden der umstehenden Wolkenkratzer fällt. Dass Tradition und Moderne in Shanghai Hand in Hand gehen, wird kaum irgendwo so deutlich wie hier. Der Tempel der Ruhe und des Friedens ist einer der traditionsreichsten der Stadt und gehört zu den wichtigsten buddhistischen Glaubensstätten Chinas. Die Legende besagt, dass er bereits zur Zeit der Drei Reiche (220–265) an den Ufern des Wusong erbaut wurde. Während der Südlichen Song-Dynastie (1127–1279) wurde er an seinen jetzigen Standort verlegt und entwickelte sich zu einem der großen buddhistischen Zentren des Reiches. In der Qing-Dynastie (1644–1911) wiederholt zerstört und neu errichtet, wurde der Tempel während der Kulturrevolution zu einer Fabrik umfunktioniert, bei einem Brand zerstört und in den 1980er-Jahren sukzessive wieder aufgebaut, bevor er zu Beginn des neuen Jahrtausends im heutigen Glanz erstrahlte.

Üppig vergoldet, besticht die Konstruktion aus Holz und Beton durch Kontraste und reiche Verzierungen. Im geräumigen Innenhof brennen die Besucher ihre Räucherstäbchen ab und versuchen, Geldstücke in den hohen, dreibeinigen Kessel in der Mitte zu werfen. Dem Erfolgreichen soll das Glück winken. In den drei Hallen, die vom Hof aus zugänglich sind, stehen drei beeindruckende Statuen. Die große Halle im Zentrum, die über eine hohe Treppe zugänglich ist, beherbergt eine rund

AUTORENTIPP!

SHIKUMEN-SIEDLUNG SIMING CUN

Die ältesten Shikumen Shanghais entstanden zwischen 1869 und 1910, die letzten wurden zwischen 1919 und 1930 gebaut. Im Unterschied zu den frühen Siedlungen waren die Gebäude des neuen Typs meist dreistöckige Betonkonstruktionen und zum Teil mit sanitären Anlagen und Beleuchtung ausgestattet. Unter den vielen alten Wohnanlagen Shanghais haben die der späten Periode die Jahrzehnte am besten überdauert. Gut erhalten und sehenswert ist die zwischen 1922 und 1928 von der Siming-Bank für ihre Angestellten gebaute Siedlung Siming Cun in der Nähe des Shanghai Exhibition Center. Die Anlage, in der auch Literaten und Prominente Shanghais gewohnt haben, vermittelt noch heute einen guten Eindruck vom Leben in den einst typischen Wohnsiedlungen Shanghais.

Siming Cun 四明村**.** Zugang über Yan'an Lu 913 oder Julu Lu 624

Authentisch: Alltagsleben in der gut erhaltenen Shikumen-Siedlung

PEOPLE'S SQUARE UND JING'AN

sechseinhalb Meter hohe silberne Buddhastatue auf einem zwei Meter hohen Lotos. Dahinter ein Relief, das die Geschichte Buddhas erzählt. In der linken Seitenhalle ein weiterer Buddha, die Jadefigur ist knapp vier Meter hoch. In der rechten Seitenhalle steht die Göttin der Barmherzigkeit, Guanyin: sechs Meter groß und aus einem Stück 1000-jährigem Kampferholz gefertigt. Im Glockenturm links vom Eingang sind eine drei Meter große Trommel und eine ebenso hohe Glocke untergebracht. Die Kupferglocke aus der Ming-Dynastie wird zu Neujahr geschlagen. Zudem liegt hier ein sechs Meter tiefer Brunnen, bei den Renovierungsarbeiten um die Jahrtausendwende hat man die Yong-Quelle wiederentdeckt.

Marble Hall und Exhibition Center

Wegen seiner Lage und Beliebtheit ist der Tempel oft überlaufen, Ruhe findet man hier selten. Beschaulich geht es im gegenüberliegenden Jing'An-Park zu, der mit alten Bäumen für Tierliebhaber auch wegen der vielen Katzen, die hier zu Hause sind und von den Anwohnern versorgt werden, einen kleinen Spaziergang lohnt. Einen Blick wert ist der Shanghaier Kinderpalast westlich vom Park. Das ab 1924 errichtete Gebäude mit dem herrschaftlichen Säuleneingang diente der Familie des Geschäftsmanns Elly Kadoorie (1867–1944) als Wohnsitz. Den Namen Marble Hall erhielt es wegen der reichen Innenausstattung aus kostbarem italienischem Marmor. Heute gibt es hier Sport-, Musik- oder Kunstkurse für Shanghaier Kinder. Nicht minder beeindruckend ist das östlich vom Park liegende bombastische Shanghai Exhibition Center, das als Zeichen der sowjetisch-chinesischen Völkerfreundschaft 1954/55 errichtet wurde, anlässlich einer Ausstellung über die Errungenschaften der Sowjetunion.

Oben: Weithin leuchtet die üppig vergoldete Tempelkonstruktion
Unten: Im Innenhof des Jing'An-Tempels brennen die Gläubigen Räucherstäbchen ab und bitten um Beistand. Glück soll es bringen, wenn es gelingt, ein Geldstück in den hohen Kessel zu werfen.

Jing'An-Tempel

Infos und Adressen

SEHENSWÜRDIGKEITEN

Jing'An Temple 静安寺. 7.30–17 Uhr, Nanjing Xi Lu 1686 (南京西路1686号), Tel. 021 62 56 63 66, www.shjas.org/cn, Metro 2, 7 Exit 1

Jing'An Park 静安公园. 5–19 Uhr, Huashan Lu 189/Nanjing Lu (华山路189号,南京路)

Children's Palace. Besichtigung nur nach Voranmeldung. Mo–Fr 8.30–17.30 Uhr, Yan'an Xi Lu 64, nahe Wulumuqi Lu (延安西路64号, 近乌鲁木齐路), Tel. 021 62 49 28 56, www.cwikids.org

Shanghai Exhibition Center 上海展览中心. Nur bei Messen zugänglich. Yan'an Zhong Lu 1000 (延安中路1000号), Tel. 021 22 16 22 16, www.shzlzx.com.cn

Hotel Hengshan Moller Villa 马勒住宅. Einst Märchenvilla des Kaufmanns Eric Moller, heute Luxushotel. Shanxi Nan Lu 30 (陕西南路30号). Tel. 21 62 47 88 81, www.mollervilla.com

ESSEN UND TRINKEN

Su Zhai 素斋. Vegetarisches Restaurant im Jing'An Tempel. Nanjing Xi Lu 1686 (南京西路1686号)

Akrobatik vom Feinsten im Shangcheng Centre Theater

Bali Laguna 巴厘岛. Beliebt, indonesische Küche mit sehr gutem Ruf im Jing'An Park, direkt am Seerosenteich. 11–2.30 Uhr, Huashan Lu 189 (华山路189号), Tel. 021 62 48 69 70, www.balilaguna.com

Coconut Paradise 椰香天堂. Beste thailändische Küche. 11.45–14, 17–23 Uhr, Fumin Lu 38 (富民路38号), Tel. 021 62 48 19 98, www.lostheaven.com.cn

Wooden Box Cafe (木盒子咖啡馆**).** Kaffee und Drinks bei Livemusik, nette Atmosphäre. 10–1.30 Uhr, Qinghai Lu 9, nahe Nanjing Xi Lu (静安区青海路9号, 近南京西路), Tel. 021 52 13 29 65

ÜBERNACHTEN

Paramount Gallery Hotel 百乐门精品酒店. Durchschnittliche Preise, gute Lage. Nanjing Xi Lu 1728 (南京西路1728号), Tel. 021 52 53 98 88, www.paramount-gallery-hotel.com

AKTIVITÄTEN

Shangcheng Centre Theatre 上海商城. Hervorragende Akrobatik, gute Alternative zur Shanghaier Zirkuswelt im Norden. NanjingXi Lu 1376, nahe Xikang Lu, Raum 353 (南京西路1376号, 近西康路), Tel. 021 62 79 71 32, www.shanghaicentre.com

Meistens Top, manchmal Flop: das »Bali Laguna«

PEOPLE'S SQUARE UND JING'AN

19 Beijing Lu 北京路
Kneipen und Kapellen

Lebensadern des modernen Jing'An Distrikts sind die Umgebung um den Jing'An-Tempel und die Nanjing Lu. Nördlich davon geht es weniger geschäftig und touristisch zu, einige wenige architektonische Spuren der einstigen internationalen Konzession laden aber zu einem kleinen Spaziergang ein. Freunde belebter Kneipenkultur finden östlich des Tempels in der Tongren Lu einige legendäre Bars im Vergnügungsviertel.

Die nördlich vom Jing'An-Park verlaufende Beijing Lu ist touristisch eher uninteressant. Als Zentrum für Unternehmen, die sich auf Maschinenteile spezialisiert haben, zeugt die Straße von der Geschichte von Jing'An als Industrie- und Handelsstandort. Schon zu Beginn des 20. Jahrhunderts konzentrierten sich am Westabschnitt der Beijing Lu Metall- und Eisenwarenhändler. Zwischen den tristen Handels- und Bürohäusern versteckt sich dennoch eine Handvoll historischer Schätze, die einen kleinen Spaziergang abseits der Touristenwege lohnen. Die Tour lässt sich mit der Besichtigung des Jing'An-Tempels gut verknüpfen. Abends bietet sich dann der Besuch des nahe gelegenen Kneipenviertels an.

Weltliche Kultstätten in der Tongren Lu ...

Noch vor einigen Jahren drängten sich in der Tongren Lu Bars und Clubs dicht an dicht. Im Zuge der Expo wurden viele geschlossen, vor allem die eher zwielichtigen. Die Straße hat dem Nachtschwärmer aber noch immer einiges zu bieten. Direkt an der Ecke zur Yuyuan Lu liegt das bei

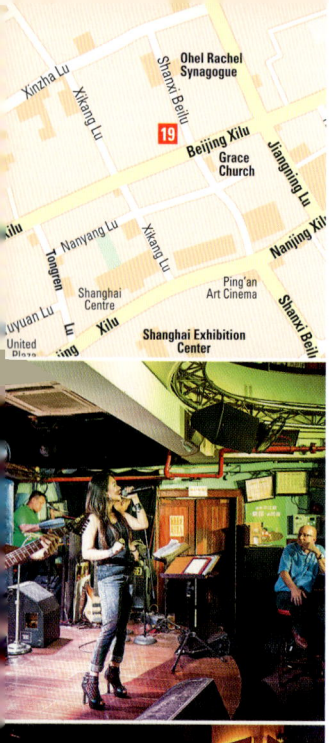

Oben: Die philippinische Liveband im »Malones« sorgt regelmäßig für gute Stimmung.
Unten: Rund um die Tongren Lu gibt es eine lebhafte Kneipenszene.

Beijing Lu

Ausländern beliebte »Malones«. Die amerikanische Musikkneipe ist eine der ältesten Shanghais – neben der Legende »Judy's«, die 1993 die erste Bar Shanghais überhaupt war. Außer Burgern, die den aufkommenden Hunger stillen, gibt es hier Bier vom Fass, eine philippinische Band, die mit Livemusik unterhält und – wie in den meisten Kneipen Shanghais – die Möglichkeit, Billard zu spielen.

... geistliche in der Shaanxi Lu

Andachtsvoller geht es in der Grace Church an der Ecke Shaanxi Lu und Beijing Lu zu. Die 1910 erbaute protestantische Kirche ist leider nur an Wochenenden geöffnet. Wer Glück hat, findet aber das Gartentor offen oder sieht den hilfsbereiten Gärtner, der zumindest einen näheren Blick erlaubt. Der mit alten Gebäuden atmosphärisch netten Shaanxi Lu von hier aus Richtung Norden folgend, gelangt man zu einem weiteren Gotteshaus. Die an der Hausnummer 500 liegende Ohel-Rachel-Synagoge ist neben der Ohel-Moishe-Synagoge im ehemaligen jüdischen Ghetto (siehe S. 196) die einzige erhaltene jüdische Gebetsstätte Shanghais. Die 1920 gebaute Synagoge war bis 1952 die größte Asiens. Zwischendurch als Warenlager missbraucht, wurde sie 1988 renoviert und restauriert, konnte aber dennoch bis 2010 ausschließlich von außen besichtigt werden. Zur Expo wurde sie wieder eröffnet, und die jüdische Gemeinde betont, dass zum Sabbat am Freitag auch Touristen willkommen sind.

Wer mag, stöbert noch in den angrenzenden Straßen, in denen es aber außer einigen alten Wohnanlagen nicht mehr viel zu entdecken gibt. Der Kunstinteressierte geht zurück zur Beijing Lu, über die in Richtung Osten der ansehnliche, sehr schön angelegte und auch für Kinder gut geeignete Jing'An Sculpture Park zu erreichen ist.

Infos und Adressen

SEHENSWÜRDIGKEITEN

Grace Church 怀恩堂. Shaanxi Bei Lu 375 (陕西北路375号), Sa, So 9–17 Uhr, Tel. 021 62 53 93 94

Ohel Rachel Synagogue Besuchszeiten und Registrierung auf der Internetseite. Shaanxi Bei Lu 500 (陕西北路500号), www.chinajewish.org

Jing'An Sculpture Park 静安雕塑公园. Skulpturen aus mehr als 60 Städten. Shimen Er Lu/Beijing Xi Lu (石门二路128号)

ESSEN UND TRINKEN

Ding Tai Fung 鼎泰丰. Gute taiwanesische Küche. 10.30–22.30 Uhr, Shanghai Centre Nanjing Xi Lu 1376, nahe Tongren Lu (南京西路1376号, 近铜仁路), Tel. 021 62 89 91 82

Lei Garden Seafood Restaurant, 利苑海鲜酒家. Gute Küche in einem typisch chinesischen Restaurant. Kein englischer Service, aber dank der hilfsbereiten Servicekräfte geht es auch mit Händen und Füßen. 11–14, 17–21 Uhr, 26. Etage, Beijing Xi Lu 1068 (北京西路 1068号), Tel. 021 62 56 36 89

Malones American Café. Bar mit Terrasse und Livemusik. 10–2 Uhr, Tongren Lu 255 (铜仁路255号), Tel. 021 62 47 24 00, www.malones.com.cn

Judy's. Bar-Legende mit Livemusik für West (vorwiegend Männer) und Ost (vor allem Frauen), So–Fr ab 11, Sa ab 19 Uhr, Tongren Lu 142–146 (铜仁路142–146号), Tel. 021 62 89 37 15, www.judysco.com.cn

PEOPLE'S SQUARE UND JING'AN

20 Am Wusong River
Umweltschutz und Industriekultur

Stinkend und schwarz, so quälte sich der einst wichtigste Fluss Shanghais noch vor wenigen Jahren durch die Stadt. Der Schutz der Umwelt hat in der bewegten Historie der Volksrepublik jahrzehntelang keine Rolle gespielt. Inzwischen wurden Ökologie und Nachhaltigkeit aber zum Staatsziel erklärt. Auch die neue Nutzung alter Industrieanlagen ist Ausdruck für ein gewachsenes Verständnis.

Bis in die 1980er-Jahre war Umweltschutz in China allenfalls ein wissenschaftliches Thema, im täglichen Leben gab es andere Herausforderungen. Und auch in den Jahren nach der wirtschaftlichen Öffnung stand Umweltschutz ganz weit unten auf der Agenda. Abwässer und Müll wurden kurzerhand in Felder und Flüsse gekippt. In Shanghai verwandelte sich so beispielsweise der Wusong River (Suzhou Creek) in eine Kloake. Doch die teilweise massive Beeinträchtigung der Lebensqualität führte zu einem Umdenken bei großen Teilen der Bevölkerung. Shanghai soll wieder grüner werden.

Umweltprojekt Mengqing-Park

Ein erster Ausdruck des neuen Denkens war ein bereits 1998 groß angelegtes Projekt zur Wiederherstellung der Wasserqualität des Wusong. Teil davon war der 2004 entstandene Mengqing-Park, der mit seinen unterirdischen Wassertanks auch zur Regulierung der Wassermassen und zur Unterstützung der natürlichen Reinigungsfähigkeit des Flusses konzipiert wurde. Elf Jahre hat es gedauert, bis der Wusong wieder ein annehmbares Gewässer

Oben: Entspannen zwischen Kunst: Vor 11 Uhr ist im M50 Creative Park meist nicht viel los.
Unten: Rund 130 Galeristen und Künstler haben an der Moganshan Lu eine Heimat gefunden.

Am Wusong River

war. Das sauberste ist es immer noch nicht, aber man kann heute – beispielsweise von einem Anleger in der Nähe des Parks – wieder Bootsfahrten unternehmen und sich an alten Warenhäusern und neuen Wohnanlagen vorbei zum Bund schippern lassen, ohne die Nase rümpfen zu müssen. Der Mengqing-Park lohnt mit seiner Mischung aus östlicher und westlicher Gartenarchitektur einen Besuch. Im angeschlossenen Museum werden Gewässer- und Umweltschutz thematisiert. Mit dem »Pier One Hotel«, das in einer ehemaligen Bier- und Flaschenfabrik untergebracht ist, bietet der Park zudem einen kleinen Einblick in die frühere Industriearchitektur Shanghais und zeigt, wie alte Fabriken und Warenhäuser sinnvoll umgestaltet statt abgerissen werden können.

Künstlerviertel M50

Diesem Gedanken folgt die Stadt seit einiger Zeit auf breiter Linie, vor allem entlang des Wusong. In einer alten Textilfabrik in der Aomen Lu befindet sich zum Beispiel das interessant gemachte Textilmuseum. Das wohl populärste Beispiel für die kreative Nutzung alter Fabriken liegt mit dem M50 ebenfalls ganz in der Nähe. Benannt nach seiner Lage an der Moganshan Lu 50, hat die Shanghaier Kunstszene hier seit April 2004 einen neuen Ort. Rund 130 Künstler und Galeristen aus 20 Regionen Chinas sowie anderer Nationen haben sich in den alten Fabrik- und Lagerhallen am Fluss niedergelassen. Mehr als 300 Ausstellungen jährlich zeugen davon, dass das Konzept aufgegangen ist. M50 bietet mit Grafiken, Gemälden, Skulpturen und Fotografien alles, was den Kunstliebhaber begeistert. Einen Besuch lohnen das Künstlerviertel und die Moganshan Lu aber auch wegen der architektonischen Breite der Industriebauten, die die unterschiedlichen Phasen der Entwicklung zwischen 1930 und 1990 abbilden.

Infos und Adressen

SEHENSWÜRDIGKEITEN

M50 Creative Park 创意园. Moganshan Lu 50 (莫干山路50号), 9.30–18.30 Uhr, vor 11 Uhr haben aber die meisten Galerien geschlossen,
Tel. 021 62 66 36 39,
www.m50.com.cn

Mengqing Park 苏州河梦清园.
5.30–21 Uhr (im Sommer), 6.30 bis 19.30 Uhr (im Winter), Yichang Lu 130 (宜昌路130号), www.mengqingyuan.com, Metro 3, 4 Zhongtan Lu

Shanghai Textile Museum 上海纺织博物馆. Hier erfährt man alles, was man über Textilien wissen muss. Aomen Lu 128–150 (澳门路128–150号, 昌化路), Di–So 9.30–16 Uhr,
Tel. 021 62 99 69 69,
www.shtexm.com

EINKAUFEN

Jiangnan Silk Museum 江南丝绸馆. Eines von vielen Seidezentren, die sich Museum nennen, aber verkappte Märkte sind. Immerhin sieht man, wie Seide gesponnen wird. Überzogene Preise, man sollte zäh verhandeln. Aomen Lu 289 (普陀区澳门路289号),
Tel. 021 62 66 03 78

AKTIVITÄTEN

Suzhou River Tour 苏州河游览.
Boote Richtung Westen zum Changfeng-Park und nach Osten zum Bund. Ob sie allerdings zu den angegebenen Zeiten wirklich fahren, ist manchmal Glückssache. Yichang Lu 1250 (宜昌路1250号), Abfahrt ca. 11.15, 13.45, 15.15, 16.45 Uhr, ca. 30 Min., Tel. 40 08 80 08 62

PEOPLE'S SQUARE UND JING'AN

21 Jadebuddha-Kloster
玉佛禅寺
Tempel und Tofu

Neben dem Jing'An-Tempel und dem Longhua-Kloster zählt der Jadebuddha-Tempel zu den bedeutendsten buddhistischen Anlagen Shanghais. Berühmt gemacht haben ihn zwei Buddhafiguren aus weißer Jade, die dem Kloster auch seinen Namen gaben. Der Tempel, der im Nordwesten der Innenstadt bereits im Putuo-Distrikt liegt, ist nicht besonders alt, aber sein Baustil und die beiden Statuen machen ihn zu einer gut besuchten Attraktion.

Die beiden Buddhas fanden 1882 in Shanghai ihre Heimat. Der Mönch Hui Gen brachte sie von einer Pilgerreise aus Birma (Myanmar) mit. Es gibt unterschiedliche Berichte über ihre ersten Jahre in Shanghai: Manche Quellen sagen, dass Hui Gen aus Spendengeldern einen Tempel erbauen ließ, der 1911 zerstört wurde. Andere geben an, dass die buddhistische Gemeinde einen Tempel errichtete, der mehrmals verlegt wurde, bis der Mönch Ke Chang einen neuen bauen ließ. Eine dritte Version spricht davon, dass der heutige Tempel ursprünglich ein Privathaus war, das der Besitzer spendete, um den Statuen Unterschlupf zu bieten. Sicher ist lediglich, dass die kostbaren Figuren mehrere Male umgezogen sind, bis der heutige Tempel ab 1918 entstand und 1928 im historischen Baustil der Song-Dynastie (960–1279) mit den typischen geschwungenen Dächern fertiggestellt wurde.

Zwischen 1949 und 1980 war der Tempel für die Öffentlichkeit nicht zugänglich. Während der Kulturrevolution, die der Tempel unbeschadet über-

Oben: Gläubige im Jadebuddha-Tempel: Rund 1,5 Millionen Besucher zählt das Kloster jährlich.
Unten: Berühmte Buddhastatue: Siddharta Gautama im Jadebuddha-Tempel, sitzend im Moment seiner Erleuchtung. Die Statue ist knapp zwei Meter hoch.

138

Jadebuddha-Kloster

stand, verdienten sich die Mönche ihren Unterhalt mit dem Verkauf von Handwerkskunst. Heute gehört die 1979 gründlich renovierte Anlage zu den wichtigsten und bekanntesten buddhistischen Klöstern Shanghais. Hundert Chan- (Zen-)Mönche sind hier aktiv, rund 1,5 Millionen Besucher zählt das Kloster jährlich – entsprechend voll ist es hier die meiste Zeit. Trotzdem wird es zu Recht als eine »ruhige Oase« bezeichnet.

Himmlische Wächter

Außer den beiden »Berühmtheiten« befinden sich im Tempel einige weitere sehenswerte Buddhastatuen und himmlische Wächter, die eine geheimnisvolle, spirituelle Atmosphäre schaffen. Dazu gehört der chinesische Dickbauchbuddha, der den Besucher in der Halle der Himmelskönige am Eingang des Tempels empfängt. Er gilt als Inkarnation des Zukunfts-Buddhas Maitreya und wird immer lachend dargestellt. Er steht für Nächstenliebe und die Erkenntnis des Dharma (der Vier Edlen Wahrheiten), sein dicker Bauch versinnbildlicht Großzügigkeit und Wohltätigkeit, darüber zu streichen soll Glück bringen. An den Seiten der Halle stehen die Vier Himmelskönige, die die buddhistische Wahrheit vor dem Bösen beschützen. Auf der Rückseite ist Wei Tuo zu sehen, auch bekannt als Skanda, der als Kopf der himmlischen Wächter das Dharma beschützt.

Die Große Buddhahalle

In der hinter dem Innenhof liegenden Schatzhalle des Großen Helden oder Großen Buddhahalle sind mit Buddha Siddharta Gautama in der Mitte, dem Erlöser-Buddha Amitabha zur Rechten und dem Medizin-Buddha Bhaisajyaguru zur Linken drei Buddhastatuen vereint, die von den 20 vergoldeten Schutzgottheiten an den West- und Ostseiten der

---

AUTORENTIPP!

VEGETARISCH ESSEN

Zum Tempel gehört ein Restaurant, das eine große Auswahl an ausgezeichneten vegetarischen Gerichten anbietet. Neben günstigen Nudelgerichten – darunter die populären Pilznudeln – und Dumplings ist die Tempelküche vor allem für ihre vegetarischen »Schinkenspezialitäten« bekannt, die mit »echtem« Fleischgeschmack aufwarten können, aber garantiert aus Tofu sind. Das preiswerte öffentliche Restaurant, das über einen gesonderten Eingang zur Straße verfügt, liegt am Ostende des Tempels in der ersten Etage. Man bezahlt seine Gerichte am Eingang und begibt sich mit den farbigen Tickets in den Speiseraum, die Speisen werden dann am Tisch serviert. Eine Etage höher liegt ein weiteres Restaurant, das aber deutlich teurer ist.

Yufo Tempel Suzhai 玉佛寺素斋, 6.30–20.30 Uhr, Jiangning Lu 999 (江宁路999号), Tel. 021 62 66 55 96

Im Tempelshop kann man sich mit kunstvollen Mitbringseln eindecken.

Halle begleitet werden. Außerdem stehen hier eine große goldene Guanyin-Statue (auf der Rückseite) sowie in zwei Gruppen 18 goldene Arhate: Schüler Buddhas, die durch die Praxis der buddhistischen Lehre zur Erleuchtung gelangt sind, aber auf den Eintritt ins Nirwana verzichten, um anderen auf ihrem Weg zur Erleuchtung zu helfen.

Die berühmten Jadebuddhas

Die Jadebuddha-Halle befindet sich im Norden der Tempelanlage im Obergeschoss der dritten Haupthalle. Die beiden berühmten Jadeskulpturen zeigen Buddha Shakyamuni (Siddharta Gautama) einmal sitzend, im Moment seiner Erleuchtung, einmal liegend, im Moment seines Eintritts ins Nirwana. Um den knapp zwei Meter großen sitzenden Buddha zu sehen, muss ein gesonderter Eintritt bezahlt werden. Der liegende ist – wie auch der sitzende – aus einem Stück Jade gefertigt und mit Edelsteinen verziert. Er befindet sich in der westlich gelegenen Seitenhalle, wo er zusammen mit einem ebenfalls liegenden, größeren Buddha aus Singapur gezeigt und oft mit diesem verwechselt wird. Die östliche Seitenhalle ist der Göttin der Barmherzigkeit, Guanyin, geweiht. Hier wie auf dem gesamten Areal gibt es weitere sehenswerte Skulpturen, Schnitzereien und andere Kostbarkeiten zu entdecken. Man sollte sich deshalb viel Zeit für den Besuch nehmen.

Oben: Der liegende Siddharta Gautama ist wie der sitzende aus einem Stück Jade gefertigt und mit Edelsteinen verziert.
Unten: Der 1979 gründlich renovierte Jadebuddha-Tempel gehört zu den wichtigsten buddhistischen Klöstern Shanghais.

Jadebuddha-Kloster

Infos und Adressen

SEHENSWÜRDIGKEITEN

Jade Buddha Temple, Yufo Si 玉佛禅寺**.** Seit Juli 2014 wird der Tempel umgebaut. Während der Arbeiten, die zwei Jahre dauern sollen, bleibt der Tempel für Besucher geöffnet, manches wird aber im wahren Wortsinn verschoben: Die aus dem Jahr 1918 stammende Haupthalle wird um 30 Meter nach Norden gerückt, um mehr Platz für Betende zu schaffen. Die Ost- und Westhalle, die teilweise von Insekten befallen sind, werden abgerissen und durch neue Holzgebäude im traditionellen Stil ersetzt. 8–16.30 Uhr, Anyuan Lu 170 (安远路170弄), Metro 7 Changshou Rd (长寿路-地铁站) Exit 5, Tel. 021 62 66 36 68, www.yufotemple.com

ESSEN UND TRINKEN

Shaanxi Bei Lu 陕西北路**.** Im Nordteil der nahe gelegenen Shaanxi Lu, zwischen Xinhui Lu and Changshou Lu, befinden sich Cafés der eingesessenen Ketten »Costa«, »Wagas« und »Bread Talk«, die sich immer für einen Kaffee oder eine Kleinigkeit zwischendurch anbieten. Besonders »Wagas« bemüht sich um gesunde und frische Gerichte.

Gläubige entzünden Räucherkerzen.

Die Haupthalle des Klosters soll um 30 Meter versetzt werden.

Little Sheep 小肥羊(江宁路店)**.** Eines der wenigen mongolischen Restaurants in Shanghai, bekannt für seinen guten Feuertopf (Hotpot). 10.30–2 Uhr, Jingning Lu 777 (江宁路777号长寿路), Tel. 021 65 40 11 77

Shanghai HaiDiLao Hotpot 海底捞火锅长寿路店(上海五店)**.** Die beliebte Kette bietet in allen ihren Hotpot-Restaurants in Shanghai überdurchschnittliche Qualität und guten Service. Changshou Lu 468 (普陀区长寿路468号401室), Tel. 021 62 77 07 01, www.haidilao.com

ÜBERNACHTEN

Intercontinental Shanghai Puxi 上海浦西洲际酒店**.** Modernes, elegantes Businesshotel mit großem, hellem Schwimmbad. Heng Feng Lu 500 (闸北区恒丰路500号), Tel. 021 52 53 99 99, www.intercontinental.com/shanghai

FRANZÖSISCHES VIERTEL UND XUHUI

**22 Rund um den
Fuxing-Park** 复兴公园
Rosen und Revolutionäre   146

23 Changshu Lu 常熟路
Kolonialismus trifft Kultur   154

24 Shanghai Library 上海图书馆
Bücher und Villen   160

25 Tianzifang 田子坊
Künstler- und Vergnügungsviertel   162

26 Huaihai Lu 淮海路
Glamour und Weltstadtflair   164

27 Xujiahui 徐家汇
Katholische Hochburg und
Einkaufsparadies   168

28 Longhua-Tempel 龙华寺
Tempel der Drachenblume   172

29 Rund um den Südbahnhof
Bahn und Bonsais   176

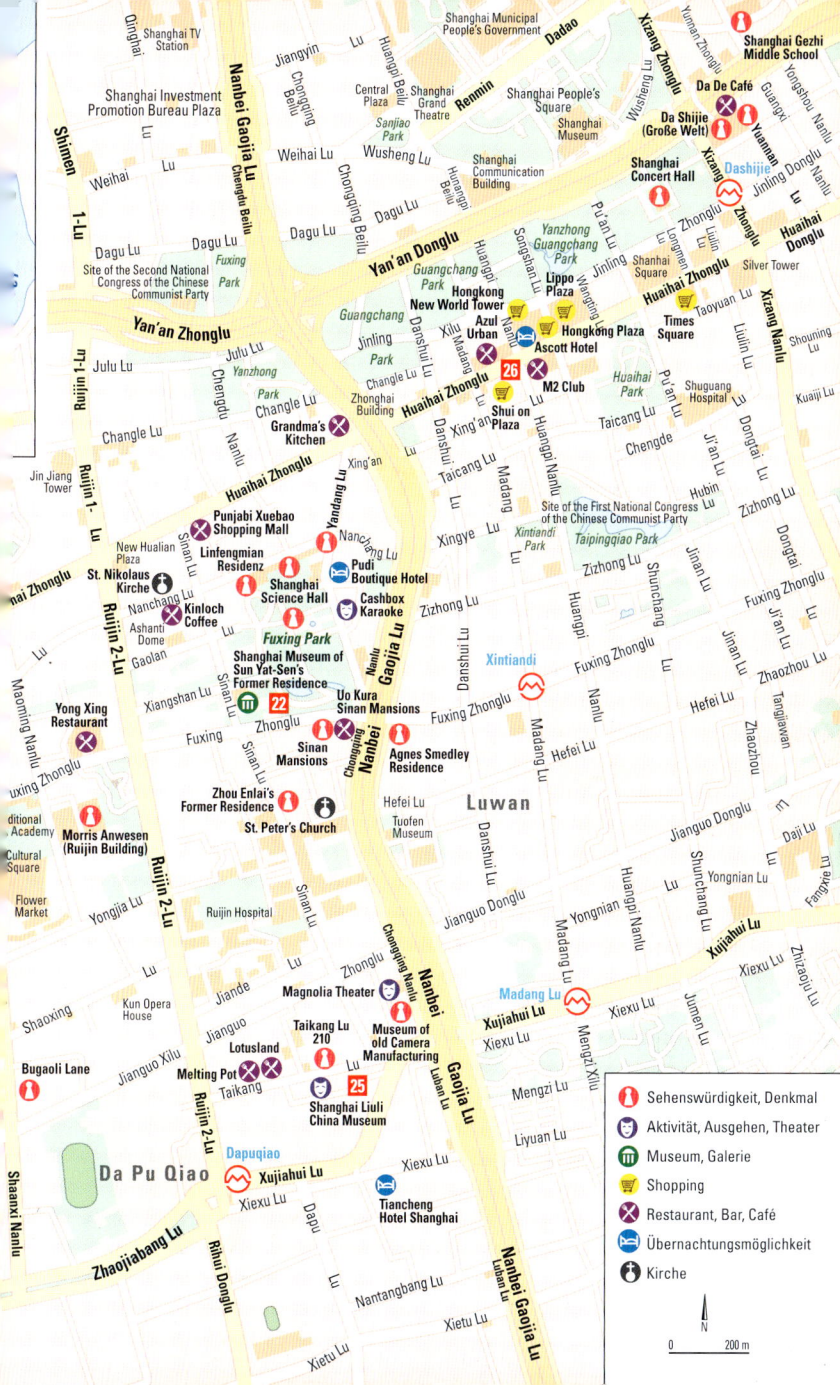

FRANZÖSISCHES VIERTEL & XUHUI

22 Rund um den Fuxing-Park 复兴公园
Rosen und Revolutionäre

Die ehemalige Französische Konzession besticht durch Charme und ein »europäisches« Lebensgefühl. In den von Platanen gesäumten Straßen rund um den Fuxing-Park spürt man das ureigene Flair der Konzession, das neben dem Bund zu Shanghais Beinamen »Paris des Ostens« beigetragen hat. In schicken Villen lebten die Franzosen ihren Sinn für Stil und Eleganz aus, in einigen der Anwesen wurde aber auch Geschichte geschrieben.

Ein bisschen Boheme und französische Lebensart ist immer dabei. Nirgends in Shanghai lässt sich nach Feierabend die Illusion vom eigenen individuellen Lebensstil besser pflegen als in der zehn Quadratkilometer großen ehemaligen Französischen Konzession – und nirgends leben mehr Ausländer. Ursprünglich erhielten die Franzosen 1849 die Erlaubnis, auf einem 0,6 Quadratkilometer großen Gebiet ihre eigene Konzession zu errichten.

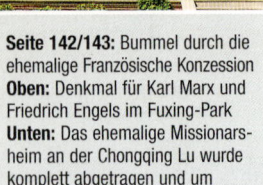

Seite 142/143: Bummel durch die ehemalige Französische Konzession
Oben: Denkmal für Karl Marx und Friedrich Engels im Fuxing-Park
Unten: Das ehemalige Missionarsheim an der Chongqing Lu wurde komplett abgetragen und um 90 Grad gedreht wieder aufgebaut.

MAL EHRLICH

FEUCHTE TÜCHER

In Shanghai muss niemand weiter laufen als 500 Meter, um eine öffentliche Toilette zu finden – so vor einigen Jahren beschlossen und umgesetzt. Leider ist Hygiene oft ein schwieriges Thema. Viele Toiletten sind zwar gut gepflegt, wenn auch oft die Form gewöhnungsbedürftig ist, manche sind hingegen eine heftige Beleidigung für Augen und Nase und unakzeptabel. Zudem gibt es häufig kein Papier. Feuchte Tücher sollte man deshalb immer dabeihaben.

Rund um den Fuxing-Park

Die wurde aber später mehrfach erweitert. Lebensader des französischen Sektors war die Huaihai Lu, seinerzeit Avenue Joffre, Zentrum der besseren Kreise vor allem die heutige Hengshan Lu, die damals noch Avenue Pétain hieß. Aber auch rund um den 1909 angelegten Fuxing-Park vibrierte das Leben. Vor allem zwischen den 1920er- und 1940er-Jahren war die Gegend Sammelbecken für Intellektuelle und Künstler. Mei Lanfang (1894 bis 1961), der mit seiner Gesangs- und Darstellungstechnik der Peking-Oper und sich selbst zu Weltruhm verhalf, war hier genauso zu Hause wie der Philosoph Feng Youlan (1895–1990).

Mit dem Ende der Französischen Konzession, die nach dem Einmarsch der Japaner 1943 offiziell an die chinesische Marionettenregierung in Nanjing übergeben wurde, verlor das Viertel seine kulturelle Bedeutung. Während der Kulturrevolution wurden die leerstehenden Villen bedürftigen Shanghaiern als Wohnraum zugewiesen oder schlicht besetzt. Bis in die späten 1980er- und frühen 1990er-Jahre wurde viel unkontrolliert abgerissen, seit der Jahrtausendwende versucht die Stadtregierung aber eine durchdachtere Planung bei der Sanierung durchzusetzen. Rund um den Fuxing-Park ist noch vieles von der alten Atmosphäre der Vorkriegszeit erhalten, teilweise wurden aber auch hier alte Villen durch »Kopien« ersetzt.

Fake, aber schön: Sinan Mansions

Auf dem Weg von der Metrostation Xintiandi zum Fuxing-Park stößt man an der Ecke Chongqing Lu auf der linken Seite auf das Apartmenthaus, in dem bis 1931 die amerikanische Journalistin Agnes Smedley (1892–1950) lebte. Die Autorin mehrerer Bücher und Freundin von Käthe Kollwitz war 1929 von Berlin nach Shanghai gekommen,

AUTORENTIPP!

DAS MORRIS-ANWESEN

An der Ruijin Lu liegt das äußerst großzügige Morris-Anwesen. In den frühen 20er-Jahren ließ Maurice B. Morris, Enkel des Gründers der *North China Daily News,* hier drei Einzelhäuser, Nebengebäude und 1928 einen Hunderennplatz errichten. Bei der Finanzierung halfen ihm »Großohr« Du Yuesheng, seines Zeichens Kopf der »Grünen Bande«, die Opiumhandel und Bordelle kontrollierte, dessen Komplize »Pockennarben« Huang Jinrong, der gleichzeitig chinesischer Polizeichef der Franzosen war, und französische Bankenvertreter. Diese ehrenwerte Gesellschaft veranstaltete Hunderennen auf dem Canidrome (das nach 1949 abgerissen wurde). Während des Bürgerkriegs bezog die KP Shanghais auf dem Anwesen ihr Hauptquartier. Heute wird es als Hotel genutzt. Unbedingt ansehen!

Shanghai Ruijin Intercontinental
上海瑞金洲际酒店. Ruijin Lu 118
(中国上海市瑞金二路118号),
Tel. 021 64 72 52 22, www.ihg.com

Lobby des »Intercontinental«-Hotels auf dem Morris-Anwesen

FRANZÖSISCHES VIERTEL & XUHUI

Rundgang

Ⓐ Metrostation Xintiandi. Aus Exit 6 gelangt man zur Fuxing Lu, der man nach Westen folgt.

Ⓑ Agnes-Smedley-Wohnhaus. Die amerikanische Journalistin und Autorin mit den guten Kontakten zu den Shanghaier Intellektuellen lebte zwei Jahre im Apartmenthaus Chongqing Lu 185 an der Ecke Fuxing Lu.

Ⓒ Sinan Mansions. Das Gebiet mit den oft nur zweistöckigen Häusern, zieht sich hinter der Fuxing Lu entlang. Das gesamte Viertel wurde 2011 erneuert, heute beherbergen die zahlreichen französischen Villen viele Restaurants und Geschäfte.

Ⓓ Zhou-Enlai-Residenz 中共代表团驻沪办事处纪念馆. Die Residenz beherbergt heute ein Museum, leider ist die Ausstellung nur auf Chinesisch beschriftet, dafür ist der Eintritt frei. 9–11.30, 13–16 Uhr, Sinan Lu 73 (卢湾区思南路73号), Tel. 021 64 73 04 20

Ⓔ Sun-Yat-sen-Residenz 孙中山与梅屋庄吉研究中心. An der Ecke zur Xiangshan Lu steht das originalgetreu eingerichtete Wohnhaus von Song Qingling. Es vermittelt einen Eindruck vom Wirken des Revolutionsführers und dem bürgerlichen Leben der 1930er-Jahre. Englischsprachige Audoguides verfügbar. 9–16.30 Uhr, Xiangshan Lu 7 (香山路7号), Tel. 021 64 37 29 54

Ⓕ Sankt-Nikolaus-Kirche. Die russisch-orthodoxe Kirche zeugt von der Geschichte der zumeist mittellosen Flüchtlinge der russischen Revolution in Shanghai. Sie kann derzeit normalerweise nur von außen besichtigt werden. Gaolan Lu (皋兰路)

Ⓖ Fuxing-Park. Der schöne Park lädt dazu ein, sich nach einem kurzen Rundgang ein ruhiges Plätzchen zu suchen und den Shanghaiern beim Tanzen, Singen oder bei der Gymnastik. Apr. bis Juni 5–18, Juli–Sept. 6–19, Okt.–März 6–18 Uhr, Metro 1 Shanxi South Lu oder 10 Xintiandi

Rund um den Fuxing-Park

um auf das Elend des chinesischen Widerstandskampfes aufmerksam zu machen. Während das Wohnhaus noch mehr oder weniger im Originalzustand ist, trifft man nach der Überquerung der Chongqing Lu auf dem Areal der Sinan Mansions seit 2011 nur noch auf Nachbauten der alten Kolonialvillen aus den 1920er-Jahren. Im Umfeld der Fuxing Lu und der Sinan Lu lebte 20 Jahre lang ein guter Teil der intellektuellen und politischen Elite Shanghais. Acht Jahre hat es gedauert, bis die mehr als tausend Bewohner, die sich nach 1949 angesiedelt hatten, mit Abfindungen zum Auszug bewegt werden konnten. Danach wurden die ursprünglich 51 Kolonialvillen abgerissen und neu wieder aufgebaut. Ob an den neuen Gebäuden in der jetzigen luxuriösen Gourmet- und Erlebnismeile noch irgendetwas original ist, lässt sich kaum abschätzen. Mittelpunkt des Areals bildet das glamouröse »Hotel Massenet«, in dem man ab knapp 2000 Euro für eine Nacht das Gefühl auskosten kann, Besitzer einer »historischen« Villa zu sein.

Revolutionäre

Ein echter »historischer Wind« weht noch im Haus Sinan Lu 73. Hier wirkte 1946/47 für mehrere Monate der spätere erste Premierminister in der Geschichte der Volksrepublik Chinas, Zhou Enlai (1898–1976). Zhou war führend an den Aufständen in Shanghai 1927 beteiligt, mit denen die Machtübernahme der »Einheitsfront« vorbereitet werden sollte, die 1923 von der KPCh und der Guomindang unter Sun Yat-sen gegründet worden war. Doch der Aufstand wurde durch den rechten Guomindang-Flügel unter Chiang Kai-shek (1887–1975) mithilfe der Schergen der »Grünen Bande« blutig niedergeschlagen. Zhou gehörte zu den wenigen Kommunisten, die das Massaker überlebten. Das Haus, das ab 1936 als offizieller Sitz und Büro der

Oben: Zhou Enlai war der erste Premierminister in der Geschichte der Volksrepublik China.
Mitte: Das Haus in der Sinan Lu diente ab 1936 als offizieller Sitz und Büro der KPCh.
Unten: Waffen und Schriftstücke in der Residenz von Sun Yat-sen

FRANZÖSISCHES VIERTEL & XUHUI

AUTORENTIPP!

BÄUME, BAUTEN UND BOUTIQUEN

Der Rundgang um den Fuxing-Park sollte nicht der einzige Spaziergang in der Gegend sein. Die ehemalige französische Konzession lädt mit ihrem Flair zu einem gemütlichen Bummel ein durch die Alleen mit zahlreichen kleinen Boutiquen, Cafés und Restaurants. Ausgehend von der Nanchang Lu bietet sich beispielsweise folgende Route an: Von der Nanchang rechts in Ruijin Lu; nach 500 Metern biegt man rechts in die Julu Lu, nach weiteren 400 rechts in die Chengdu Lu ein. Hier geht man nach 300 Metern links auf die Huaihai Lu. 200 Meter danach gelangt man rechts auf die Yandag Lu, die hier Fußgängerzone ist, und kommt schließlich wieder am Park raus.
Die Strecke bietet zwar keine ausgewiesenen Sehenswürdigkeiten, entschädigt dafür aber mit vielen Möglichkeiten zum Einkaufen und Einkehren – und abwechslungsreichen Alltagserfahrungen.

Kleine Boutiquen laden im Französischen Viertel zum Bummel ein.

KPCh diente, wurde von Zhou eher als Büro denn als Wohnung genutzt. Im Garten erinnert eine Statue an den Staatsmann.

Weiter im Norden der Sinan Lu, an der Ecke Xiangshan Lu, liegt das Wohnhaus des Revolutionärs Sun Yat-sen (1866–1925), der als Landesvater verehrt wird (siehe S. 218). Sun gründete im japanischen Exil 1905 den Revolutionsbund, aus dem die Guomindang hervorging, die sich später mit den Kommunisten bis aufs Blut befehdete. Nach dem erfolgreichen Sturz des Kaiserreiches 1911 wurde Sun erster provisorischer Präsident der neuen Republik, konnte sich jedoch nicht lang halten. Wieder im Exil, heiratete er in Japan Song Qingling (1890–1981; siehe S. 218), mit der er nach seiner Rückkehr nach Shanghai zunächst in der Nanchang Lu und dann in der Sinan Lu lebte. Song Qingling blieb nach Suns Tod bis zur japanischen Besatzung weiter in der von einem kanadischen Übersee-Chinesen gestifteten Villa. Hier traf sie mit Literaten wie Lu Xun (1881–1936; siehe S. 192f.) und George Bernhard Shaw (1856–1950) zusammen und arbeitete gegen ihren Schwager Chiang Kai-shek, der mit der Guomindang ab 1927 einen offenen und erbitterten Kampf gegen die Kommunisten führte.

Russen in Shanghai

Von den 12 000 Ausländern, die 1930 in der französischen Konzession lebten, stellten rund 6000 Russen den größten Anteil, der später noch weiter wachsen sollte. Die orthodoxe Sankt-Nikolaus-Kirche mit den Zwiebeltürmen in der Gaolan Lu, in der auch einige Villen und Art-déco-Häuser stehen, wurde 1934 gebaut. Noch bis Anfang des Jahrtausends wachte über dem Eingang ein Mao-Porträt, das während der Kulturrevolution angebracht worden war, um die Zerstörung der Kirche

Rund um den Fuxing-Park

zu verhindern. Zwischenzeitlich wurde das Gotteshaus beispielsweise als Waschmaschinenfabrik und als Restaurant missbraucht. 2010 fand hier zum ersten und seither einzigen Mal wieder ein Gottesdienst statt, denn die russisch-orthodoxe Kirche gehört nicht zu den fünf offiziell in China anerkannten Religionen.

Über die Nanchang Lu zum Fuxing-Park

Die Nanchang Lu ist »gespickt« mit früheren Adressen der einstigen Shanghaier Prominenz. In Haus Nummer 59 wohnten Sun Yat-sen und Song Qingling nach ihrer Rückkehr aus Japan bis zum Umzug in die Sinan Lu. Nummer 53 beherbergte den Maler Lin Fengmian (1900–1991), in Nummer 100 wohnte im Haus 2 der chinesische Aufklärer und Publizist Chen Duxiu (1879–1942), der die Zeitschrift »Die Jugend« herausgab. Sehenswert ist das Gebäude der Shanghai Science Hall, das zu Beginn des 19. Jahrhunderts den Französischen Club Cercle Sportif Français beherbergte. Für eine Weile war hier das Collège Français untergebracht, bevor der erste Shanghaier Bürgermeister Chen Yi 1958 die Science Hall einrichten ließ.

Hinter dem Gebäude geht es rechts in den Fuxing-Park. Obwohl man spannende Eindrücke vom sozialen Leben in allen Grünanlagen der Stadt erhalten kann, bietet dieser weitläufige Park eine besondere Atmosphäre. Ursprünglich war der Park ein privater Garten, der bereits in der Ming-Dynastie (1368–1644) angelegt wurde. Die Franzosen okkupierten und erweiterten ihn um einige sonst in Shanghai nicht zu findende französische Stilelemente. Im Nordwesten liegt ein schöner Rosengarten, ein Doppeldenkmal von Karl Marx und Friedrich Engels, die beide sehr tatkräftig aussehen, steht im nordöstlichen Teil.

AUTORENTIPP!

SINGEN, BIS DER ARZT KOMMT

Karaoke gehört zu den beliebtesten Freizeitbeschäftigungen der Shanghaier. Viele Europäer sind eher peinlich berührt, wenn sie Menschen beim Singen zuhören müssen, die darin nicht gerade besonders gut sind, oder wenn sie gar selbst singen sollen. Bei den Chinesen geht es dagegen um das gemeinsame Erleben, und jeder – und wenn er noch so übel ins Mikro jammert – wird mindestens mit einem höflichen Applaus bedacht. Richtig Spaß macht Karaoke, das eigentlich aus Japan kommt, erst in einer großen Gruppe. Aber selbst wenn die gerade nicht zur Verfügung steht, sollte man zumindest einen Blick in eines der unfassbar großen Karaoke-Center werfen, die überall in Shanghai stehen. Gelegenheit dazu bietet die seriös geführte »Party World« am Fuxing-Park.

Party World. Fuxing Plaza, Yandang Lu 109 (雁荡路109号,复兴公园内), Tel. 021 63 74 11 11

Singen und tanzen – beides macht man gerne auch im Park.

FRANZÖSISCHES VIERTEL & XUHUI

Infos und Adressen

SEHENSWÜRDIGKEITEN

Lin Fengmian Former Residence 林风眠故居. Das Wohnhaus des bedeutenden chinesischen Malers und ersten Präsidenten der Chinesischen Hochschule der Künste kann nur von außen besichtigt werden. Während der Kulturrevolution wurde Lin Fengmian gezwungen, über 1000 seiner Gemälde zu zerstören. Nanchang Lu 53 (南昌路53号)

Russisch-Orthodoxe Missionskirche 俄罗斯东正教圣母大堂. Etwa 1,5 Kilometer vom Rundgang entfernt, lässt sich der Besuch gut mit einem weiteren Spaziergang über den ebenfalls sehenswerten westlichen Teil der Nanchang Lu verbinden. Auch in dieser Kirche war ein Restaurant untergebracht, zurzeit kann sie nur von außen besichtigt werden. Xinle Lu 55/Xiangyang Lu (新乐路)

St. Peter's Church 圣伯多禄堂. Hier finden (unregelmäßig) deutsche Gottesdienste statt, Termine werden auf der Internetseite bekannt gegeben. Chongqing Lu 270 (重庆南路270号), Tel. Ev. Pfarrerin 159 21 08 70 84, Kath. Pfarrer 137 74 31 02 16, www.dcgs.net/termine

Shanghai Science Hall. Breit angelegte Prachtvilla am Nordrand des Fuxing-Parks, bis 1926 als Sportclub errichtet, dann einige Zeit die berühmteste französische Schule Shanghais. Seit 1958 Ausstellungs- und Kongress-Zentrum. Nanchang Lu 57 (黄浦区南昌路57号), Tel. 021 53 82 20 40

ESSEN UND TRINKEN

Uo Kura. Edle japanische Küche, der Fisch wird aus Tokio eingeflogen. War kurz nach der Eröffnung schon sehr populär, Reservierung empfohlen. Sinan Mansions, Fuxing Lu 507, Haus 1, 3/F, Chongqing Nan Lu (复兴中路507号1号近重庆南路), Tel. 021 64 46 02 52

La Brioche. Französische Patisserie. Sinan Mansions, Fuxing Lu 507, nahe Chongqing Lu (复兴中路507号, 近重庆南路)

Yong Xing (永兴餐馆). Wegen der ausgezeichneten Shanghai-Küche bei den Einheimischen immens beliebt, gemütliche und warme Atmosphäre. Fuxing Zhong Lu 626, zwischen Maoming Nan Lu und Ruijin Er Lu (复兴中路626弄1号, 近茂名南路), Tel. 021 64 73 37 80

Die »Shanghai Brewery« bietet selbst gebrautes Bier und deftige Gerichte.

Rund um den Fuxing-Park

Etwas weiter entfernt, aber dennoch lohnend sind:

Shanghai Brewery. Brauerei, Restaurant und Sportbar. So–Do 10–2 Uhr, Fr–Sa 10–3 Uhr Dongping Lu 15/Hengshan Lu (徐汇区 15), Tel. 021 34 6107 17, shanghaibrewery.com

Cotton Club. Livemusik, gute Adresse für Blues- und Jazz-Liebhaber. Di–Do 19–1 Uhr, Fr, Sa 19–2 Uhr, Huaihai Lu 1416 (淮海中路1416号 近复兴路), Tel. 021 64 37 71 10, www.thecottonclub.cn

Perry's. Günstiger Pub und Studenten-Mekka. 11 bis 3 Uhr, Huaihai Zhong Lu 1333, nahe Baoqing Lu (淮海中路1333号, 近宝庆路)

Club Maya. Partyclub für Nachtschwärmer. 21–5 Uhr, Huaihai Zhong Lu 1329, nahe Changshu Lu (淮海路1329号3楼, 近常熟路), Tel. 021 64 45 88 97F

Blues im »Cotton Club«

Überall im Französischen Viertel gibt es Schönheitssalons.

ÜBERNACHTEN

Pudi Boutique Hotel 复兴璞邸精品酒店. Sehr gut ausgestattetes Hotel mit wechselnden Kunstausstellungen direkt am Fuxing-Park. Yandang Lu 99/Nanchang Lu (雁荡路99號), Tel. 21 51 58 58 88, www.boutiquehotel.cc

Okura Garden Hotel Shanghai 花园饭店. Etwas weiter vom Park entfernt in Richtung Huaihai Road. Feudal im ehemaligen Französischen Club, großer Park mit alten Bäumen. Hier wohnte schon Mao Zedong. Maoming Nan Lu 58 (茂名南路58号), Tel. 021 64 15 11 11, www.gardenhotelshanghai.com

EINKAUFEN

Parkson 九海百盛购物中心. Kaufhauskette, war als eine der ersten Chinas spezialisiert auf ausländische Marken, vor allem Kosmetik. Huaihai Zhong Lu 918, nahe Shaanxi Lu (淮海中路918号, 近陕西南路), Tel. 021 64 15 88 18, www.parkson.com.cn

AKTIVITÄTEN

Museum of Old Camera Manufacturing 上海老相机制造博物馆. Zeigt die Entwicklungsgeschichte sowie die traditionelle und die Fließbandherstellung der chinesischen Kamera »Hai OU«. Di, Mi, Fr–So 10–16 Uhr, Chongqing Lu 308 (重庆南路308号), Tel. 021 62 46 20 64, www.camera-story.net

FRANZÖSISCHES VIERTEL & XUHUI

23 Changshu Lu 常熟路
Kolonialismus trifft Kultur

Irgendwie behaglich geht es zu abseits der Hauptverkehrsstraßen in der ehemaligen Französischen Konzession. Es ist die einzigartige Mischung aus klassischer und moderner Architektur, aus europäischem und chinesischem Lebensstil, die der Gegend rund um die Changshu Lu ihr besonderes Flair verleiht. Die Shanghaier haben das Franzosenviertel zwar längst für sich erobert, aber das koloniale Erbe hat in den Alleen überdauert.

Mit der wirtschaftlichen Öffnung und den westlichen Investitionen sind auch die Ausländer zurückgekehrt und haben die europäische Hinterlassenschaft für sich wiederentdeckt. Ein wenig vom alten kolonialen Geist weht auch heute in den Straßen, die bei vielen sehr gut verdienenden ausländischen Fachkräften als Wohn- und »Feierabendgebiet« beliebt sind. Aber auch Studenten und Praktikanten sowie Künstler aus Ost und West

Oben: Platanen in der Nanchang Lu: Die schattigen Alleen sind typisch für das Französische Viertel.
Unten: Musikstraße Fenyang Lu: Neben dem Konservatorium befinden sich zahlreiche Musikgeschäfte.

> ### MAL EHRLICH
> **ÜBERRASCHUNGEN GEHÖREN ZU SHANGHAI**
> In Shanghai ist immer alles in Bewegung. Das bedeutet auch, dass man sich auf fast nichts wirklich verlassen kann – zuverlässig ist nur die stete Veränderung. Das Restaurant, das man zehnmal besucht, kann beim elften Mal eine Enttäuschung sein, Sehenswürdigkeiten werden verlegt, und Service-Standards haben oft nur Empfehlungscharakter. Die Stadt lehrt, für Überraschungen offen zu sein. Die sind mal positiv, mal negativ. Wer hier feste Erwartungshaltungen hat, kann nur enttäuscht werden.

Changshu Lu

zieht es in die schattigen Alleen der ehemaligen Konzession. Rund um die Changshu Lu vermengt sich westliche Lebensart mit dem urbanen chinesischen Leben. Die vielen kleinen Läden, Cafés, Kneipen und Galerien nähren die gegenwartsbezogene Lebenslust der Bewohner und Besucher aus Ost und West. Chinesische und europäische Kultur liegen hier gleichermaßen nahe beieinander wie Kunst und Kommerz und Geschichte und Gegenwart. Aber auch Überheblichkeit und Bescheidenheit, Übersättigung und Hoffnung treffen an manchen Ecken unvermittelt aufeinander. Das Gebiet um die Changshu Lu erkundet man am besten zu Fuß. Zeit zum Genießen und Muße, um die vielen Eindrücke zu verarbeiten, sind dabei die besten Begleiter.

Musik und Kunst in der Fenyang Lu

Das erste Ziel liegt etwa 800 Meter von der Metro-Station Changshu Lu entfernt: die Fenyang Lu, in der es rund um Kunst und Kultur eine Menge zu entdecken gibt. Nach wenigen Hundert Metern liegt auf der rechten Seite das Konservatorium. 1927 gegründet, führt es seit fast 90 Jahren junge Talente an die Welt des internationalen professionellen Musikgeschäfts heran. Früher war hier auch das Museum für asiatische Musikinstrumente beheimatet, das aber in die Gao'an Lu verlegt wurde (siehe S. 171). Je nachdem, was hier gerade los ist, kann ein Spaziergang über das Gelände interessante Eindrücke vom Wirken des künstlerischen Nachwuchses vermitteln. Daneben ist die He-Luting-Konzerthalle untergebracht, in der Aufführungen und Wettbewerbe ausgerichtet werden.

Weiter geht es an Musikgeschäften und Boutiquen vorbei die Fenyang Lu entlang. Einen näheren Blick wert sind unter anderem der Giant Panda Tattoo

AUTORENTIPP!

KÖSTLICHES TEPPANYAKI

Japanische Restaurants sind in Shanghai weitverbreitet und oft recht günstig. Fast alle machen ein »All you can eat«-Angebot, mit dem man sich quer durch die Speisekarte futtern kann, auf der Sushi, Sashimi und andere Spezialitäten stehen. Die Qualität ist oft durchschnittlich, weshalb die Shanghaier rastlos nach den besten Alternativen suchen. Die finden sie seit einiger Zeit im »Wan Dao«. Es ist vor allem wegen seiner Meeresfrüchte beliebt, kann aber auch mit meist gutem Service punkten. Die rund 40 Euro, die hier pro Person für grenzenloses Schlemmen fällig werden, sind zwar kein Sonderangebot, aber gut angelegt. Vorher reservieren!

Wan Dao Japanese Restaurant
日本料理 铁板烧. 11.30–14, 17–22.30 Uhr, 5. Etage Wantai Intern. Building, Wulumuqi Bei Lu 480, nahe Huashan Lu (乌鲁木齐北路480号, 近华山路), Tel. 021 65 65 67 77, Metro-Linie 2 Jingan Temple

Der Schuhmacher Zhigao ist bekannt für die Qualität seiner Maßschuhe

FRANZÖSISCHES VIERTEL & XUHUI

Shop bei der Hausnummer 74 und der Schuhmacher Zhigao bei Nummer 84. Während das Giant Panda den anhaltenden Bedarf nach schicken Tätowierungen bedient, befriedigt Zhigao die Bedürfnisse seiner modebewussten Kundschaft durch handgefertigtes Schuhwerk, das er mit 35-jähriger Erfahrung in Dutzenden Arbeitsschritten an den Fuß anpasst. Seine Arbeit hat einen ausgezeichneten Ruf, wer aber ein Paar mitnehmen will, muss Zeit mitbringen: Es dauert rund 20 Tage, bis die Maßschuhe fertig sind. Gelegenheit für ein gemütliches Frühstück bietet die von zwei Französinnen betriebene »FoodBox« mit einem angeschlossenen Café.

Das Arts and Crafts Museum

An der Ecke zur Taiyuan Lu geht es auf das Gelände des Kunsthandwerkmuseums. Untergebracht in einem gewaltigen Anwesen aus dem Jahr 1905 im Stil der französischen Renaissance, bietet es neben einer Ausstellung mit alter und neuer Handwerkskunst oft auch die Möglichkeit, den Arbeitenden über die Schultern zu schauen, schöne Stücke zu erwerben oder individuell anfertigen zu lassen. Die herrschaftliche Villa selbst ist mehr als einen Blick wert. Von manchen Shanghaiern »Weißes Haus« genannt, wurde sie für den Vorsitzenden des französischen Stadtrats gebaut. Von 1950 bis 1954 wohnte hier der erste Shanghaier Bürgermeister Chen Yi, bevor 1960 die Kunstförderung einzog. Entworfen wurde das Gebäude von dem Ungarn Ladislav Hudec (László Ede Hudec, 1893–1958), dem wohl geschäftigsten und bekanntesten Architekten der Kolonialzeit, der von 1918 bis 1945 in Shanghai lebte. Der Mann, der das Gesicht der Stadt veränderte, zeichnete für mindestens 37 Gebäude verantwortlich, darunter das »Park Hotel«, die Moore Memorial Church und das Grand Theatre.

AUTORENTIPP!

MUSIKGENUSS

Jazz-Liebhaber kommen am »JZ-Club« nicht vorbei. Obwohl es – wie fast immer in Shanghai – manchmal einem Glücksspiel gleicht, ob der Abend unvergesslich gut oder eher zum Vergessen schlecht läuft, ist das »JZ« ein Tipp für Livemusik-Freunde. 2004 eröffnet, gehört es zum Muss für die Shanghaier Szene, die sich hier samstagnachts auch zu Jam Sessions trifft. Von Jazz-Standards über Swing bis zu Jazz-Rock wird an 365 Tagen alles geboten, was die Bands und Musiker hergeben. Wer schummerige Atmosphäre und musikalische Überraschungen liebt, ist hier sehr gut aufgehoben. Am Wochenende kann es voll werden, man sollte früh Plätze sichern.

JZ Club. 20.30–2.30 Uhr, Musik Di–Do, So ab 21 Uhr, Mo 21.30, Fr 21.45, Sa 22 Uhr, Fuxing Xi Lu 46, nahe Yongfu Lu (复兴西路46号, 近永福路), Tel. 021 64 31 02 69, www.jzclub.cn, Metro 1, 7 Changshu Lu

Traditionen pflegen: Chinesische Bäcker backen französisches Brot.

Changshu Lu

Fröhliches Nachtleben

Im weiteren Verlauf bietet die Fenyang Lu, die gegenüber dem Arts and Crafts Museum weiter nach rechts verläuft, vielfältige Eindrücke vom bunten Straßenleben in der ehemaligen Konzession. Vorbei geht es an kleinen Supermärkten und alten Villen. Auch das bei Touristen und Geschäftsleuten beliebte »Paulaner Bräuhaus« ist hier seit 1997 angesiedelt. Von Fasching bis zum Oktoberfest wird hier das ganze Jahr über alles ausgiebig gefeiert, was irgendwie mit der deutschen – oder bayerischen – Kultur in Verbindung steht. Eher amerikanisch geht es in der Sportbar »The Camel« zu, gegenüber dem Alexander-Puschkin-Denkmal in der Yueyang Lu. Der russische Dichter (1799 bis 1837) markiert gewissermaßen den Übergang zum Nachtleben in dieser Gegend, zu dem zahlreiche internationale Restaurants und Kneipen und Musikbars in der Umgebung bis zur Hengshan Lu und der Huaihai Lu einen ergiebigen Beitrag leisten. Nach der Erkundung der Straßen am Tage bietet es sich an, nach Sonnenuntergang wiederzukommen, zur großen After-Work-Party, die hier regelmäßig gefeiert wird.

Bummel durch ruhige Straßen

Tagsüber ist die Dongping Lu recht ruhig, einige außergewöhnliche Gebäude und die nette Atmosphäre rechtfertigen jedoch einen Spaziergang bis zur Wulumuqi Lu, der man nach rechts bis zur ebenfalls besonders gemütlichen Taojiang Lu folgt, an der es wieder nach rechts geht. An der Baoqing Lu biegt man nach links ab – allerdings lohnt es sich, zunächst die Taojiang Lu bis zum Ende entlangzubummeln und dann wieder zurückzugehen. Über die in der Regel stark befahrene Baoqing Lu gelangt man zur Fuxing Lu, der man nach Westen, also nach links, folgt. An der Ecke zur Huaihai Lu liegt das kleine Xuhui Art Museum,

Oben: Das Arts and Crafts Museum ist im »Weißen Haus« aus dem Jahr 1905 untergebracht, das von Ladislav Hudec entworfen wurde.
Unten: Das Kunsthandwerksmuseum zeigt neben einer Ausstellung mit alter und neuer Handwerkskunst auch Künstler bei der Arbeit.

das in einem Gebäude aus dem Jahr 1932 untergebracht ist und qualitätvolle moderne und klassische chinesische Werke zeigt. Weiter geht es nach dem Überqueren der Huaihai Lu über die Fuxing Lu nach Westen bis zur Wulumuqi Lu, in die man nach rechts einbiegt.

Authentisches Stadtleben

Ausgewiesene Sehenswürdigkeiten sind hier nicht zu sehen, rund um die kleinen Restaurants geht es aber in der Regel sehr lebhaft zu, und der Spaziergang vermittelt einen guten Eindruck vom urbanen Leben dieser Gegend. Nach etwa 500 Metern trifft man auf die Anfu Lu, die mit hübscher Architektur und gemütlichen Cafés unbedingt einen Abstecher Richtung Westen wert ist, danach weiter über die Wukang Lu bis zur Huashan Lu. Eine Wendung nach links bietet die Möglichkeit, sich die weitläufige Anlage Lilac Garden aus dem Jahr 1862 anzusehen: Zwei sehenswerte Gartenhäuser im westlichen Stil in einem großen chinesischen Garten verbinden die unterschiedlichen Stilelemente auf elegante Weise miteinander. Wer Zeit hat, lässt sich zudem das Propaganda Poster Museum nicht entgehen, rechts gegenüber auf der Huashan Lu in einer Wohnanlage. Anschließend geht es über die Changle Lu, die mit zahlreichen Boutiquen zum Einkaufsbummel einlädt, zur Changshu Lu zurück.

Oben: Die Anlage Lilac Garden verbindet klassische chinesische Gartenarchitektur mit westlichen Einflüssen.
Unten: Pause in der Dongping Lu: Kleine Restaurants und Cafés laden überall in der French Concession zum Verweilen ein.

Changshu Lu

Infos und Adressen

SEHENSWÜRDIGKEITEN

Shanghai Conservatory 上海音乐学院.
9–17 Uhr, Fenyang Lu 20, nahe Huaihai Lu
(凤阳路20号, 近淮海路), Tel. 021 64 31 20 00,
shcmusic.edu.cn

Arts and Crafts Museum 上海美术工艺博物馆.
9–16 Uhr, Fenyang Lu 79 (凤阳路79号),
Tel. 21 64 31 40 74

Xuhui Art Museum 徐汇艺术馆. Di–So 9–11,
13–16 Uhr, Huaihai Lu 1413, nahe Fuxing Lu
(淮海中路1413号, 近复兴西路)
Tel. 021 64 33 65 16

Lilac Garden 上海丁香花园. Huashan Lu 849
(华山路849号)

Propaganda Poster Art Center 上海宣传画艺
术中心. Das sehenswerte Privatmuseum zeigt
Poster aus den Jahren 1910–1990. 10–17 Uhr,
Huashan Lu 868, President Apartment, Raum
B–OC (华山路868号BOC室), Tel. 021 62 11 18 45,
www.shanghaipropagandaart.com

Der Giant Panda Tattoo Shop

Das »Sasha's« im Wohnaus der Song-Familie

ESSEN UND TRINKEN

Bo Duo Xin Ji (博多新记). Kantonesische und
Chaozhou-Küche, etwas versteckt am Ende einer
engen Gasse. 11–14.30, 17–22 Uhr, Fuxing Lu
1252, nahe Xiangyang Nan Lu (复兴中路1252号,
近襄阳南路), Tel. 021 54 65 38 23

Sasha's 萨莎. Restaurant und Bar im Wohnhaus
der Song-Familie, deren Töchter mit ihren Ehemännern die chinesische Geschichte geprägt
haben. Dongping Lu 11/Hengshan Lu (东平路11
号, 近衡山路), Tel. 021 64 74 66 28,
sashas-shanghai.com

Zapata's. Sieben Tage Party, schnelllebig wie die
Stadt und oft durchgeknallt. Ab 18 Uhr, Hengshan
Lu 5 (衡山路 5号) (neben Sasha's),
Tel. 152 21 03 50 65 (Englisch),
zapatas-shanghai.com

Weitere Lokale in dieser Region siehe Seite 152 f.

ÜBERNACHTEN

Shanghai Yueyang Hotel 上海悦阳商务酒店.
Einfach, preiswert und in günstiger Lage. Yueyang
Lu 58 (岳阳路58号, 近东平路),
Tel. 21 64 66 67 67

Ketangjian Boutique Hotel 上海永嘉路客堂间
璞堤克酒店. Klein und hübsch eingerichtet.
Yongjia Lu 335 (永嘉路335号),
Tel. 021 54 66 93 35, www.ketangjian.com

FRANZÖSISCHES VIERTEL & XUHUI

24 Shanghai Library
上海图书馆
Bücher und Villen

Die Shanghaier Bibliothek ist Ausgangspunkt für einige sehenswerte Ziele im Südwesten der ehemaligen Französischen Konzession. Auf dem Weg liegen das deutsche Generalkonsulat, zahlreiche Villen und das Wohnhaus der »Mutter der Nation«.

Eine unbedingte Attraktion ist die Bibliothek nicht, einen Besuch wert ist sie trotzdem. Das 1995 errichtete Gebäude weiß zu beeindrucken - von innen und von außen. Die ansteigenden Würfel und Pyramiden sollen das Fundament der kulturellen Hinterlassenschaft und die Bemühungen um die Anhäufung von Wissen symbolisieren. Passionierte Leseratten dürften hier ihre Freude haben, zumal die Bibliothek mit einer umfangreichen internationalen Abteilung aufwarten kann, in der es auch deutsche Medien gibt. Rund 52 Millionen Medien werden hier insgesamt gehütet.

Edle Residenzen

Die Hunan Lu schräg links gegenüber der Bibliothek bildet den Startpunkt für einen Rundgang, der zunächst in die Yongfu Lu führt. Hier residiert seit 1982 das Generalkonsulat der Bundesrepublik Deutschland an der Hausnummer 181. Kanzlei und die dahinterliegende Residenz des Generalkonsuls sind in Gebäuden aus dem Jahr 1935 bzw. 1942 im spanischen Stil untergebracht.

Am Ende der Straße folgt man links der Fuxing Lu, die sich auf diesem Abschnitt von ihrer besten Seite zeigt. Vorbei geht es an Wohnhäusern und

Oben: 1996 öffnete die zweitgrößte Bibliothek Chinas ihre Pforten. Eine Millionen Medien werden jährlich ausgeliehen.
Unten: Die meisten Sektionen sind nur mit Leseausweis zugänglich, der aber bei Vorlage eines Reisepasses kurzfristig ausgestellt wird.

Shanghai Library

Villen unterschiedlichen Stils bis zur Wukang Lu, in die man links einbiegt. Die Straße gehört mit zahlreichen Residenzen zu den schönsten Shanghais. Sie wurde erst nach dem Ersten Weltkrieg zum Villenviertel, als infolge des wirtschaftlichen Aufschwungs ein großer Bedarf an hochwertigen Anwesen entstand. Gebaut wurde in verschiedenen Stilen, meist mit nach Süden ausgerichtetem Hauptgebäude. Unverzichtbar waren Rasenflächen mit Marmorstatuen und Springbrunnen. Neben vielen anderen ist die Hausnummer 113 einen Blick wert. Sie war ab 1955 Heimat des Schriftstellers Ba Jin (1904–2005), der als einer der wichtigsten chinesischen Autoren des 20. Jahrhunderts gilt. Bei Nummer 376 ist es Zeit für eine Pause. Die schön restaurierte Ferguson Lane bietet auf einem alten Wohnareal gemütliche Cafés und Restaurants, die unbedingt zum Verweilen einladen.

Das Haus von Song Qingling

An der Ecke zur Huaihai Lu stößt man auf das eindrucksvolle Wukang Building. Das auch als Normandie Apartments bekannte 30 Meter hohe Wohnhaus entstand 1924 und gehört zu den Arbeiten des Architekten László Hudec. Unter den Bewohnern war eine ganze Reihe chinesischer Filmstars, darunter Shangyuan Yunzhu (1920 bis 1968), die als eine der besten Schauspielerinnen in der 100-jährigen Filmgeschichte Chinas gilt. Schräg gegenüber liegt in der Huaihai Lu die ehemalige Residenz von Song Qingling (1890–1981; siehe S. 218), ehemalige stellvertretende Staatspräsidentin der Volksrepublik China und Witwe des ersten Präsidenten der Republik von 1911, Sun Yat-sen (siehe S. 150). Hier lebte die engagierte Menschenrechtlerin ab 1948 bis zu ihrem Tod. Der Werdegang der als »Mutter der Nation« verehrten Ehrenpräsidentin der VR China wird in ihrer ehemaligen Residenz in einer Ausstellung gezeigt.

Infos und Adressen

SEHENSWÜRDIGKEITEN

Deutsches Generalkonsulat 德国驻上海总领事馆. Yongfu Lu 181 (永福路181号), www.china.diplo.de

Shanghai Library 上海图书馆. 8.30–20.30 Uhr, Huaihai Zhong Lu 1555 (淮海中路1555号), Tel. 021 64 45 55 55, www.library.sh.cn, Metro 10

Song Qingling Former Residence 上海宋庆龄故居. 9–16.30 Uhr, Huaihai Zhong Lu 1843 (淮海中路1843号), Tel. 021 64 31 49 65, www.shsoong-chingling.com, Metro 10 Shanghai Library

Ba Jin Former Residence Di–Sa 10–16 Uhr, Wukang Lu 113 (武康路113号), Tel. 021 33 68 56 56

ESSEN UND TRINKEN

Ferguson Lane. Gute Auswahl an Cafés und Restaurants. Wukang Lu 376 (武康路 376号), Tel. 021 61 26 76 61, www.fergusonlane.com.cn

Cuivre 古铜法式餐厅. Gehobene französische Küche, frisch und gut. 18–22.30 Uhr, Sa, So Brunch 12–14 Uhr, Huaihai Zhong Lu 1502 (淮海中路1502号), Tel. 021 64 37 42 19

ÜBERNACHTEN

B'La Vii House 宝丽会馆. Nettes Boutiquehotel in einem Haus der 1940er-Jahre, nur 14 Zimmer. Hunan Lu 285 (湖南路285号), Tel. 021 64 67 71 71

FRANZÖSISCHES VIERTEL & XUHUI

25 Tianzifang 田子坊
Künstler- und Vergnügungsviertel

Xintiandi steht für den kommerziell gelungenen Versuch, alten Shikumen-Siedlungen neues Leben einzuhauchen. Auf den Abriss folgten Wiederaufbau und Rekonstruktion. Das Ergebnis hat mit dem Original nicht mehr viel zu tun. Dass es auch anders gehen kann, beweist das als Tianzifang bekannte Viertel an der Taikang Lu. In den alten Häusern tummeln sich Galerien, Geschäfte und Cafés – und neben den Touristen zahlreiche Bewohner.

Beispielgebend kann Tianzifang für all die alten Shikumen-Siedlungen wohl nicht sein, denn viele werden in den nächsten Jahren Bürotürmen, Einkaufszentren, Straßen und Parks Platz machen müssen. Aber Tianzifang hat sich etabliert. Kreative Galerien und kleine Nippesläden, gemütliche Cafés und schicke Restaurants – alles vereint in historischen Shikumen-Gassen, die von modernen Bürogebäuden und Kaufzentren flankiert werden: Die Mischung aus Wohnen und Arbeiten, Kunst und Kommerz und Alt und Neu macht Tianzifang zum beliebten Ausgehviertel. Das Konzept scheint perfekt, geplant war es aber nicht.

Pinsel statt Abrissbirne

Eigentlich war der größte Teil des Areals für den Abriss vorgesehen. Als aber die Distriktbehörden 1998 damit begannen, die alten Hallen einer Fabrik zu renovieren, ergriffen die ansässigen Künstler, die hier Werkstätten und Ateliers betreiben, die Initiative. Eine Gruppe, zu der auch der bekannte Maler Chen Yifei (1946–2005) gehörte, unter-

Im Szeneviertel Tianzifang kann man mit Bummeln gut einen gemütlichen Nachmittag verbringen, um den Tag anschließend bei einem Restaurantbesuch oder einem Glas Wein in einer Bar ausklingen zu lassen.

Tianzifang

schrieb einen langfristigen Mietvertrag und machte sich dafür stark, aus dem Gelände eine Kreativwerkstatt zu machen. Im Jahr 1999 benannte der Künstler Huang Yongyu (geb. 1924) die Gasse Nummer 210 in Anlehnung an den antiken chinesischen Maler Tian Zifang kurzerhand in Tianzifang um, wobei das Zeichen für »fang« sowohl für Werkstatt als auch für Gasse steht. Mehr und mehr Künstler siedelten sich an. Das Konzept wurde ausgeweitet, und die Initiatoren überzeugten die Bewohner in den angrenzenden Gassen, Teile ihrer Häuser zu vermieten, um Cafés und Geschäfte einzurichten. Die Behörden spielten mit und stoppten die Abrisspläne.

Heute ist die Gasse 210 mit ihren Studios und Werkstätten Anlaufstelle für Kunstliebhaber, aber auch bei den Nummern 248 und 274 geht es hoch her. Mit seinen kleinen Läden, Restaurants und Bars ist das labyrinthartige Gassengewirr ein Touristenmagnet, rund 6000 Menschen strömen hier täglich durch. Das Viertel ist ursprünglicher, bunter und – weil alles so eng ist – zumindest gefühlt auch geschäftiger als etwa das materialistisch anmutende Xintiandi. Das alles kann natürlich nicht darüber hinwegtäuschen, dass es auch hier um handfeste Geschäftsinteressen geht. In Tianzifang ist alles etwas teurer als an vielen anderen Orten Shanghais, das Viertel bietet aber auch ein Flair, das sich sonst in der Stadt kaum findet.

Unbedingt sehenswert ist auch eine weitere alte Siedlung, die an der Shaanxi Lu bzw. Jianguo Lu westlich der Taikang Lu liegt: Die Shikumen-Siedlung Bugaoli, die 1930 nach dem Vorbild des französischen Burgund entstand, ist heute eine der prominentesten historischen Siedlungen Shanghais. Ein kurzer Besuch lohnt, weil Shanghai hier wieder ein etwas anderes und vielleicht doch romantisches Gesicht zeigt.

Infos und Adressen

SEHENSWÜRDIGKEITEN

Tianzifang 田子坊. Taikang Lu 210 (泰康路210弄), Metro 9 Dapuqiao, Exit 1, www.tianzifang.cn

Bugaoli 步高里. Unbedingt sehenswerte Shikumen-Siedlung. Shaan Xi Lu/Jianguo Lu (陕西南路建国西路路口)

ESSEN UND TRINKEN

Lotus Land. Gute indische Küche, nette Atmosphäre. Taikang Lu 274, Tianzifang 12, 2. Etage, (泰康路274弄), Tel. 021 54 65 27 43

Melting Pot. Restaurant und Bar, Livemusik. Taikang Lu 288, 2. Etage (Eingang in der Hofeinfahrt rechts von Nr. 288) (泰康路288号), Mo–Sa 20.30–1, Fr. ab 19, So ab 16 Uhr, Tel. 021 64 15 81 80, www.288meltingpot.com

ÜBERNACHTEN

Tiancheng Hotel 锦江天诚大酒店. Günstiges Viersternehaus in guter Lage. Xujiahui Lu 585 (徐家汇路585号), Tel. 021 53 96 17 77, www.jinjianghotels.com

AKTIVITÄTEN

Liuli Museum 上海琉璃艺术博物馆. Feinste Glaskunst. Taikang Lu 25 (泰康路25号), Mo–So 10–17 Uhr, Tel. 021 64 67 22 68, www.liulichinamuseum.com

Magnolia Theater (Baiyulan Theater) 白玉兰剧场. Atemberaubende Akrobatik. Chongqing Lu 308 (黄浦区重庆南路308号), Tel. 187 21 78 66 80, www.shanghaiacrobaticshow.com

FRANZÖSISCHES VIERTEL & XUHUI

26 Huaihai Lu 淮海路
Glamour und Weltstadtflair

Neben der Nanjing Lu ist die Huaihai Lu die beliebteste Einkaufsstraße. Während die Fußgängerzone zwischen Bund und Volksplatz mit alten Kaufhäusern und ausgeflippter Neonreklame glänzt, sind es auf der ehemaligen Avenue Joffre die funkelnden Markennamen und glitzernden Shoppingmalls, die Straße und Kunden gleichermaßen strahlen lassen. Hierher kommen die Shanghaier, wenn sie einkaufen wollen – und das machen sie oft und gern.

Modebewusst waren sie schon immer, die Shanghaier, wenn auch manche auf ihre ganz eigene Art. Nur mussten sie lange Zeit auf einige Eleganz verzichten. Seit mit der Öffnung und dem Aufstieg der Stadt die Vielfalt des Markenangebots genauso kontinuierlich zugenommen hat wie die Durchschnittseinkommen gestiegen sind, kennt die Kaufwut aber offenbar keine Grenzen mehr. Wer es sich leisten kann und auf sich hält, trägt internationale Markenware – und zwar das Original. Die Zeiten des blühenden Fake-Handels sind zwar noch nicht ganz vorbei, aber außer den Wohlhabenden, die sich schon immer teure Mode aus Europa leisten konnten, will inzwischen auch die Mittelschicht keine Fälschungen mehr tragen. Nutznießer des neuen Bewusstseins sind die Einkaufszentren, die in schneller Folge aus dem Boden schießen, eines größer und bombastischer als das andere – und alle sind in kurzer Zeit gerammelt voll. Sie sind in Shanghai immer gleichzeitig auch bunte »Erlebniswelten« mit Kinos, Bowlingbahnen, Billardhallen und auf jeden Fall zahlreichen Restaurants unterschiedlicher Couleur.

Konsum im »chinesischen Kommunismus«: In den modernen Einkaufszentren auf der Huaihai Lu bestimmen purer Luxus, Genuss und internationale Marken das Geschehen.

Huaihai Lu

Schon immer eine Trendmeile

Einige der schicksten und teuersten Shoppingmalls stehen neben unzähligen Boutiquen auf der Huaihai Lu, die als Modeboulevard eine lange Tradition hat. Schon in den 1930er-Jahren ging hier einkaufen, wer sich in Shanghai mit dem neuesten Pariser Chic eindecken wollte. Angelegt wurde die heutige Huaihai Middle Road von den Franzosen 1901 als Rue Sikiang. 1906 umbenannt in Rue Paul Brunat, wurde sie 1915 zu Ehren des Weltkriegshelden General Joseph Joffre (1852–1931) zur Avenue Joffre. Der Boulevard, als Einkaufsstraße unter Ausländern und reichen Chinesen bald gleichermaßen beliebt, entwickelte sich zu einem der Lebensmittelpunkte der französischen Gesellschaft und zum heimlichen Zentrum der Stadt. Noch zweimal gaben erst die Japaner, dann die Guomindang-Regierung der Straße einen neuen Namen, bevor sie nach dem Ende des Bürgerkrieges endgültig in Huaihai Lu umbenannt wurde, zur Erinnerung an die Huaihai-Schlacht (1948/49), bei der 500 000 Guomindang-Soldaten von den kommunistischen Truppen eingekesselt und vernichtet wurden. An diese blutigen Zeiten denkt hier aber heute niemand mehr. Stattdessen steht die Huaihai Lu für Eleganz, Wohlstand und atemberaubende Modernität – und für das wiederentdeckte Lebensgefühl der Shanghaier.

Internationale Markenwelt

Hier zeigt die Stadt ihr Weltstadtflair. China ist für die Luxusmarken der Welt inzwischen der wichtigste Markt. Auf dem Modeboulevard sind sie alle vereint. Louis Vuitton, Cartier & Tiffany, Hermès, Alfred Dunhill, Vacheron Constantin, Ermenegildo Zegna – was Luxusgüter angeht, muss sich die Shoppingmeile nicht hinter der Pariser Avenue des Champs-Élysées oder der New Yorker 5th Avenue verstecken. Eine Shoppingburg reiht

AUTORENTIPP!

KONTRASTPROGRAMM YUNNAN LU

Nur wenige Meter von der Luxuswelt entfernt hat sich östlich der Xizang Lu ein Teil der Vergangenheit gerettet. Das ehemalige zwielichtige Vergnügungscenter »Da Shijie« wird derzeit renoviert. Hier ballten sich zu Zeiten der Konzessionen Bordelle, Spielsalons und Restaurants. Geht man an der Hochstraße Yan'an Lu entlang, trifft man rechts auf die Yunnan Lu. Das alteingesessene »Da De Café« dort an der Ecke ist nur noch ein Abklatsch seiner 100-jährigen Geschichte: Die staatlich Beschäftigten servieren mäßige Gerichte und jede Menge schlechte Laune. Direkt daneben in einer Häuserzeile aus dem Jahr 1858 ein weiteres Traditionsrestaurant. Die Gassen mit den alten Lilongs, Restaurants und Garküchen lohnen einen Spaziergang.

Yunnan Lu Food Street 云南南路美食街. Von der Huaihai Lu oder der Metrostation Da Shijie Richtung Norden bis zur Hochstraße Yan'an Lu. Fußgängerbrücke über die Xizang Lu

Das »Da De Café« ist heute eine der letzten Bastionen der Staatsbetriebe.

165

Oben: An der Huaihai Lu, die schon in den 1930er-Jahren Modemeile war, reiht sich eine Mega-Mall an die nächste.
Unten: Auf der Yunnan Lu dominieren kleine Nudelhäuser, Straßenhändler und Garküchen das Bild.

sich an die nächste, und alle laden zum Einkauf, bis die Kreditkarte glüht. Das statistische Durchschnittseinkommen in Shanghai liegt derzeit bei etwa 600 Euro monatlich, viele junge Leute, die noch bei den Eltern leben und kaum zum Lebensunterhalt der Familie beitragen müssen, stecken einen guten Teil ihres Geldes in Mode. Zudem gelten drei bis vier Millionen Haushalte als wohlhabend, bei den Pro-Kopf-Ausgaben für Luxusartikel haben die Shanghaier nicht nur alle anderen Städte in China, sondern inzwischen auch die New Yorker abgehängt. Rund 10 000 Euro geben die wohlhabenden Shanghaier im Jahr für Schmuck, Juwelen, Uhren, Kosmetika und Elektrogeräte aus.

Die imposantesten Eindrücke vom Glamourstreifen sammelt man bei einem Einkaufsbummel auf dem rund 2,2 Kilometer langen Abschnitt zwischen der Xizang Lu im Osten und der Shanxi Lu im Westen, wo zwischen Einkaufszentren und Boutiquen viele Kolonialbauten überlebt haben, die zum einzigartigen Flair der Straße beitragen. Spannend kann aber auch eine Busfahrt mit den Linien 920 oder 926 sein, die beide entlang des Modeboulevards bis Xujiahui fahren.

Huaihai Lu

Infos und Adressen

SEHENSWÜRDIGKEITEN

Da Shijie 大世界. Die »Große Welt« soll in einigen Jahren modernisiert wieder eröffnet werden. Xizang Nan Lu 1(西藏南路1号), Metro 8 Dashijie, Exit 4

Shanghai Concert Hall 上海音乐厅. Das 1930 gebaute Gebäude wurde 2007 um rund 67 Meter versetzt. Gehört zu den wichtigsten Veranstaltungsorten. Yan'an Lu 523 (延安东路523号), Metro 1, 2 People's Square, 8 Dashijie, Exit 4, Tel. 021 53 86 66 66, www.shanghaiconcerthall.org

ESSEN UND TRINKEN

Grandma's Kitchen 屋企汤馆. Populäres und preiswertes kantonesisches Restaurant. 2. Etage, Huaihai Zhong Lu 438 (淮海中路438号2楼), Tel. 021 63 86 71 70

Punjabi 本杰比. Eines der besten indischen Restaurants Shanghais. 5. Etage, Huaihai Zhong Lu 627 (淮海中路627号5楼, 淮海路), Tel. 021 64 72 54 64, www.shanghaipunjabi.com/

M2. Angesagter Tanzklub für hippe Nachtschwärmer. So–Mi 20–2 Uhr, Do–Sa 20–4 Uhr, Hongkong Plaza 4. Etage, Huaihai Zhong Lu 283 (香港广场, 淮海中路283号, 近黄陂南路), Tel. 021 62 88 62 22, www.museshanghai.com

ÜBERNACHTEN

Ascott Hotel 雅诗阁淮海路服务公寓. Modern, sehr große Zimmer, teilweise mit Küche. Huaihai Zhong Lu 282 (黄浦区淮海中路282号), Tel. 021 23 29 88 88, www.ascottchina.com

EINKAUFEN

Hong Kong New World Tower K11 香港新世界大厦. Shoppingmall und Kunstmeile auf 61 Etagen. 10–22 Uhr, Huaihai Zhong Lu 300, nahe Huangpi Lu (卢湾区淮海中路300号, 近黄陂南路), Tel. 021 63 87 66 88, www.shanghaik11.com/k11web/

Hong Kong Plaza 香港广场. Schicke Mall mit Marken-Ikonen wie Apple und GAP. Huaihai Zhong Lu 238 (卢湾区淮海中路238号), Tel. 021 189 39 86 77 35, www.hk-plaza.com.cn

Times Square 大上海时代广场. Drehscheibe für bekannte Mittelklasse- und Luxusmarken. Huaihai Zhong Lu 93–111 (淮海中路93-111号), www.shtimessquare.com

Spanisches Restaurant im Hong Kong New World Tower K11

FRANZÖSISCHES VIERTEL & XUHUI

27 Xujiahui 徐家汇
Katholische Hochburg und Einkaufsparadies

Bis zur Ming-Dynastie (1368–1644) war das heute zum Xuhui-Distrikt gehörige Xujiahui ein recht kleines und unbedeutendes Dorf am Rande Shanghais. Davon ist heute nichts mehr zu spüren. Wer die Metrostation an der zentralen Kreuzung von Xujiahui verlässt, verliert sich erst einmal in einem unübersichtlichen Meer aus Wohntürmen, glitzernden Hochhäusern und Kaufpalästen. Manchen Touristen erschreckt das – andere sind begeistert.

Breite Straßen, durch die eine endlose Autokarawane zieht, Hochhäuser, die den Blick auf den Horizont versperren, und europäisch aussehende Menschen, die auf überdimensionalen Werbeplakaten an riesigen Einkaufszentren posieren. Auf den ersten Blick wirkt alles wie eine Filmkulisse, doch Xujiahui ist Shanghaier Realität. Das Viertel

Breite Straßen, Autokolonnen, Bürogebäude und Einkaufszentren: Angestellte und Kauflustige halten das Business- und Shoppingviertel Xujiahui beinahe rund um die Uhr auf Trab.

> ## MAL EHRLICH
> **ABGEBRÜHTE TAXIFAHRER**
> Den Shanghaier Taxifahrer gibt es nicht. Manche rasen, andere wissen scheinbar nicht, wo das Gaspedal ist. Manche singen oder reden, andere sind froh, wenn sie nichts sagen müssen. Gemeinsam ist den meisten, dass sie hilfsbereit und ehrlich sind. Es gibt aber auch Abzocker, die das Taxameter nicht benutzen wollen oder Umwege fahren. Im ersten Fall hilft nur aussteigen. Im zweiten sollte man sich die Quittung geben lassen und bei der Taxigesellschaft anrufen. Hilfreich ist auch die englischsprachige Hotline 12319.

ist Arbeitsstätte für Abertausende Büroangestellte und Shoppingparadies für alle, die günstig einkaufen wollen. Es gibt fast nichts, was in den Einkaufszentren nicht zu finden wäre, im Umkreis der riesigen Kreuzung Xujiahuis, an der sechs große Straßen zusammenlaufen, ist alles innerhalb weniger Minuten greifbar. Populär ist das Viertel vor allem für die vielen Elektronik-, Foto- und Computergeschäfte, aber auch zur neuesten Auswahl aller großen und kleinen Modemarken ist es nur ein kleiner Schritt. Eine Fülle an Restaurants sorgt dafür, dass auch nach Büroschluss keine Ruhe einkehrt. Xujiahui schläft nicht.

Die Sankt-Ignatius-Kathedrale

Gleichwohl gibt es in diesem Hexenkessel des Konsums friedliche Orte, allen voran die Xuijahui-Kathedrale. Ursprünglich stand an ihrer Stelle die gegen Mitte des 19. Jahrhunderts von den Jesuiten erbaute St.-Ignatius-Kathedrale. In den Jahren 1906 bis 1910 wurde die alte Kirche durch den heutigen roten Bau in neugotischem Stil ersetzt – der Name blieb. Charakteristisch sind die zwei rund 60 Meter hohen Glockentürme mit den spitzen grauen Dächern. 19 Altäre, 64 verzierte Granitsäulen und Arkaden zu beiden Seiten machen die mit zahlreichen Bildern und Figuren geschmückte dreischiffige Basilika ausgesprochen sehenswert. In Shanghai leben derzeit etwa 150 000 Katholiken,

Auch nach Büroschluss kehrt keine Ruhe ein.

AUTORENTIPP!

ESSEN IM KAISERLICHEN EISENBAHNWAGGON

Xujiahui, im Shanghai-Dialekt Zi Ga Wei ausgesprochen, war lange Zeit katholische Hochburg. 1864 wurde ein Kloster hierhin verlegt, in seinen 1926 neu aufgebauten Hallen ist heute ein Restaurant mit besonderer Atmosphäre untergebracht. Gruppen können ehemalige Wohn- und Arbeitsräume mieten, die mit alten Möbeln zu Speiseräumen umgestaltet wurden. Auch zu zweit muss man nicht auf ein außergewöhnliches Ambiente verzichten. Ein Erlebnis ist das Abendessen in einem der beiden Eisenbahnwaggons, in denen sich Kaiserinwitwe Cixi durch China fahren ließ. Sie stehen neben einer Lokomotive im Garten des Restaurants.

Ye Olde Station Restaurant 上海老站. Caoxi Bei Lu 201, nahe Nandan Lu (漕溪北路201号, 近肇嘉浜路), Metro 1 Xujiahui, 11.30–14, 17–22 Uhr, Tel. 021 64 27 22 33

FRANZÖSISCHES VIERTEL & XUHUI

die Xujiahui-Kathedrale ist die Bischofskirche des Bistums Shanghai und das größte katholische Gotteshaus der Stadt, ihr riesiger Kirchenraum bietet Platz für bis zu 3000 Gläubige.

Die Jesuiten und Xu Guangqi

Dass die Kirche in Xuhui steht, ist kein Zufall. Bereits im 16. Jahrhundert ließen sich hier erste Jesuiten nieder und begannen mit vorsichtiger Missionierung. Dabei beeindruckten sie mit ihren wissenschaftlichen Kenntnissen nicht nur den Kaiserhof, sondern auch an moderner Wissenschaft interessierte Chinesen wie etwa den Staatsdiener Xu Guangqi (1562–1633). Xu lernte im Jahr 1600 den italienischen Jesuiten Matteo Ricci (1552–1610) kennen, ließ sich von seinen Ideen begeistern und wurde zu seinem Schüler und Freund. 1603 konvertierte er zu einem der ersten Katholiken Chinas. Nach Xu, der sich mit Mathematik, Astronomie und anderen Wissenschaften beschäftigte, ist Xujiahui benannt, er war es, der das Land für die Kathedrale spendete. Auch unter seinem Einfluss entwickelte sich die Gegend zu einem bedeutenden kulturellen Faktor. Hier entstanden das erste meteorologische Observatorium, die erste Bibliothek und die erste moderne Schule Shanghais. Das Grab von Xu Guangqi liegt nahe der Kirche im Guangqi-Park. Auch wenn sie nicht in einstiger Pracht erhalten ist, ist die Stätte einen Besuch wert.

Sehenswert sind außerdem die Biblioteca Zi-Ka-Wei und das Tou-Sè-Wè-Museum. Die 1847 von den Jesuiten errichtete Bibliothek liegt unweit der Kathedrale. 1930 war sie die größte Shanghais, heute ist sie wegen ihrer außergewöhnlichen Lesesäle einen Besuch wert. Das Tou-Sè-Wè-Museum war einst ein Waisenhaus für Jungen, die hier in Lesen, Schreiben, vor allem aber in Kunst unterrichtet wurden und das Kunsthandwerk erlernten.

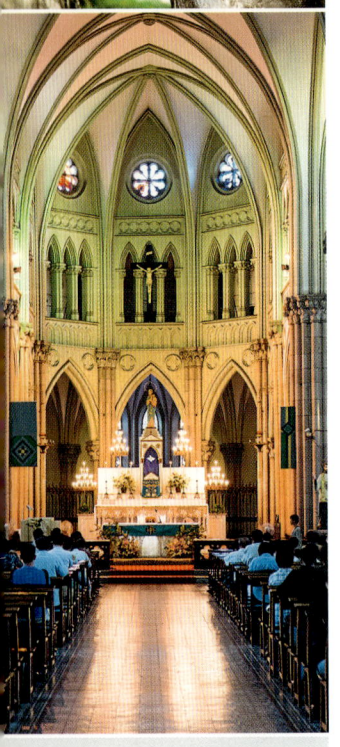

Oben: Die »Väter« Xujiahuis: Xu Guangqi und Matteo Ricci
Unten: Die Xujiahui-Kathedrale wurde 1910 fertiggestellt. Die Bischofskirche des Bistums Shanghai ist die größte katholische Kirche der Stadt.

Xujiahui

Infos und Adressen

SEHENSWÜRDIGKEITEN

Xujiahui Cathedral 徐家汇天主堂.
Sa 13–16 Uhr, So 14–16, engl. Gottesdienst So 12 Uhr, Puxi Lu 158 (徐汇区蒲西路156号), Metro 1, 9, 11 Xujiahui, Tel. 021 64 69 09 30

Biblioteca Zi-Ka-Wei 徐家汇藏书楼.
Nur Sa 14–16 Uhr, Puxi Lu 166 漕溪北路80号, Res. Tel. 21 64 87 40 95 ext. 208

Guangqi Park, Xu Guanqi Memorial 徐光启.
Nandan Lu 17, Di–So 6–18 Uhr (Park), 9–16 Uhr (Grab)

Shanghai Astronomical Observatorium 中国科学院上海天文台. Nur von außen zu besichtigen. Nandan Lu 80 (南丹路80号), Tel. 021 64 38 61 91

La Villa Rouge. 1921 erbaut. In den 1930er-Jahren Heimat der EMI-Studios, nach der Revolution für viele chinesische Musiklabel. Hier wurde u. a. die chinesische Nationalhymne aufgenommen. Hengshan Lu 811, nahe Yuqing Lu (衡山路811号, 近余庆路)

Shoppingpause im »Nana's Green Tea«

Shanghai Oriental Instrument Museum 上海东方乐器博物馆. Mehr als 500 Instrumente der Musikgeschichte aus Asien und Afrika. Das älteste ist eine Knochenflöte, die auf 6 000 v. Chr. datiert wird. 9–16 Uhr, Gao An Lu 18, Nr. 20 (徐汇区高安路18弄20号x) Tel. 021 54 65 18 34

Shanghai Film Museum 上海电影博物馆.
Zeigt alles rund um den Film und seine Historie in Shanghai. Cao Xi Bei Lu 595 (漕溪北路595号, 近蒲汇塘路), Di–So 9–17 Uhr, Tel. 021 64 26 86 66, ww.shfilmmuseum.com

ESSEN UND TRINKEN

Din Tai Fung. Kette mit gutem Ruf für Xialongbao und Dumplings (gefüllte Teigtaschen). Grand Gateway 5. Etg. Suite 503, Hong Qiao Lu 1 (徐家汇虹桥路1号), Tel. 021 34 69 13 83

Nana's Green Tea 七叶和茶. Japanisch, chic und locker, außergewöhnliche Desserts. Metro City, Adresse s. unten, Tel. 021 64 26 77 78, www.nanas-sh.com

EINKAUFEN

Metro City 美罗城. Elektronik, Computer und Zubehör. 10–22 Uhr, Zhaojiabang Lu 1111 (肇嘉浜路1111号), Tel. 021 64 26 88 88, www.shmetrocity.com

Die Twin Tower des Einkaufszentrums Grand Gateway

FRANZÖSISCHES VIERTEL & XUHUI

28 Longhua-Tempel
龙华寺
Tempel der Drachenblume

Mit jedem Kilometer, den man sich von den Sehenswürdigkeiten in der Innenstadt Shanghais entfernt, nimmt auch der Touristenstrom ab. Reisenden, die Zeit mitbringen, bietet das die Gelegenheit, ruhige Seiten zu erleben, die es eben in der Stadt auch gibt – wenn auch nicht allzu häufig. Der Longhua-Tempel ist so eine seltene Blume, die architektonische Eleganz mit buddhistischer Anmut und Ruhe sowie gelebtem Glauben vereint.

Größer, schöner und weit weniger überlaufen als das Jadebuddha-Kloster liegt der Tempel der Drachenblume knapp zehn Kilometer von der Innenstadt entfernt im Xuhui-Bezirk. Er bietet authentische Einblicke in das aktive buddhistische Klosterleben und gehört zweifellos zu den schönsten der Stadt.

Opfer von Zerstörungswut

Die Wurzeln der oft zerstörten und wieder aufgebauten Anlage reichen bis in das Jahr 242, als der Buddhismus sich langsam im Stadtgebiet verbreitete. An der Stelle des heutigen Tempels entstanden eine kleine Gebetsstätte und wenig später eine erste Pagode, die beide zerstört und erneuert wurden. 1598 erhielt die Gebetsstätte die »drei Schätze« des Tempels – einen Satz der buddhistischen Schriften (Tripitaka), eine goldene Buddhastatue und ein goldenes Siegel – und stieg damit in den Kreis der zehn wichtigsten Tempel der buddhistischen Tiantai-Schule auf. 1860 wurde die Anlage durch die Truppen der Taiping-Rebellion

Oben: Die Geschichte des Longhua-Tempels reicht zurück bis ins Jahr 242, die heutige Anlage wurde 1908 fertiggestellt.
Unten: Die Guanyin-Statue in der Halle des Großen Helden.

Longhua-Tempel

(1853–1864) abermals demoliert und 1875 bis 1908 erneut aufgebaut. Rund 2000 buddhistische Gebetsstätten zählte Shanghai 1949, die meisten haben den Niedergang der Stadt nach der Gründung der Volksrepublik und die Kulturrevolution nicht überstanden. Auch viele Schätze des Longhua-Tempels fielen dem blinden Zorn auf Kulturgüter zum Opfer. Zwischenzeitlich als Lager genutzt, wurde der Tempel endlich 1981 wiedereröffnet.

Gelebter Buddhismus

Heute gehört er zu den rund 90 verbliebenen buddhistischen Klöstern und Gebetsstätten Shanghais, die den rund 400 000 aktiven Buddhisten sowie 1500 Mönchen und Nonnen eine religiöse Heimat geben. Sehenswert machen den Longhua-Tempel seine Größe, seine schlichte Eleganz und die Tatsache, dass er der »vollständigste« Tempel Shanghais ist. Vor allem aber zeigt er das authentische religiöse Alltagsleben, das so in Shanghai kaum noch zu finden ist. Hier lässt sich gelebte Religion unaufdringlich erfahren, und spätestens gegen Mittag, wenn die Mönche monoton singend in ihren farbigen Gewändern von Halle zu Halle ziehen und sich ihren Segen holen, bevor sie ihre Mahlzeit einnehmen, wird dem Gast bewusst, dass er sich in einem fremden Land mit einer fremden Kultur befindet – was man im Shanghaier Alltag leicht vergessen kann. Dann kommt auch so mancher Besucher zur Ruhe. Die kann man nutzen, um sich selbst im ausgezeichneten vegetarischen Restaurant des Seitenflügels zu stärken, bevor man die Besichtigung des Tempels beginnt.

Der Buddha der Zukunft

Die fünf Haupthallen des Tempels stehen hintereinander entlang der zentralen Achse. Die erste ist

AUTORENTIPP!

PATRIOTISMUS IM GRÜNEN
Direkt neben dem Longhua-Tempel liegt der Märtyrerpark, an dessen Stelle das von den Nationalisten in den 1930er-Jahren genutzte Gefängnis und das Militärgericht standen. Seit 1995 erinnert der Park an die Opfer des Massakers von 1927, als die Guomindang-Truppen einen Arbeiteraufstand und damit rund 5000 Arbeiter und Kommunisten niedermetzelten. Die Anlage gedenkt auch der vielen Hundert Revolutionäre, die an Ort und Stelle von den Nationalisten unter Chiang Kai-shek hingerichtet wurden. 1994 wurde der Friedhof der Revolutionäre in den Park verlegt. Neben Grab- und Gedenksteinen finden sich zahlreiche Skulpturen und eine Gedenkhalle. An wichtigen Feiertagen werden hier kulturelle und patriotische Veranstaltungen ausgerichtet.

Märtyrerpark龙华烈士陵园, 6–16.30, Museum 9–15.15 Uhr, Longhua Lu 2853 (龙华路 2853), U-Bahn 11 Longhua, Exit 2

Das Museum gedenkt der Kampfesopfer.

Oben: Die vergoldete Statue des sitzenden Sakyamuni in der Halle des Großen Helden
Unten: Gläubige beten vor der weißen Buddhastatue im Longhua-Tempel, der gesamte Tempel ist Maitreya gewidmet, dem lachenden Buddha der Zukunft.

wie der Tempel dem Maitreya, dem dicken lachenden Buddha der Zukunft gewidmet. Die Legende besagt, dass er zur Zeit des Buddha Gautama als Bodhisattva-Schüler inkarniert war und unter einem Baum in Longhua geboren wurde. Die Maitreya-Halle zeigt seine Manifestation als Budai oder Stoffbeutel-Mönch. Sein dicker Bauch steht für Großzügigkeit. Die dahinter folgende Halle der Vier Himmelskönige beheimatet die Statuen der Beschützer der buddhistischen Wahrheit, von denen jeder eine Himmelsrichtung bewacht. Es folgt die Haupthalle, die Halle des Großen Helden, in der eine vergoldete Buddhastatue des sitzenden Sakyamuni residiert, flankiert von Arhats, buddhistischen Heiligen, die das Nirwana erlangt haben, sowie 20 Schutzgöttern und einer Statue der Göttin der Barmherzigkeit (Guanyin) auf der Rückseite des Altars. In der Halle der Drei Götter (oder Drei Weisen) sind drei weitere goldene Buddhastatuen untergebracht. Die dahinterliegende Halle mit dem Garten dient als Quartier und Versammlungsraum und ist nicht zugänglich. Beeindruckend ist auch links von der Haupthalle die kleine Halle der Arhats mit den 500 vergoldeten Heiligen, die das Ideal mönchischer Askese verkörpern.

Longhua-Tempel

Infos und Adressen

SEHENSWÜRDIGKEITEN

Longhua Temple 龙华寺. Die Pagode kann nur von außen besichtigt werden. Der Glockenturm ist zeitweise zugänglich, gegen Gebühr kann man die schwere Glocke schlagen, was nach buddhistischem Glauben von allen Sorgen befreit. 7–17 Uhr, Longhua Lu 2853 (龙华路 2853), Metro 11 Longhua, Exit 2, Tel. 021 64 56 60 85

Long Museum West Bund 龙美术馆. Bekannt für exzellente Ausstellungen und die größte Privatsammlung Chinas (2012 eröffnete das Long Museum Pudong, 2014 das am Huangpu). Das Sammlerehepaar wurde auch in deutschen Medien bekannt, weil es eine rund 500 Jahre alte Ming-Schale für 36 Millionen US-Dollar ersteigerte. Di–So 10–18 Uhr, letzter Einlass 16 Uhr, Longteng Avenue 3398, nahe Ruining Lu (徐汇区龙腾大道 3398号, 近瑞宁路), Metro 7 Middle Longhua Rd, Tel. 021 64 22 76 36, thelongmuseum.org

Im Innenhof des Longhua-Tempels

Yuz Museum. Sehenswertes Museum für zeitgenössische Kunst in einem Hangar des früheren Longhua-Flughafens, auch wegen der besonderen Architektur sehr zu empfehlen. Di–So 10.30 bis 17.30 Uhr, Feng Gu Lu 35 (丰谷路35号), U-Bahn 11 Yunjin Rd, Exit 7, Tel. 021 64, 26 19 01, www.yuzmshanghai.org

ESSEN UND TRINKEN

Songji Spicy Crab 宋记香辣蟹(天钥桥路店). Krebse, Krabben, Frösche und andere Köstlichkeiten für Genießer und Mutige. Tianyao Qiao Lu 898 (天钥桥路898号, 近中山南二路), Tel. 021 64 56 04 36

Yershari Restaurant 耶里夏丽新疆餐厅. Gerichte aus Xinjiang, die an die türkische Küche erinnern. 11–22 Uhr, Nandan Dong Lu 106, nahe Tianyao Qiao Lu (南丹东路106号, 近天钥桥路), Tel. 021 64 68 60 79

ÜBERNACHTEN

Hanting Express 汉庭酒店(上海万体馆南店). Preisgünstiges Hotel einer chinesischen Kette. Long Hua Xi Lu 282 (龙华西路282号), Tel. 021 61 67 37 77, huazhu.com

Die Pagode ist der älteste Teil des Tempels.

FRANZÖSISCHES VIERTEL & XUHUI

29 Rund um den Südbahnhof
Bahn und Bonsais

Shanghais Eisenbahngeschichte hat zwar nicht in Xuhui begonnen, aber mit dem ersten runden Bahnhof der Welt hat der Stadtteil ein neues Kapitel in der internationalen Bahngeschichte geschrieben. Der Besuch lohnt sich auch dann, wenn man keine Zugfahrt plant. Und nach so viel Hightech und Reisetrubel kann man ganz in der Nähe im großen Botanischen Garten die Schönheit und Ruhe der Natur genießen.

Die Shanghai South Railway Station, nach rund drei Jahren Bauzeit im Juli 2006 eröffnet, lässt wohl nicht nur Eisenbahnerherzen höherschlagen, sondern ist vor allem auch etwas für Architekturfans und Technikfreunde. Mit 42 Metern Höhe und einem Durchmesser von 278 Metern ist die nach dem Hauptbahnhof zweitwichtigste Zugstation Shanghais der erste kreisförmige Bahnhof der

Oben: Die Shanghai South Railway Station ist der erste kreisförmige Bahnhof der Welt.
Unten: Die helle, luftige und begrünte Bahnhofshalle macht das Warten so angenehm, wie es eben sein kann.

MAL EHRLICH

ÜBERALL UNIFORMEN

Dienstanzüge bestimmen das Alltagsbild in Shanghai, nicht wenige Ausländer glauben deshalb, überall autoritäre Vertreter der Staatsmacht zu sehen. Aber nicht jeder Uniformierte ist ein Polizist. Wächter in Wohnanlagen, Taschenkontrolleure in U-Bahnen, Bus- und Taxifahrer: Dutzende Berufsgruppen tragen Uniform. Mit der Autorität ist es trotzdem nicht weit her, die meisten Uniformierten werden von der Bevölkerung ignoriert. Touristen sollten den Offiziellen mit Respekt begegnen – zumal die meist für große Hilfsbereitschaft stehen.

Rund um den Südbahnhof

Welt. Wie ein gerade gelandetes Raumschiff sitzt das Bahnhofsgebäude, bei dessen Bau die Architekten vor allem auf Polycarbonat und Aluminium gesetzt haben, über den Gleisen. Die runde Bauweise ist aber nicht die einzige Besonderheit des Gebäudes, das jedem Reisenden das Gefühl gibt, an einem Flughafen zu sein. Auf einer Fläche, die 150 Fußballfeldern entspricht, verteilen sich über drei Etagen 60 Fahrkartenschalter, 20 Warteräume mit Platz für rund 10 000 Menschen und sechs Plattformen mit 13 Gleisen. Dekoriert wird das Ganze mit Bäumen und Blumen, die dank der lichtdurchlässigen Konstruktion auch im Innenraum gedeihen. Auch logistisch ist der Bahnhof ein Meisterwerk. Eine unmittelbare Anbindung an die Metrostation im Untergeschoss sorgt bei den Reisenden für kurze Wege. Rund 16 Millionen Passagiere werden hier jährlich durchgeschleust, Ankunft und Abfahrt sind durch jeweils eigene Etagen getrennt. Von hier aus gehen täglich Züge in die Südprovinzen Chinas und die Städte des Yangtze-Deltas. Bis zur Eröffnung des neuen Bahnhofs in Hongqiao mussten Reisende, die einen Abstecher in die Gartenstädte Hangzhou oder Suzhou machen wollten, vom Südbahnhof fahren. Mit der Eröffnung der neuen Shanghai Hongqiao Railway Station, die mit einer Anbindung an die Schnellzugstrecke die Fahrt nach Hangzhou auf rund 30 Minuten verkürzt, ist dies aber jetzt die schnellere Alternative.

Bahn-Geschichte

Neben dem Südbahnhof und Hongqiao verfügt Shanghai mit dem Westbahnhof und dem Hauptbahnhof heute über insgesamt vier große Zug-Terminals. Dabei ist die Geschichte der Eisenbahn in Shanghai relativ jung. Zwar versuchten britische und amerikanische Kaufleute bereits während der Taiping-Revolution (1851–1864) den Bau einer

AUTORENTIPP!

UNIVERSITÄTSLEBEN

China ist im Umbruch, nirgends ist das besser zu spüren als in Shanghai. Um die Herausforderungen zu meistern, setzt das Land seit Langem auch auf die Verbesserung des Bildungswesens. Von der Jahrtausendwende bis 2010 stieg der Bevölkerungsanteil mit Universitätsabschluss von 3,6 auf rund 9 Prozent, ein überdurchschnittliches Examen ihrer Kinder wünschen sich alle chinesischen Eltern, gute Bildung gilt als beste Versicherung für die Zukunft. 1954 gegründet, ist die Shanghai Normal University eher eine durchschnittliche Uni, aber gerade deshalb gibt sie einen guten Einblick in das Campusleben eines normalen Studenten. Viele wohnen auf dem Unigelände, das umfassende Freizeiteinrichtungen bietet.

Shanghai Normal University 上海师范大学, Guilin Lu 100, nahe Qingzhou Nan Lu (桂林路100号, 近钦州南路), Metro 1, 3, Shanghai South Railway Station, shnu.edu.cn

Der Campus der Shanghai Normal University mit parkähnlicher Anlage

FRANZÖSISCHES VIERTEL & XUHUI

Bahn zwischen Shanghai und Suzhou durchzusetzen, scheiterten aber nicht zuletzt am Widerstand der chinesischen Bevölkerung, die dem Eisenbahnbau sehr kritisch gegenüberstand. Erst 1876 wurde schließlich die erste rund 15 Kilometer lange Schmalspurstrecke der Songhu Railways zwischen Shanghai und Wusong eröffnet, die aber nach weniger als einem Jahr wieder stillgelegt und abgebaut wurde. Es dauerte noch einmal rund 30 Jahre, bis zu Anfang des 20. Jahrhunderts die Bahnstrecken Shanghais langsam ausgebaut wurden. 1949 verfügte die Stadt über 120 Bahnkilometer, heute ist die Bahnverwaltung bereits für mehr als 5000 Kilometer Strecke verantwortlich, auf denen über 200 Millionen Passagiere jährlich transportiert werden. Ein kleines, aber lohnenswertes Eisenbahnmuseum im Norden der Stadt erzählt heute mehr über die Bahngeschichte Shanghais.

Die Shanghai South Railway Station ersetzt den ursprünglich 1908 errichteten Südbahnhof, der einst der Endpunkt der Verbindung Shanghai – Hangzhou war und im August 1937 traurige Berühmtheit erlangte, als er während der Schlacht um Shanghai im Zweiten Chinesisch-Japanischen Krieg durch Bomben zerstört wurde und Hunderte Menschen starben. Nach dem Angriff schoss der chinesische Fotograf H. S. »Newsreel« Wong (1900 bis 1981) ein Foto von einem im ausgebombten Bahnhof sitzenden Kleinkind. Das Bild ging um die Welt und machte unter den Namen »Bloody Saturday« und »Shanghai Baby« Geschichte.

Duftblüten und Magnolien

Nordwestlich des futuristischen Südbahnhofs liegt der Guilin-Park, der für die vielen Osmanthus-Arten bekannt ist, die hier beheimatet sind. Ursprünglich gehörte der Garten Huang Jinrong

Oben: Der zu Beginn der 1930er-Jahre angelegte Guilin-Park ist vor allem wegen seiner vielen Osmathus-Arten bekannt, …
Unten: … lohnt aber auch wegen seiner klassischen Gestaltungselemente einen Abstecher.

Rund um den Südbahnhof

(1868–1953), der Kopf der Shanghaier Unterwelt und zugleich der chinesische Chef der französischen Polizei war. Er ließ ihn Anfang der 1930er-Jahre aus seinem »Privatvermögen« errichten. Der Garten ist hübsch, rechtfertigt aber nicht unbedingt einen Extra-Ausflug. Vor allem im Spätsommer, wenn die Blüten der Bäume und Sträucher, die auch als »Duftblüte« oder »Zimtbaum« bekannt sind, ihren Duft verströmen, lohnt sich aber schon wegen des betörenden Aromas ein Besuch.

Auf jeden Fall einen Ausflug wert ist eine andere Grünanlage südöstlich des Südbahnhofs. Nachdem zur Expo im Jahr 2010 ein neuer Garten in Sheshan gebaut wurde, gibt es heute zwei Botanische Gärten in der Stadt. Der Shanghai Botanical Garden im Süden Xuhuis ist der ältere der beiden. Ursprünglich als Longhua Nursery Garden bekannt, wurde die Anlage 1974 rekonstruiert und 1980 umbenannt. Mit mehr als 80 Hektar Fläche war dies lange Zeit der größte Botanische Garten Chinas. Nach und nach wurde hier Flora aus aller Welt angesiedelt, darunter viele seltene oder vom Aussterben bedrohte Arten. Unter den mehr als 9000 Pflanzen sind Granatapfelbäume, die bereits im 18. Jahrhundert gesetzt worden sein sollen. Der Garten bietet mit seinen alten Baumbeständen und dem üppigen Grün einen Lebensraum für zahlreiche Vogelarten und der gestressten Seele der Besucher eine Auszeit recht nahe an der Innenstadt. Gleichzeitig dient er aber auch wissenschaftlichen Zwecken.

Sehenswert ist vor allem der Bonsaigarten (Penjing Yuan), der 1978 angelegt und 1995 um das Bonsaimuseum ergänzt wurde. Wer Bonsais mag, ist hier zwischen den mehr als 2000 »Minis«, von denen einige internationale Auszeichnungen einheimsen konnten, sehr gut aufgehoben und sollte sich den Besuch nicht entgehen lassen. Aber auch

AUTORENTIPP!

FUSSBALLWELTEN

Nur zwei Metrostationen von der stadiongleichen Shanghai Railway Station liegt das Shanghai Stadion, das mit seinem charakteristischen Satteldach sofort ins Auge sticht. Es ist Heimat des Vereins »Shanghai Dongya« und zählt mit einer Kapazität von 80 000 Zuschauern zu den größten Fußballstadien der Welt. International ist den fußballverrückten Chinesen, die bei jeder Weltmeisterschaft den Deutschen die Daumen drücken, bisher der große Erfolg verwehrt geblieben. Die Begeisterung für die schönste Nebensache der Welt ist trotzdem riesig. Spiele der Heim-Mannschaft sind ein besonderes Erlebnis. Wer selbst ein bisschen Bewegung braucht, kommt hier ebenfalls auf seine Kosten. Mit den Sportanlagen, Einkaufsmöglichkeiten und Restaurants bietet das Stadion eine eigene Erlebniswelt.

Shanghai Stadion 上海体育馆, Caoxi Bei Lu 1111 (漕溪北路1111号), Tel. 021 64 26 66 66, www.ssc.sh.cn

Im Shanghai Botanical Garden wurden Pflanzen aller Welt angesiedelt

Oben: Die tropische Sektion des Botanischen Gartens lockt mit über 3500 Pflanzenarten und einer einzigartigen Blütenpracht.
Unten: Mit seiner üppigen und abwechslungsreichen Vegetation lädt der Garten zu einem ausgedehnten Rundgang ein.

anderen Gemütern und Pflanzenliebhabern hat der Park einiges zu bieten: Die tropische Sektion, die 2001 eröffnet wurde, wartet mit mehr als 3500 tropischen und subtropischen Pflanzenarten auf. Der Bambusgarten, 1978 angelegt, beheimatet heute 74 Arten.

Beliebt ist aber auch der Magnoliengarten, den es seit 1988 gibt. Die Magnolienblüte ist das Blumensymbol der Stadt Shanghai und Teil des Wappens. Verdiente Ausländer werden seit 1989 mit dem »Magnolia Award« von der Stadt ausgezeichnet. Vielen gilt die Magnolie als »Königin der Gehölze«, und auch in China steht die Blüte symbolisch für weibliche Schönheit. Kein Wunder also, dass der Garten auf gut eineinhalb Hektar Fläche 40 verschiedene Magnolienarten zeigt. Pfingstrosen, Orchideen, Osmanthus, Koniferen und andere Blumen und Bäume vervollständigen das Bild. Mit seinen schön angelegten Wegen, die an Mauern und Teichen vorbeiführen, mit den Steinbrücken, Ausstellungsgebäuden und einem Tempel lädt der Garten zu einem ausgedehnten Besuch ein, bei dem man die Kamera nicht vergessen sollte.

Rund um den Südbahnhof

Infos und Adressen

SEHENSWÜRDIGKEITEN
Shanghai Botanical Garden 上海植物园.
8–17 Uhr, Longwu Lu 1111 (徐汇区龙吴路1111
号), Metro 3 Longcao Road, Tel. 021 54 36 33 69,
www.shbg.org

Shanghai South Railway Station 上海火车南
站. Dongli Bei Yi Lu, Xuhui (动力一北路),
Metro 1, 3, Tel. 021 54 35 35 35

ESSEN UND TRINKEN
Fresh Home 食其家(上海南站店). Bei den
Einheimischen sehr beliebter Japaner mit breitem
Angebot. 10.30–21 Uhr, Hu Min Lu 9001–3, YinTai
Shopping Center (徐汇区沪闵路9001–3号银泰
购物中心), Tel. 021 54 35 85 70

Ubc Coffee 上岛咖啡(石龙路店). Etablierte
Café- und Restaurantkette mit Kuchen, Snacks,
Pizza und chinesischen Gerichten. Gut für eine
kleine Pause. ShiLong Road 567 (石龙路567号),
Tel. 021 51 50 89 81

Tyrannosaurus Rex im Botanischen Garten

ÜBERNACHTEN
Starway Parkview South Station Hotel 上海星
程天然居南站酒店. Preiswerte Unterkunft in
der Nähe des Botanischen Gartens. Baise Road
218 (徐汇区百色路218号), Tel. 021 54 35 88 99

AKTIVITÄTEN
Shanghai Railway Museum 上海铁路博物馆.
Wer mehr über die Eisenbahngeschichte erfahren
möchte, macht einen Abstecher ins Museum in der
Nähe des Hauptbahnhofs. Di–So 9–11, 14–16 Uhr,
Tian Mu Dong Lu 200 (天目东路200号),
Tel. 021 51 22 19 87, www.museum.shrail.com

Shanghai Nanzhan Long-Distance Bus-Station
上海南站长途客运站. Von hier aus fahren
Fernbusse zu Zielen in ganz China. Die Tickets
können online gebucht werden. Shilong Lu 666
(石龙路666号), Tel. 021 54 35 35 35,
www.ctnz.net

Shanghai Lupu Bridge 上海徐浦大桥. Riesige
Bogenbrücke (Spannweite mehr als 500 m) mit
einer Aussichtsplattform, von der aus man einen
grandiosen Blick hat. Huajing Town, Xuhui District
(徐汇区华泾镇)

Auf dem Campus der Shanghai Normal University

HONGKOU UND YANGPU

30 Kulturstraße Duolun Lu 多伦路文化街
Literaten-Tour — 186

31 Lu-Xun-Park 鲁迅公园
Die Seele der Nation — 192

32 Tilanqiao 提篮桥
Fluchtpunkt Shanghai — 194

33 Yangpu-Distrikt 杨浦区
Vom Industrie- zum Technik- und Bildungsstandort — 198

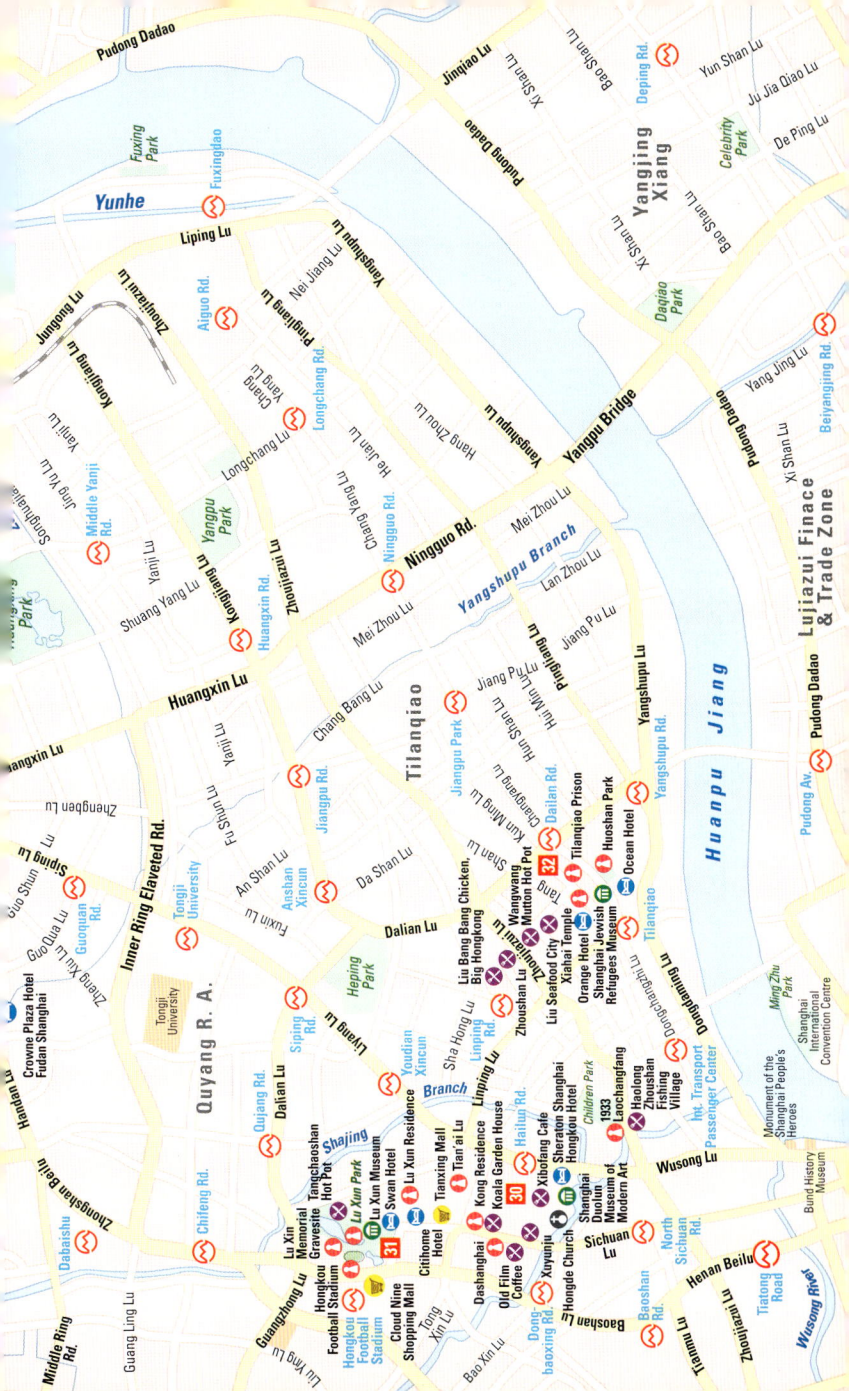

HONGKOU UND YANGPU

30 Kulturstraße Duolun Lu 多伦路文化街
Literaten-Tour

Shanghai ist ständig im Dauerlauf, spuckt und hustet Baustellen aus, stampft alte Gebäude und ganze Straßen in den Boden und lässt neue in den Himmel wachsen. Die Shanghaier sind daran gewöhnt, sie selbst treiben die Veränderung stetig voran und fühlen sich nicht so recht wohl, wenn irgendwo etwas nicht in Bewegung ist. Dass in der Duolun Lu die Uhren und die Menschen anders zu ticken scheinen, bestätigt als Ausnahme vielleicht nur die Regel.

In einem gemütlichen Bogen verbindet die Duolun Lu mit der Sichuan Lu im Osten und der Jiangwan Lu im Norden zwei große Straßen, auf denen es so geschäftig zugeht, wie es in Shanghai nun einmal zugehen muss. Die Duolun Lu hält mit dörflichem Charakter, einer behag-

Seite 182/183: Die Fußgängerzone Duolun Lu
Oben: Wie alle etwas außergewöhnlichen Straßen und Sehenswürdigkeiten ist auch die Kulturstraße als Kulisse für Hochzeitsfotos beliebt.

MAL EHRLICH

MENSCHEN ALS FOTOMOTIV
Touristen und Ausländer gehören seit Jahrzehnten zum Stadtbild Shanghais und werden von den Einheimischen kaum mehr als außergewöhnlich wahrgenommen. Anders bei chinesischen Touristen vom Land. Besonders wenn man blond und groß ist, kann man zum begehrten Fotomotiv werden. In der Regel wird man freundlich und respektvoll gefragt, unangenehm wird es selten. Andersherum gilt es natürlich auch, die Privatsphäre der Chinesen zu akzeptieren und selbst beim Fotografieren nicht zu aufdringlich zu werden.

Kulturstraße Duolun Lu

lichen Fußgängerzone, architektonischen Perlen und historischer Bedeutsamkeit erfolgreich dagegen. Vor den Eingängen zu den Wohnanlagen, die rechts und links von der Fußgängerzone abgehen, sitzen gemütlich schwatzende ältere Frauen und rauchende Männer, die gleichmütig die Besucher beobachten. Von der Hektik Shanghais ist hier wenig zu spüren. Von den Stadtplanern aufgrund des ehemaligen Sitzes der 1930 gegründeten »Liga linker Schriftsteller« zur Kulturstraße erkoren, mit dem vollständigen Namen »Duolun Famous Cultural Person Street«, wurde die 1911 angelegte Straße Ende der 1990er-Jahre zur Fußgängerzone ausgebaut. Den historischen Gebäuden gönnte man eine gründliche Instandsetzung, bevor man sie in Museen, Galerien, Cafés und Kunstgeschäfte umwandelte. Mit der Gestaltung von Skulpturen der wichtigsten linken Denker und Autoren Shanghais während der Republikzeit wurden Shanghaier Künstler in die gelungene Neugestaltung der Straße einbezogen.

Bedeutende Schriftsteller

Um zur Duolun Lu zu gelangen, folgt man von der Metrostation Dongbaoxing der Hailun Lu nach Osten. Der kürzeste Weg führt dann links über die Henbang Lu, die direkt auf die Duolun Lu stößt, allerdings trifft sie genau auf die Mitte der Fußgängerzone. Ein kleiner Umweg über die Sichuan Lu weiter im Osten hat den Vorteil, dass man die Kulturstraße von Anfang bis Ende durchlaufen kann, außerdem sieht man so etwas mehr von der Gegend. Die Duolun Lu geht nach etwa 300 Metern von der Sichuan Lu links ab und startet recht unspektakulär mit einem »KTV« und einem Family Mart. Nach wenigen Metern folgt das Duolun Museum of Modern Art, das zeitgenössische Kunst zeigt. Die zwei Herren – manchmal auch drei, ein Stuhl ist ja frei –, die vor dem »Café Xibofang« auf

AUTORENTIPP!

KLEINE ERINNERUNGEN

Guo Chunxiang ist ein liebenswerter älterer Herr mit einem Faible für die 1930er- und 40er-Jahre. In seinem Haus auf der Duolun Lu hat er deshalb 1998 nicht nur einen kleinen Antiquitätenladen, sondern auch ein privates Zeitungsmuseum eröffnet. Im Laden hortet er alles, was irgendwie alt ist. Natürlich verkauft er die Stücke auch, nicht jedoch ohne dem Käufer das Gefühl zu geben, dass er sich nur sehr ungern von seinen Schätzen trennt. Dazu gehört Schmuck ebenso wie Spielzeug, Elektrogeräte, Bücher, Münzen, Werkzeug oder Musikinstrumente. Weil immer mehr Menschen seinen urigen Laden fotografieren wollten, hat er auch daraus ein Geschäft gemacht und verlangt einen RMB. Für Fotofans ist das Geld gut angelegt, stöbern kostet nichts. Das Zeitungsmuseum öffnet er nur, wenn er nicht allein im Laden ist.

1933 Da Shanghai. Antiquitäten, Trödel und Zeitungsmuseum. 9-18 Uhr, Duolun Lu 179 (多伦路179号)

Der Schriftsteller Lu Xun spricht zu zwei unbekannten Literaten.

HONGKOU UND YANGPU

Oben: Mit charakteristischem Hut: Charlie Chaplin vor dem »Old Film Café«
Mitte: Das Café an der Duolun Lu lädt zum gemütlichen Entspannen ein.
Unten: Nostalgisches Flair bieten Restaurants auf der Kulturstraße.

der rechten Seite gebannt einem dritten lauschen, sind unbekannte Literaten. Wichtig ist der Dritte: Lu Xun (1881–1936), Schriftsteller und Begründer der modernen chinesischen Literatur. Er war nicht nur einer der Gründer der linken Literatengruppe, sondern auch treibende Kraft der »Neuen Kulturbewegung«, die in den 1920er- und 30er-Jahren in Peking und Shanghai aufblühte. Die Gassen von Hongkou gehörten dabei zu den kulturellen und intellektuellen Brennpunkten der Stadt. Schräg gegenüber steht mit Mao Dun (1896–1981) ein weiteres literarisches und später auch politisches Schwergewicht der Szene. Nach Lu Xun war Mao Dun der einflussreichste Geist der revolutionären Shanghai-Literaten. Lu und Mao waren lange Zeit Nachbarn ganz in der Nähe der Duolun Lu. Ihre Wohnungen existieren noch, die von Lu Xun kann besichtigt werden (siehe S. 193).

Besuch bei Charlie Chaplin

Auffällig ist das Gebäude, das kurz hinter dem Standbild von Mao Dun auf der linken Seite folgt. Mit ihren Elementen klassischer chinesischer Tempelarchitektur – wie den roten Säulen und geschwungenen Dächern – ist die 1928 auf Eigeninitiative der Gläubigen erbaute christliche Hongde-Kirche einzigartig in Shanghai. Sie erinnert an den Missionar Huang Qihong, der der amerikanischen presbyterianischen Mission 26 Jahre lang gedient hatte. Ein Blick ins Innere zeigt eine im Vergleich zur Außenfassade überraschende Kühle.

Auf der Straße folgen mit Uchiyama Kanzo (1885–1959), einem japanischen Freund Lu Xuns, der die Literatenszene unterstützt hatte, und Shen Yimo (1883–1971), einem Pionier der »Neuen Kulturbewegung«, weitere Statuen verdienter Literaten, bevor man an schicken Häusern und Cafés

Kulturstraße Duolun Lu

vorbei auf die Biegung der Straße trifft. Dort fällt zunächst das Haus mit dem Turm auf. Das bei der Umgestaltung des Viertels Ende der 1990er-Jahre neu errichtete Gebäude wird zumindest zurzeit nicht genutzt, sieht man davon ab, dass im Fuße des Glockenturms John Darroch (1865–1941) eine Heimat gefunden hat, der kein Literat, aber Missionar in Shanxi und Shanghai war. Außerdem war er Namensgeber der Straße, die ursprünglich Darroch Road hieß. 1943 gab ihr die unter der Herrschaft der Japaner stehende Marionettenregierung Shanghais den neuen Namen.

Literat und politischer Missionar war in gewisser Weise auch der scharfsinnige Komiker Charlie Chaplin (1889–1977), der auf der Veranda des nächsten Hauses steht. Nicht, weil er tatsächlich zweimal in Shanghai war, sondern, weil auch die Filmkunst ihren Anteil an der »Neuen Kulturbewegung« hatte und weil im gemütlichen »Film Café« heute noch auf Wunsch Chaplins Filme gezeigt werden. Chaplin ist selten allein, weil sich immer wieder Fotografen einfinden, die Liebes- und Hochzeitsfotos mit dem Filmstar machen, der schon zu Lebzeiten »verdächtigt« wurde, dem Kommunismus nahe zu stehen und im Amerika der McCarthy-Ära entsprechende Probleme hatte.

Auf der anderen Seite der Straße wendet die Autorin und Sozialkritikerin Ding Ling (1904–1986) den Kopf ab, die sich mit der KP überwarf und nach 1957 als Verräterin gebrandmarkt bis 1979 ein Leben in Haft, Zwangsarbeit und Folter verbringen musste, bevor sie rehabilitiert wurde. Den vorläufigen Abschluss des Literatenreigens bildet der Schriftsteller und Publizist Ye Shengtao (1894–1988). Auf dem folgenden Abschnitt der Straße ist die Aufmerksamkeit auf die Architektur der schicken Lilong-Häuser gerichtet, die hier überall stehen.

AUTORENTIPP!

ROMANTISCHE STRASSE

Nicht weit von der Duolun Lu entfernt liegt die 500 Meter lange Tian'ai Lu, durch die man auch zum Lu-Xun-Park gelangen kann. Die Seitenstraße, deren Name sich aus den Zeichen für die Wörter süß (tian 甜) und Liebe (ai 爱) zusammensetzt, wurde 1920 angelegt. Heute ist die »Straße der Liebenden« auch deshalb bekannt, weil an der Mauer zur Wohnsiedlung im Osten 28 berühmte Liebesgedichte hängen. Pärchen laufen hier oft durch, um die Gedichte zu lesen. Poetisch wirkt die Allee mit ihrem alten Baumbestand, von Ranken bewachsenen Eisengittern und schönen Häusern aber auch dann, wenn man die Gedichte nicht lesen kann. Für einen verträumten Nachmittagstee oder ein romantisches Abendessen bietet sich die »Tian'ai Lounge« an der Ecke zur Sichuan Lu an.

Tian'ai Lu 甜爱路. Vom Nordausgang Duolun Lu rechts auf die Sichuan Lu, die Tian'ai Lu zweigt links ab. »Tian'ai Lounge« (Nr.129) (甜爱路 129号), Tel. 021 56 66 53 41

Poesie und Liebesgedichte auf der Straße der Liebenden

Gründungsstätte der »Liga«

Wo sich die Straße zwischen den Häuserreihen öffnet, geht es um die Ecke des letzten Hauses herum links in die Gasse 201, und man gelangt zur Gründungsstätte der »Liga linker Schriftsteller«. Wenn der Eindruck entsteht, dass man in eine private Wohnsiedlung läuft, stimmt das. Trotzdem ist man hier richtig. Kurz hinter der ersten Ecke steht das Haus Nummer 2, in dem das Museum untergebracht ist, das auf jeden Fall einen Besuch wert ist. Die gut gemachte Ausstellung zeigt unter anderem Dokumente zur Gründungsgeschichte, historische Fotos, Bücher und Arbeitsplätze der Literaten. Im Hof stehen ein Gedenkstein und eine Statuengruppe zum Andenken an fünf Liga-Autoren, die 1931 von Chiang Kai-sheks Nationalisten verhaftet und ermordet wurden.

Zurück auf der Duolun Lu geht es an der Bai-Villa aus den 1920er-Jahren auf der rechten und der Bronze von Rou Shi (1902–1931), einem der fünf Opfer, sowie dem Schriftsteller und Journalisten Qu Qiubai (1899–1935) auf der linken Seite vorbei, der 1935 ebenfalls von den Nationalisten erschossen wurde. Kurz bevor man die Duolun Lu verlässt, trifft man rechts auf die ehemalige Residenz (1924) von Kong Xingxi (auch Kung Hsianghsi oder H. H. Kung, 1881–1967) und Song Ailing (siehe S. 218), der Schwägerin von Chiang Kai-shek.

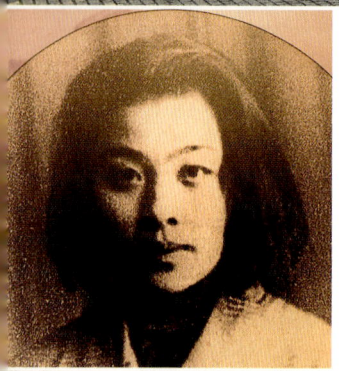

Oben: Dörflicher Charakter und Gemütlichkeit in der Kulturstraße
Mitte: Die Ausstellung in der Gründungsstätte der Liga linker Schriftsteller zeigt historische Fotos …
Unten: … und nachgestellte Szenen über die Verfolgung der Literaten durch die Nationalisten.

Kulturstraße Duolun Lu

Infos und Adressen

SEHENSWÜRDIGKEITEN
Hongde Tang Church 鸿德堂. Unregelmäßig geöffnet, Messe So 7–9.30 Uhr, Duolun Lu 59 (多伦路59号)

Shanghai Duolun Museum of Modern Art 上海多伦现代美术馆. Duolun Lu 27 (多伦路27), Tel. 021 65 87 69 01, duolunmoma.org

Kong Former Residence Duolun Lu 250 (多伦路250号住宅)

ESSEN UND TRINKEN
Old Film Café 老电影咖啡馆. Filmfans können in nostalgischem Ambiente den alten Soundtracks lauschen. Im Obergeschoss werden alte Filme gezeigt. 10–24 Uhr, Duolun Lu 123 (多伦路123号), Tel. 021 56 96 47 63

Koala Garden House 上海考拉花园别墅酒店. Gemütliches Café, Restaurant und Zimmervermietung. 9–18 Uhr, Duolun Lu 240 (多伦路240号), Tel. 021 40 07 33 99 93

Xibofang 禧勃坊咖啡吧. Gartencafé in einem renovierten Altbau. Im Angebot leckerer Kuchen, Nudelgerichte, Milchshakes. Duolun Lu 32 (多伦路32号), Tel. 021 65 87 19 62

Im Shanghai Duolun Museum of Modern Art

Die Hongde Tang Church vereint westliche und östliche Stilelemente.

Xuyunju 煦云居. Kleines Teehaus mit hübschem Ausblick, in dem es auch kleine Snacks gibt. Duolun Lu 91(多伦路91号)

ÜBERNACHTEN
Swan Hotel 上海天鹅宾馆. An der geschäftigen Sichuan Lu gelegen, Zimmer mit Blick auf den Lu-Xun-Park und das Hongkou Football Stadium. Sichuan Bei Lu 2211 (四川北路2211号), Tel. 021 56 66 56 66, www. swanhtl.com

Sheraton Shanghai Hongkou Hotel, 上海虹口三至喜来登酒店. In bewährter Sheraton-Qualität, gute Lage, Siping Lu 59 nahe Hailung Lu (四平路59号, 近海伦路), Tel. 26 01 00 88, www.starwoodhotels.com/sheraton

EINKAUFEN
In der Duolun Lu findet man Andenken und Nippes in den zahlreichen kleinen Läden und Antik-Shops. Günstig einkaufen kann man aber auch in der

Tianxing Shopping Mall. 天兴百货. Neben internationalen Modeketten auch einheimische Boutiquen. Sichuan Bei Lu 2188 (四川北路2118号), Tel. 021 56 71 23 36, www.tianxing.sh.cn

HONGKOU UND YANGPU

31 Lu-Xun-Park 鲁迅公园
Die Seele der Nation

Der nach Lu Xun benannte Park steht ganz im Zeichen des Übervaters der modernen chinesischen Literatur, der in der Nachbarschaft bis zu seinem Tod lebte und arbeitete. Hier liegt nicht nur das Mausoleum, sondern auch ein ausgezeichnetes Museum, das das Leben und Werk der »Seele der Nation« thematisiert. Mit dem ehemaligen Wohnhaus des Literaten wurde nicht weit vom Park entfernt eine weitere Erinnerung an ihn bewahrt.

Wie alle Grünanlagen in Shanghai wird auch dieser Park als Freizeit- und Naherholungsgebiet intensiv genutzt. Hier wird getanzt, Musikliebhaber singen Opern und spielen Instrumente, rauchende Männer spielen Karten oder das beliebte Mahjong. Sportbegeisterte üben sich in Tennis, Fußball und Badminton, und Naturfreunde, vom See und den schönen Gartenanlagen angezogen, lesen oder meditieren im Schatten der vielen Kirsch- und Pflaumenbäume oder im Teehaus.

Auf den Spuren des Dichters

Trotz – oder auch gerade wegen – der vielen aktiven Menschen gehört der Park zu den attraktivsten Grünanlagen Shanghais. Ursprünglich 1896 von einem britischen Gartenarchitekten für Sportschützen angelegt, wurde er im Jahr 1905 zum Hongkou Sports Games Park and Shooting Field für die Ausländer Shanghais ausgebaut und 1922 in Hongkou Park umbenannt. Seit 1956 steht hier das Lu-Xun-Mausoleum – in dem Park, in dem der Dichter seine Spaziergänge machte, und der daher 1988 erneut umbenannt wurde.

Oben: Seit 1956 steht das Lu-Xun-Mausoleum im gleichnamigen Park.
Unten: Das Lu-Xun-Museum zeigt viele Originalmanuskripte, Bücher, Holzschnitte und andere Werke aus dem Leben und Umfeld des Literaten.

Lu-Xun-Park

Noch immer wird Lu Xun auch von den einfachen Leuten bewundert, nicht weil er zum kommunistischen Revolutionär hochgelobt wurde, obwohl er mit Bedacht nie Mitglied der KP wurde. Auch nicht allein wegen seiner Werke, in denen er sich kritisch mit überlebten Traditionen, dem konfuzianischen Wertesystem, den konservativen Kreisen der republikanischen Zeit und der reaktionären Politik der Nationalisten um Chiang Kai-shek auseinandersetzte und »nebenbei« einen neuen Literaturstil prägte. Es ist vor allem seine konsequente Haltung, die den Menschen Respekt abnötigt. Lu Xun hat geschrieben, was er dachte, auch die Einschüchterungsversuche der Nationalisten konnten ihn nicht zum Schweigen bringen, erzählen sich die Shanghaier. Er war ein Dickschädel, der sich niemandem beugte – und das macht ihn zu einem »echten Chinesen« und einem »Lehrer für die Jugend«. Seinem Leben ist das Museum im Ostteil des Parks gewidmet. Die ausgezeichnete Ausstellung thematisiert mit zahlreichen Fotos und Dokumenten sein Lebenswerk – und damit auch einen wichtigen Teil der Geschichte Chinas – und zeigt viele Originalmanuskripte, Bücher und Holzschnitte. Übersetzungen seiner berühmtesten Werke wie »Die wahre Geschichte des Ah Q«, neben »Tagebuch eines Verrückten« seine bekannteste Arbeit, werden im angegliederten Buchladen angeboten.

Etwa zehn Minuten Fußmarsch vom Park entfernt liegt in einer unscheinbaren Umgebung das Wohnhaus, in dem Lu Xun die letzten drei Jahre bis zu seinem Tod im Oktober 1936 verbrachte. Die Wohnung ist mit der Originaleinrichtung, darunter sein Schreibtisch, erhalten geblieben, Fotos erläutern sein Leben. In der Siedlung schräg gegenüber liegt das Wohnhaus des Schriftstellers Mao Dun (1896–1981), das aber nur von außen besichtigt werden kann.

Infos und Adressen

SEHENSWÜRDIGKEITEN

Lu Xun Park 鲁迅公园. Okt.–Juni 6–18, Juli–Sept. 5–19 Uhr, Metro 3, 8 Hongkou Football Stadium

Lu Xun Memorial and Gravesite 鲁迅公园. Sichuan North Road 2288 (四川北路2288号)

Lu Xun Museum 鲁迅纪念馆. 9–16 Uhr, Tian'ai Lu 200 (甜爱路 200号), Tel. 021 65 40 22 88, www.luxunmuseum.com

Lu Xun Former Residence 鲁迅故居(东门). 9–16 Uhr, Shanyin Lu 132 (山阴路132弄1–10号)

Hongkou Football Stadium 虹口足球场. 1951 als erstes professionelles Stadion Chinas erbaut, 35 000 Plätze, beeindruckende Atmosphäre bei den Spielen. Metro 3, 8, Tel. 021 56 50 03 21

ESSEN UND TRINKEN

Tangchaoshuan Hot Pot 唐朝涮火锅. Vor allem für sein Lammfleisch bekannt. 10–2 Uhr, Xiang De Lu 140 nahe Ouyang Lu (祥德路140号, 近欧阳路), Tel. 021 56 66 31 34

ÜBERNACHTEN

Citihome Shanghai Luxun Park 上海城市之家鲁迅公园店. Preisgünstiges Hotel in Laufweite zum Lu-Xun-Park und der Duolun Lu. Sichuan Bei Lu 2131 (四川北路 2131号), Tel. 021 51 80 82 88

EINKAUFEN

Dream Cloud Nine Shopping Mall 凯德龙之梦购物中心(虹口). Shoppingcenter mit großem Supermarkt und Restaurants. 10–22 Uhr, Jiangwan Xi Lu 388 (西江湾路388 号), Tel. 021 26 01 90 00

HONGKOU UND YANGPU

32 Tilanqiao 提篮桥
Fluchtpunkt Shanghai

Die Umgebung um Tilanqiao im Hongkou-Distrikt gehört auf den ersten Blick nicht unbedingt zu den Flecken, die man in Shanghai unbedingt sehen muss. Das hier etwas versteckt liegende einstige jüdische Ghetto ist für die meisten Touristen aber Teil des Pflichtprogramms – und das völlig zu Recht. Es sind nur zwei, drei Straßen, die noch eine Ahnung davon vermitteln, wie die jüdischen Flüchtlinge hier einst lebten.

Ein bisschen suchen muss man sie schon, die wenigen architektonischen Zeitzeugen der jüdischen Geschichte Shanghais. Sie liegen versteckt zwischen Hochhäusern, breiten und öden Straßen und Baustellen, die wie Seifenblasen mal hier, mal dort erscheinen und dann mit einem Plopp den Blick auf einen weiteren Wolkenkratzer freigeben. Tilanqiao ist ein Viertel im Umbruch, in den Straßen und Gassen, in die der Wohlstand Shanghais bisher nur zum Teil vorgedrungen ist, liegen zwischen modernen Wohn- und Geschäftshäusern kleine Läden und dringend renovierungsbedürftige Unterkünfte. Dominiert wird die Gegend noch immer von den mächtigen Mauern des 1903 von den Briten gebauten Tilanqiao-Gefängnisses, das einst als die größte Haftanstalt Asiens galt. Nach den Briten nutzten die Japaner den Komplex, inhaftierten hier Kriegsgefangene und nutzten das Gebäude als Munitionsdepot, bevor es nach dem Ende des Zweiten Weltkriegs die Guomindang übernahm. Bis heute wird das Gefängnis genutzt, in den nächsten Jahren soll es aber verlegt werden – nicht nur, weil es von der Bevölkerung schon lange als belastend empfunden wird, son-

Manche der Wohnhäuser im ehemaligen jüdischen Ghetto sind weitgehend erhalten geblieben. Rund 20 000 Flüchtlinge drängten sich in dem Viertel ab 1937 zusammen.

Tilanqiao

dern auch, weil es die Entwicklung des Gebietes stört. An seiner Stelle sollen ein Museum, ein Hotel und eine Diamantschleiferei entstehen, so zumindest die bisherigen Pläne.

Das einstige jüdische Ghetto

Dauerhaft bleiben werden die Reste des Ghettos, das nach dem 18. Februar 1943 im Schatten des riesigen Gefängnisses um die Huoshan Lu entstand. Rund 30 000 Juden flüchteten zwischen 1933 und 1941 aus Deutschland und Europa nach Shanghai oder von hier aus in andere Länder. Die Stadt war weltweit eine der wenigen, in die sie auch ohne Pass und Visum einreisen konnten. Von den 25 000 Flüchtlingen, die sich zu Beginn des Zweiten Weltkriegs in Shanghai eingerichtet hatten, lebten 4000 in der ehemaligen Französischen Konzession und rund 1500 im International Settlement. Der Rest war zunächst in Camps über die Stadt verteilt, bis alle jüdischen Flüchtlinge, die nach 1937 nach Shanghai gekommen waren, in Tilanqiao zusammengedrängt wurden, wo die Japaner auf Druck der Deutschen das Ghetto einrichteten.

Ein Gefängnis war das Ghetto nicht, aber wer es verlassen wollte, brauchte einen Passierschein und war damit der Willkür der Besatzer ausgesetzt. Zudem spielte sich das Leben auf engstem Raum ab. 20 000 Juden richteten sich auf rund zwei Quadratkilometern inmitten der chinesischen Bevölkerung ein. Ganze Familien und Dutzende Menschen, die sich nicht kannten, teilten sich winzige Räume. Hunger und schlechte hygienische Verhältnisse bestimmten den Alltag. Trotz der Enge organisierte die jüdische Bevölkerung ein funktionierendes soziales Gefüge mit eigenen Läden, Cafés, Theater, Schulen, mobiler Bibliothek und Zeitungen.

AUTORENTIPP!

KREATIVZENTRUM MIT SCHAURIGER GESCHICHTE

Eines der bizarrsten alten Gebäude Shanghais ist der alte Schlachthof. In den 1930er-Jahren von britischen Architekten entworfen, galt er einst als einer der drei größten weltweit. Angelegt als effiziente »Tötungsfabrik«, ist der Betonkomplex aus vier Gebäuden, die in einem Zentrum zusammenlaufen, vor allem architektonisch interessant. Der Irrgarten aus betonierten Wegen, auf denen man einst die Tiere zur Schlachtbank trieb, wurde 2008 restauriert und bietet ein vor allem bei Fotografen beliebtes surreales Ambiente. Unwirklich erscheint angesichts der einstigen Nutzung auch das Theater mit Glasboden ganz oben im Gebäude. Heute ist das Betonmonster auf dem Weg in ein großes Kreativ- und Designzentrum.

1933 Laochangfang 老场坊. Shajing Lu 10–29 nahe Liyang Lu (沙泾路 10), Metro Hailun Rd, Exit 3, 5, Tel. 021 68 88 19 33, www.1933shanghai.com

Verrückte Perspektiven im ehemaligen Schlachthof Laochangfang

Oben: In der Ohel-Moishe-Synagoge ist heute das jüdische Flüchtlingsmuseum untergebracht.
Unten: Im September 2014 wurde im Museum eine Gedenkwand mit den Namen von mehr als 13 000 jüdischen Flüchtlingen enthüllt.

Nach Kriegsende verließen die meisten Flüchtlinge die Stadt, darunter einige, die später bedeutende Rollen in anderen Ländern übernehmen sollten wie Werner Michael Blumenthal, der von 1977 bis 1979 US-Finanzminister und von 1997 bis 2014 Direktor des Jüdischen Museums Berlin war. Als Zeitzeugen geblieben sind die Ohel-Moishe-Synagoge, in der heute das jüdische Flüchtlingsmuseum untergebracht ist. Hier wurde im September 2014 eine Gedenkwand mit den Namen von 13 732 jüdischen Flüchtlingen enthüllt. Erhalten sind auch zwei ansehnliche Straßenzüge mit Wohnhäusern, die nach 2007 renoviert wurden.

Der Huoshan-Park wurde 1917 angelegt. Relativ neu ist hier die Gedenkplatte, die 1993 anlässlich des Besuches des israelischen Premierministers Yitzhak Rabin errichtet wurde. Gegenüber vom Parkeingang steht das Gebäude des Joint Distribution Commitee, einer internationalen Organisation, die Flüchtlinge unterstützte. Im Westen der Huoshan Lu befinden sich an der Nr. 57 die kläglichen Reste des ehemaligen Broadway Theatre, in dem die Bewohner des Ghettos Theaterstücke aufführten.

Tilanqiao

Infos und Adressen

SEHENSWÜRDIGKEITEN

Tilanqiao Prison 提篮桥监狱. Changyang Lu 147 (虹口区长阳路147号)

Shanghai Jewish Refugees Museum 上海犹太难民纪念馆. 9–16 Uhr, Changyang Lu 62 (长阳路62号), Tel. 02165126669, www.shanghaijews.org.cn

Xihai Miao 下海庙. Buddhistisches Kloster aus dem 18. Jh., vom Tourismus weitgehend unberührt. Kunming Lu, nahe Haimen Lu (昆明路 近海门路)

ESSEN UND TRINKEN

Im Norden der Zhoushan Lu (舟山路) gibt es ab der Hausnummer 665 aufwärts viele Garküchen, die zum Probieren einfacher lokaler Gerichte einladen.

Haolong Ko Zhoushan Fish Restaurant 豪龙阁舟山渔村. Typisch chinesisches, bei den Einheimischen beliebtes Restaurant. Zhoujiazui Lu 2 (周家嘴路2号), Tel. 02165857717

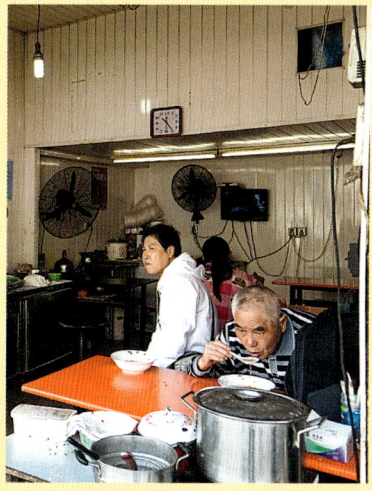

Nudelküche in der Huoshan Lu

Kleinigkeiten für zwischendurch

Liu Bang Bang Chicken 廖记棒棒鸡. Bang Bang Chicken zum Mitnehmen, eine gute Wahl, wenn man die kalte Hühnchenspezialität probieren möchte. 8–20 Uhr, Zhoushan Lu 574 (舟山路574号, 近岳州路), Tel. 13917284526

Big Hongkong 大香港. 13–21.30 Uhr, Schlichtes, kleines Restaurant mit günstigen kantonesischen Gerichten. Zhoushan Lu 566 (舟山路566号), Tel. 18930915445

Greenery Café und Revolving Restaurant 28. Im Ocean Hotel (siehe unten. Café 1. Etage, 6.30–24 Uhr, Restaurant 27. Etage, 11–22 Uhr) gibt es neben »normalen« Gerichten auch noch Haifischflossensuppe und Schwalbennester.

ÜBERNACHTEN

Crystal Orange Hotel 上海桔子水晶酒店北外滩. Relativ günstiges und dabei gut ausgestattetes Haus in zentraler Lage. Gongping Lu 369 (公平路369-A号)

Ocean Hotel 上海远洋宾馆. Nach langer Renovierung im neuen Look, durchschnittlich teuer. Dongda Ming Lu 1171 (东大名路1171号), Tel. 02165458888, www.oceanhotel.sh.cn

HONGKOU UND YANGPU

33 Yangpu-Distrikt
杨浦区
Vom Industrie- zum Technik- und Bildungsstandort

Mit seiner mehr als 100-jährigen Historie als schmutziger Industriestandort scheint sich der Yangpu-Distrikt nicht unbedingt als erstes Ausflugsziel für den Reisenden zu empfehlen. Wenn man Zeit und Muße hat, jenseits der Touristenpfade zu wandeln und sich auch für gesellschaftliche Entwicklungen in Shanghai interessiert, hat der Stadtteil aber durchaus seinen Reiz. Auch Architektur- und Naturfreunde kommen hier auf ihre Kosten.

Rund 1,1 Millionen Einwohner, zehn Hightech-Parks, zahlreiche renommierte Kindergärten und Schulen, 14 Hochschulen, darunter zwei der angesehensten chinesischen Universitäten: Yangpu ist in weiten Teilen grün, modern, hoch entwickelt –

Oben: Wujiaochang Caidan: Das »Farb-Ei« am Pentagonplatz ist abends bunt beleuchtet.
Unten: Das Kunstzentrum 800 Wujiaochang Art Space: Außen bunt und vor allem architektonisch interessant, ansonsten gibt es hier derzeit fast nur Büros.

MAL EHRLICH

MIESES INTERNET

Internetverbindungen sind in Shanghai kein grundsätzliches Problem: Es gibt schnelle Leitungen, guten Service und freien Zugang zu fast allen Angeboten – zuverlässig allerdings nur zu chinesischen Seiten. Manche ausländische Seiten sind sporadisch schlecht erreichbar oder werden nach undurchschaubaren Regeln zeitweise auch ganz gesperrt. Wer auf E-Mails angewiesen ist und bestimmte Anbieter nutzt, hat mitunter schlechte Karten. Abhilfe schaffen hier die großen Hotels, die meist auch in ihren Restaurants und Bars über freie und schnelle Verbindungen verfügen.

Yangpu-Distrikt

und mitten in einem rasanten Umbruch. Noch bis vor wenigen Jahren prägte vor allem die Industrie das Bild im Stadtteil.

Industrielle Geschichte

Bereits seit Ende des 19. Jahrhunderts bestimmte die Arbeit in den Fabriken die Geschicke der Bevölkerung. 1882 entstand die erste Großdruckerei, 1883 wurde von den Briten die erste moderne Wasseraufbereitungsanlage Chinas eröffnet, die erste industrielle Weberei nahm 1890 den Betrieb auf. Mit Beginn des 20. Jahrhunderts war die rasch anwachsende Industrie zur dominanten Größe im heutigen Stadtteil geworden, dessen Süden zeitweise zum Konzessionsgebiet der Briten und Amerikaner gehörte: Im Jahr 1927 waren hier bereits 57 ausländische und mehr als 300 chinesische Fabriken in Betrieb. Textil- und Papierfabriken sowie die Schiffsindustrie bestimmten das Bild, als die Stadtplanung der Guomindang-Führung 1929 mit ihrem Masterplan für ein »Greater Shanghai« im Nordosten der Stadt einen städtebaulichen Gegenentwurf zu den internationalen Konzessionen plante. Entstehen sollte ein neues Zentrum mit Regierungs- und Verwaltungsgebäuden, Museum, Stadion, Krankenhaus und Radiostation. Der groß angelegte Versuch, den Stadtteil an die Spitze Shanghais zu katapultieren, scheiterte mit dem Einmarsch der japanischen Truppen, die das Gebiet radikal bombardierten und während ihrer Besatzung große Teile für Barackenunterkünfte nutzten. Doch einige Gebäude des »neuen Shanghai« sind noch heute erhalten.

Kolossales in »Greater Shanghai«

Zu den sehenswerten Bauten zählen das 1935 eröffnete kolossale Jiangwan-Stadion, mit 50 000 Plätzen das größte Asiens, und das 1933 fertig-

AUTORENTIPP!

KAFFEE UND DESSERT
Nach einem ausgedehnten Spaziergang über das Gelände der Fudan-Universität wird es Zeit für eine kleine Erfrischung. Eine wirklich gute Gelegenheit dazu findet man in der Zhengmin Lu nördlich vom Universitätsgelände. Das hier gelegene »Ciao Café« ist vor allem bei ausländischen Studenten der in der Gegend angesiedelten Hochschulen beliebt und bietet neben einer netten studentischen Atmosphäre freien Internetzugang, guten Kaffee und kleine Gerichte wie Pizza, Nudeln und Sandwiches zu vernünftigen Preisen. Ausgezeichnete und manchmal sehr ausgefallene Nachspeisen gibt es direkt nebenan im »T.M. Desserts«.

»Ciao Kaffee« 西尔咖啡(政民路店)**.** 10–23 Uhr, Zhengmin Lu 370 (政民路370号), Tel. 021 51 25 83 31

»T.M. Desserts« 恬谧甜品**.** 10.30–22.30 Uhr, Zhengmin Lu 372 (政民路372号), Tel. 131 66 42 07 17

Außergewöhnliche Nachspeisen serviert das Café »T.M. Desserts«.

HONGKOU UND YANGPU

gestellte palastähnliche Rathaus, das heute die Verwaltung der Shanghaier Sporthochschule beherbergt und durch seine Größe beeindruckt. Die Stadtbibliothek wurde 1935 eröffnet, aber ein Jahr später bereits wieder geschlossen, diente dann als Studentenwohnheim, bevor sie verfiel. Ende 2014 soll sie renoviert werden, gleichzeitig will die Stadtregierung das Gebäude um die ursprünglich geplanten Erweiterungen nach den Originalplänen ergänzen, bevor der Komplex voraussichtlich 2017 als Bibliothek mit rund 650 000 Medien wieder eröffnet wird.

Neues Yangpu

Auch nach 1949 war der Stadtteil vor allem durch Industrieansiedlungen geprägt, in den vergangenen Jahren hat sich Yangpu aber zu einem bedeutenden Technologie- und Bildungsstandort gemausert, in dem es außer den Hinterlassenschaften der Guomindang weitere Attraktionen zu entdecken gibt. So ist das Wujiaochang Caidan, das »Farb-Ei am Pentagonplatz«, vor allem abends einen Besuch wert, wenn die Kreuzung und das Gebäude, das die fünf zusammenlaufenden Straßen überspannt, bunt beleuchtet sind. Unbedingt lohnend ist aber auch der alte Campus der Fudan-Universität im Westen des »Eis«. Abgesehen von einigen alten sehenswerten Gebäuden bietet das Gelände Gelegenheit, sich einen Eindruck vom Studentenleben und von den äußeren Bedingungen an einer der besten Unis des Landes zu verschaffen.

Oben: Der grüne Yangpu-Distrikt punktet mit großzügigen und gepflegten Parkanlagen …
Unten: … und sehenswerten Bauten, wie hier auf dem Campus der Fudan-Universität.

Naturfreunde, die in Shanghai einfach auch einmal durchatmen wollen, finden schließlich im Nordosten mit dem Jiangwan-Feuchtgebiet und dem Gongqing Forest Park zwei schön angelegte Grünanlagen, die beide eine lohnende Entdeckung sind. Vor allem der Osten des Forest Parks punktet mit »echtem« Wald und angenehm frischer Luft.

Yangpu-Distrikt

Infos und Adressen

SEHENSWÜRDIGKEITEN

Jiangwan Stadium 江湾体育场. Songhu Lu 245 (淞沪路245号)

Altes Rathaus 上海体育学院教职工活动中心. Changhai Lu 345 (长海路345号)

Jiangwan Bibliothek Shanghai Municipal Library Heishan Lu 181 (黑山路181)

800 Wujiaochang Art Space 五角场800. Das Kunstzentrum ist architektonisch von außen interessant, innen gibt es derzeit fast ausschließlich Büros. Di–So 9–17 Uhr, Guoshun Dong Lu 800, nahe Shuangyang Bei Lu (国顺东路800号, 近双阳北路), Tel. 021 55 06 85 55, www.wujiaochang800.com

Fudan University 复旦大学. Alter Campus im Westen. Handan Lu 220 (邯郸路220号), Tel. 021 65 64 22 22, www.fudan.edu.cn

Fudan Wangxi Botanical Garden 复旦旺溪植物园. Auf dem Gelände des neuen Campus der Fudan-Universität im Osten. Songhu Lu 2005 (淞沪路2005号), Metro 10 Xinjiangwancheng

Kaffeepause im Kunstzentrum

Jiangwan-Feuchtgebiet 江湾湿地公园. Yinxing Lu 880 (殷行路880号), Metro 8 bis Endstation Shiguang Lu oder Metro 10 bis Xinjiangwancheng

Gongqing Forest Park 上海共青森林公园. 6–17 Uhr, Jungong Lu 2000, nahe Nen Jiang Lu (军工路2000号), Metro 8 bis Endstation Shiguang Lu, dann Bus 124, Taxi oder zu Fuß (ca. 1 km Richtung Osten)

ESSEN UND TRINKEN

Datu Barbeque 大馥炭火烧肉屋. Fleisch (z. B. Gams) vom eigenen Grill am Tisch. 11.30–14, 16–23 Uhr, Zhengmin Lu 340 (政民路340号), Tel. 021 65 32 0050

ÜBERNACHTEN

Crowne Plaza Shanghai Fudan 上海复旦皇冠假日酒店. Gut ausgestattet, allerdings einigermaßen kostspielig. Handan Lu 199 (邯郸路199号), Tel. 021 55 52 99 99, www.crowneplaza-fudan.com

WH Ming Hotel Shanghai 小南国花园酒店. Komfortables Haus, das durch Aktionspreise bezahlbar ist. Jiamusi Lu 777 佳木斯路777号), Tel. 021 25 25 88 88, www.whminghotel.com

Auffällige Fassadengestaltung des 800 Art Space

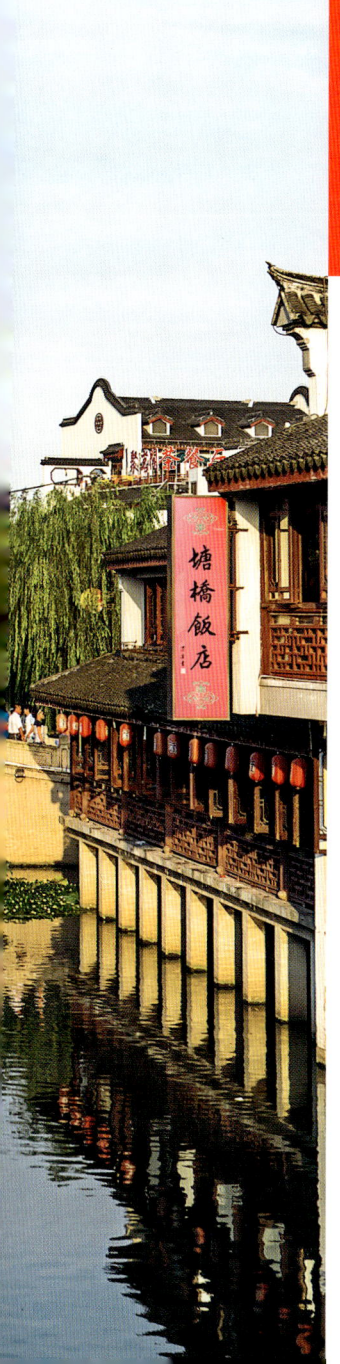

PUTUO UND CHANGNING

34 Zhenru-Tempel 真如寺
Schätze aus der Yuan-Dynastie **206**

35 Zhongshan-Park 中山公园
Leben auf Wolke neun **212**

36 Changfeng-Park 长风公园
Feuer, Wind und Motoren **214**

37 Mausoleum von Song Qingling 宋庆龄陵园
Die »Mutter der Nation« **218**

38 Fußgängerzone Laowai Jie 虹梅路老外街
Straßencafés für Ausländer **220**

39 Der Zoo – Dongwu Yuan 上海动物园
Pandas und Platanen **222**

40 Wasserdorf Qibao 七宝古镇
Zu Shanghais Ursprüngen **224**

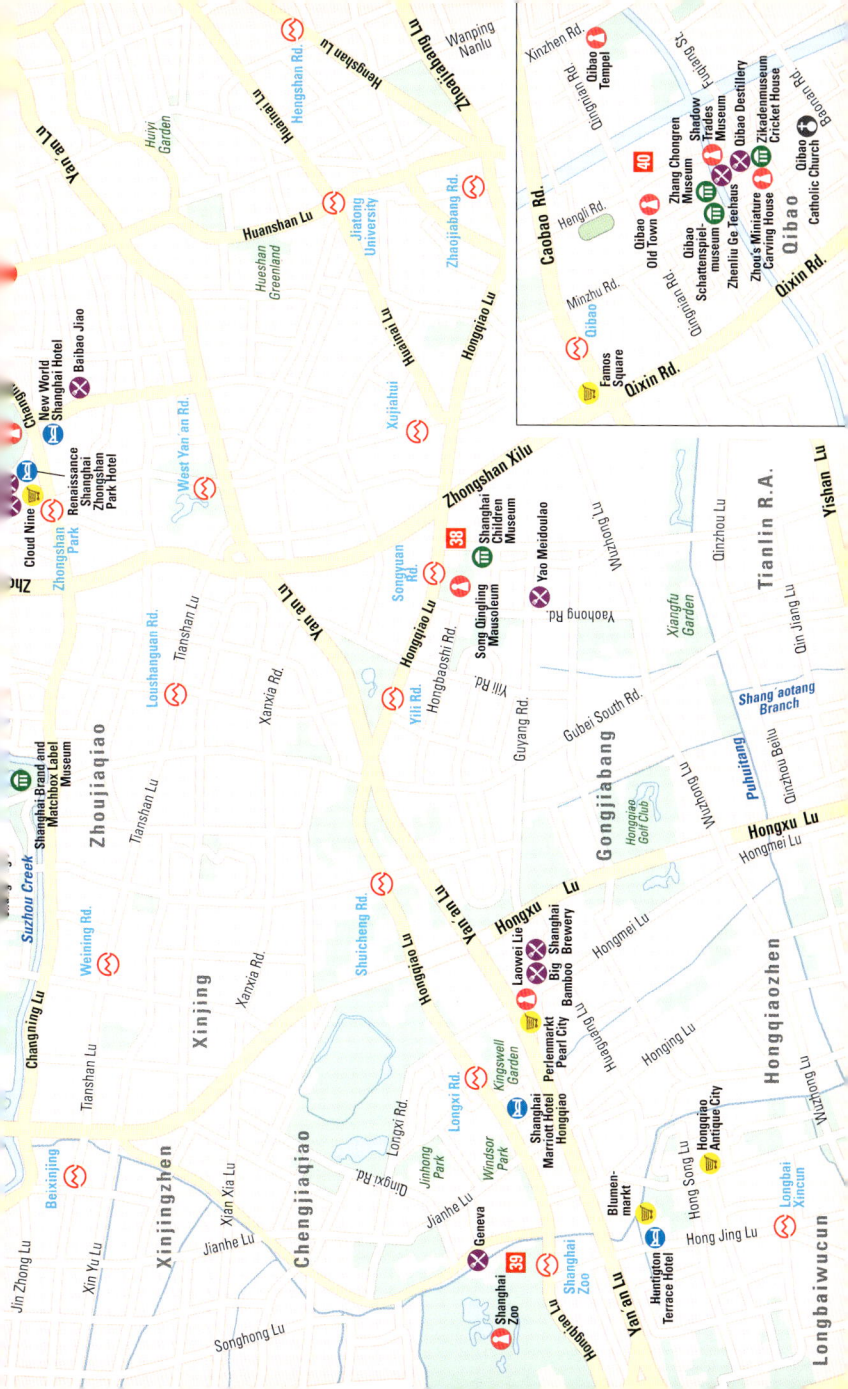

PUTUO UND CHANGNING

34 Zhenru-Tempel
真如寺
Schätze aus der Yuan-Dynastie

Per Definition noch in der Innenstadt und trotzdem fernab vom Rummel – der Zhenru-Tempel in Putuo ist ein touristisch noch weitgehend unentdeckter Schatz. Dabei muss sich der buddhistische Tempel hinter anderen religiösen Stätten Shanghais nicht verstecken, immerhin sind zumindest Teile der Anlage offiziell nationales Kulturerbe. Und auch im Umfeld gibt es neben einem der größten Fischmärkte Shanghais einiges zu entdecken.

Mit rund 650 Quadratkilometern ist die Gesamtfläche dessen, was derzeit offiziell zur Shanghaier Innenstadt gerechnet wird, nur etwa ein Drittel kleiner als das gesamte Berliner Stadtgebiet. Die Randteile des heutigen Innenstadtbereichs, wozu auch Putuo gehört, galten vor der Eingemeindung dieser Vorstädte als Übergang zwischen Stadt und Land.

Seite 202/203: Das Wasserdorf Qibao
Oben: Von der 50 Meter hohen, neunstöckigen Pagode im Zhenru-Tempel hat man einen guten Rundumblick.

MAL EHRLICH

HUNDE AUF DEM MARKT

Hunde sind in Shanghai inzwischen so beliebte Haustiere, dass die »Ein-Hund-Politik« eingeführt wurde, mehr als einer pro Haushalt geht nicht. Nicht selten sieht man bunt gefärbte Vierbeiner, die mit Schleifen geschmückt und im Winter in »Anzüge« gezwängt werden. Scheinbar im Widerspruch dazu stehen die Tiere, die in viel zu kleinen Käfigen zum Verkauf angeboten werden. Das ist herzzerreißend anzusehen, dagegen vorzugehen sollte man aber den chinesischen Tierschützern überlassen.

Zhenru-Tempel

Alltag am Rand der Innenstadt

Der Distrikt, der die nordwestliche Grenze des Innenstadtbereichs markiert, war noch bis in die 1950er-Jahre hinein vor allem für seine ärmlichen Barackensiedlungen bekannt. Der Bau der ersten modernen Arbeitersiedlung auf Shanghaier Stadtgebiet 1951 sowie weitere 60 Wohnblocks entlasteten die Wohnsituation, die 100 neuen Siedlungen und 300 Apartmenthäuser, die allein von 1992 bis 2008 gebaut wurden, machten Putuo schließlich zu einem weitgehend aufgeräumten Stadtteil mit heute rund einer Million Einwohnern.

Vor allem im Westen scheint mit der Entfernung zum Innenstadtkern auch die Hektik etwas abzunehmen. Obwohl es auch hier laut und geschäftig zugeht, leben die Menschen offenbar in einem etwas gleichmütigeren Rhythmus, was auch damit zusammenhängt, dass sich auch chinesische Touristen eher selten hierhin verirren. Sieht man vom Jadebuddha-Tempel ab, gehört der Stadtteil nicht zu den touristischen »Pflichtzielen«. Zu unspektakulär erscheint der alte Industriestandort, auch wenn er sich in den letzten Jahren zu einem Handels- und Geschäftszentrum entwickelt hat, in dem auch Forschung und Entwicklung eine immer größere Rolle spielen. Der Stadtteil ist aber weder so charmant-chaotisch oder klassisch-chinesisch wie Teile der Altstadt noch mit dem Flair einer ehemaligen Konzession gesegnet. Auch mit der teilweise unwirklichen Welt des modernen Pudong kann er nicht mithalten. Putuo ist ein bisschen Durchschnitts-Shanghai, zu dem zwar durchaus auch beeindruckende Hochhäuser gehören, das aber vor allem von Wohngebieten und Kaufhäusern geprägt ist. Aber gerade diese unaufgeregte Normalität macht den Stadtteil interessant. Außerdem hat Putuo zwischen all der unscheinbaren Alltagsnormalität eben doch einige kulturelle Schätze versteckt.

AUTORENTIPP!

GARTENCENTER AUF CHINESISCH

Auf dem Birds & Flower Market geht es ausnahmsweise mal nicht ums Essen. Viele Shanghaier sind Blumen- und Tierliebhaber: Rentner vertreiben sich ihre Zeit mit dem Züchten von Topfpflanzen und dem Halten von Singvögeln, die sie morgens in den Park tragen, und nicht wenige Männer setzen ihre Zikaden in Wettspielen ein. Nachschub gibt es auf den vielen Blumenmärkten, die meist etwas versteckt liegen. Wegen ihrer großen Auswahl sind sie auch bei ausländischen Gartenfreunden beliebt, die in Shanghai leben. Fast ausschließlich von Chinesen frequentiert wird der Blumenmarkt an der Zizhou Lu. Hier wird von Vögeln, Fischen, Hunden und Katzen über Streifenhörnchen und Insekten bis hin zu Wurzeln, Steinen, Armbändern und Blumentöpfen alles gehandelt, was Abnehmer findet.

Blumenmarkt. Zizhou Lu/Jinding Lu (子洲路355号,金鼎路)

Auf dem Birds & Flower Market geht es um Tiere, Freizeit und Garten.

AUTORENTIPP!

SCHLEUSENMUSEUM

Bauarbeiter entdeckten im Jahr 2001 in sieben Metern Tiefe Stein- und Holzreste von einem unbekannten Bau. Experten identifizierten den Fund als 1368 gebaute und sehr gut erhaltene Schleuse aus der Yuan-Dynastie (1271–1368), was einer Sensation gleichkam. Die fast 700 Jahre alte Konstruktion wurde 2012 in ein Museum integriert, das die Funktionsweise der Schleuse erklärt. Sie wurde gebaut, um den seinerzeit 500 Meter breiten Wusong vor der Verschlammung zu schützen. Bereits in der Song-Dynastie (960–1279) war der Fluss ein wichtiger Wasserweg und zehn Kilometer breit. Dank eines Rundgangs können die Besucher das einzigartige Bauwerk aus verschiedenen Perspektiven begutachten. Gezeigt werden außerdem Werkzeuge, Münzen und Fossilien.

Shanghai Yuan Dynasty Water Gate Museum 元代水闸遗址博物馆. Pass notwendig! Di–So 9–16 Uhr, Yanchang Lu 619 (延长西路619号), Tel. 152 14 38 00 20, Metro 7 Xincun Rd

Eine sehr gut erhaltene Schleuse aus der Yuan-Dynastie

PUTUO UND CHANGNING

Der Zhenru-Tempel

Mehr als 40 Kulturdenkmäler zählt der Distrikt zu seinen architektonischen Kostbarkeiten, darunter eine Schleuse und den Zhenru-Tempel aus der Yuan-Dynastie (1271–1368). Der Ursprung des Tempels liegt wahrscheinlich sogar 100 Jahre weiter zurück. Zumindest für die Haupthalle des buddhistischen Klosters ist aber belegt, dass sie 1320 gebaut wurde. Die Mahavira-Halle ist Shanghais einziges verbliebene Bauwerk in Ständerbauweise aus der Yuan-Dynastie und steht nicht zuletzt deshalb auf der Liste des nationalen Kulturerbes Chinas. Von den 16 ursprünglichen Säulen oder Ständern, die das Gebäude tragen, sind zehn original erhalten geblieben. Schon während der Yuan-Dynastie wurde der Tempel mehrere Male erweitert, und um ihn herum wurde die Stadt Zhenru errichtet. Bis zur Qing-Dynastie (1644–1911) entwickelte sich die Gebetsstätte zu einem der prächtigsten buddhistischen Tempel des Landes. Im Jahr 1859 wurde aber ein großer Teil während der Taiping-Rebellion (1850–1864) zerstört. Bis 1949 überdauerten nur die Haupthalle und das Haupttor der Ehrenhalle. In den Folgejahren wurde die Anlage restauriert.

Heute leben im Tempel, der sich über 13 000 Quadratmeter inmitten von Wohngebieten erstreckt, 40 Mönche, die ihn auch bewirtschaften. Die großzügige Anlage verfügt über eine 50 Meter hohe, neunstöckige Pagode, Gärten, Wirtschafts- und Wohngebäude und fünf Hallen, worunter die Mahavira-Halle oder Halle des Großen Helden die wichtigste ist. Die anderen wurden im Stil der Haupthalle rekonstruiert. Besonders sehenswert sind in der Avalokitesvara-Halle die »vierseitige« Göttin der Gnade, Guanyin, und ein 200 Meter langer Stelenkorridor mit kalligrafischen Werken. Der Schmuck des Tempels ist aber ein 650 Jahre alter Ginkgo-Baum, aus dessen hohlem Stamm eine japanische Kaisereiche wächst.

Aufgrund seiner Lage an zwei befahrenen Straßen ist es im Zhenru-Tempel meistens nicht wirklich ruhig. Irgendwo ruft, hämmert und hupt es immer. Weil hier aber nur wenige Besucher hinkommen, kann man dennoch in einer abgeschiedenen Ecke der schönen Anlage das Klosterleben in aller Ruhe beobachten und in den buddhistischen Alltag eintauchen. Eilig hat es hier niemand. Das Gebäude-Arrangement soll von oben betrachtet an einen schlafenden Drachen erinnern. Ob das gelungen ist, darüber kann der Besucher meditieren, wenn er die Pagode besteigt und das gesamte Tempelareal überblickt. Von hier aus kann man an klaren Tagen bis nach Pudong sehen und hat natürlich einen guten Blick auf die Umgebung, in der sich auch der Fischmarkt befindet.

Nichts für Empfindsame: der Fischmarkt

Der Tongchuan Lu Aquatic Products Wholesale Market gehört zu den größten Fisch-Großmärkten Shanghais. Hier wird alles verkauft, was im oder am Wasser lebt und als Gericht auf den Tisch gebracht werden kann – und das ist in Shanghai eine ganze Menge. Allein die Vielfalt des riesigen Angebots und das chaotische Gewusel der laut und zäh verhandelnden Händler und Kunden machen einen Besuch lohnenswert. Für zarte Gemüter ist der Markt allerdings nichts, die hygienischen

Oben: Eintauchen in den buddhistischen Alltag im Zhenru-Tempel
Mitte: Im 200 Meter langen Stelenkorridor reihen sich Glocken …
Unten: … und kalligrafische Werke aneinander.

Oben: Fisch-Großmarkt an der Tongchuan Lu: Hier wird alles verkauft, was im oder am Wasser lebt und als Gericht auf den Tisch gebracht werden kann.
Unten: Kampfgrillen im Glas: Liebhaber wählen ihre Favoriten sorgfältig auf dem Blumenmarkt aus.

Verhältnisse sind eher kläglich, Reste werden einfach auf dem Boden entsorgt, und überall steht man in Pfützen – glücklich, wer hier festes Schuhwerk trägt. Der Markt, der sich links und rechts der Tongchuan Lu ausbreitet, wurde im Oktober 1996 auf 14 000 Quadratmetern eröffnet, 8000 davon sind Gebäudefläche. Hier wird nicht nur mit Fisch, sondern auch mit Fleisch, getrockneten Pilzen, Gewürzen und anderen exotischen Zutaten für die Küche gehandelt. Entlang der Straße gibt es unzählige Restaurants, die den Fisch zubereiten, den man auf dem Markt kauft oder direkt vor dem Lokal aus Schüsseln und Becken auswählt. Die Shanghaier genießen die frischen Meeresfrüchte in den Restaurants, die innen ein ähnlich chaotisches Flair ausstrahlen wie der Straßenmarkt vor der Tür. Im Kampf um mehr Sauberkeit und die Einhaltung von Hygienevorschriften hat die Stadtregierung in den vergangenen Jahren nach und nach viele Straßenmärkte geschlossen und sie in moderne Markthallen verlagert. Seit Jahren geht das Gerücht um, dass auch der Fischmarkt umziehen soll, es kann also passieren, dass er nicht mehr da ist, wenn man um die Ecke kommt.

Zhenru-Tempel

Infos und Adressen

SEHENSWÜRDIGKEITEN

Zhenru Temple 真如寺. 5–16 Uhr, Houshanmen 5, Zhenru Town, Putuo/Lanxi Lu 399, nahe Tongchuan Lu (真如镇后山门5号, 兰溪路399号), Metro 11 Zhenru, Exit 6, Tel. 021 62 54 35 77

Fish Market 铜川水产市场. Mo–So, Tongchuan Lu 800, nahe Metro 11 Zhenru (铜川800号), Tel. 021 62 57 50 52, www.tcfishery.com/en.asp

Putuo Library 普陀区图书馆. Die »Stadtteilbibliothek« demonstriert, dass Shanghaier nicht nur konsum-, sondern auch bildungshungrig sind. Sie verfügt über 800 000 Medien und eine fremdsprachige Abteilung und zeigt wechselnde Ausstellungen. Die Innenarchitektur und das gut sortierte Angebot beeindrucken. Mo 9–16.30, Di–So, 9–21 Uhr, Tongchuan Lu 1278/Daduhe Lu 1800 (铜川路1278号, 近大渡河路), Tel. 021 52 65 50 00, www.library.sh.cn

Auch bunte Fische gibt es auf dem Blumenmarkt

Am Tisch kochen im »Haidilao«

ESSEN UND TRINKEN

Haidilao 海底捞(铜川路店). Restaurantkette mit vielen Zweigstellen: Diese zeichnet sich durch freundliches Personal aus. Bekannt für seinen Hot Pot: Im zweigeteilten Suppentopf auf dem Tisch werden Fleisch oder Gemüse kurz gekocht. Drei Etagen mit Hunderten von Plätzen, trotzdem lange Wartezeiten. 10–3 Uhr, Tongchuan Lu 1868, nahe Zhenguang Lu (铜川路1868号 近真光路). Tel. 021 52 76 53 63, www.haidilao.com

New Kowloon Tong 新九龙塘. Leckere, frische Meeresfrüchte. Tongchuan Lu 920 (普陀区铜川920号), 11–14 Uhr, Tel. 021 62 65 89 77

ÜBERNACHTEN

Jiangsu Hotel 江苏饭店. Nicht überteuertes Viersternehotel, freundlich und mit gemütlichen Zimmern. Wuning Lu 888 (普陀区武宁路888号, 近中宁路), Tel. 021 62 05 18 88, www.jshotel.com.cn

EINKAUFEN

Haoledi Balian Shopping Mall 中环百联广场. 10–22 Uhr, Zhenguang Lu/Meichuan Lu (真光路1288号, 近梅川路)

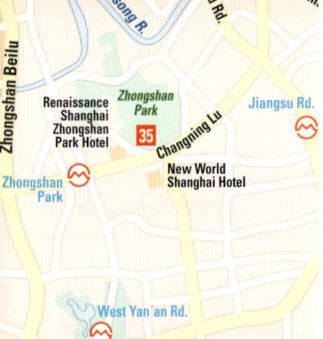

PUTUO UND CHANGNING

35 Zhongshan-Park
中山公园
Leben auf Wolke neun

Sport, Spiel, essen und einkaufen gehören zu den großen Leidenschaften der Shanghaier. Am Zhongshan-Park lässt sich das alles wunderbar miteinander verbinden. Während der Park alle Möglichkeiten zur sportlichen Freizeitgestaltung bietet, lädt die Shoppingmall Cloud Nine als eine der größten der Stadt mit unzähligen Geschäften und Restaurants zum Einkaufen und Schlemmen ein.

Ein Parkbesuch ist in Shanghai immer eine gute Idee, denn hier lernt man manches über das chinesische Alltagsleben, wenn man mit offenen Sinnen dabei ist. Mit seiner 100-jährigen Geschichte, während der er mehrmals erweitert wurde, gehört der Zhongshan-Park nicht nur zu den ältesten, sondern auch zu den abwechslungsreichsten Gärten der Stadt. Aber anders als in vielen anderen Grünanlagen lädt hier eine große Wiese zum Picknicken, Spielen und Faulenzen ein. Nach dem letzten Umbau im Jahr 2013 versuchten die Parkwächter zwar, die Nutzung des Rasens einzuschränken. Die Besucher kümmern sich aber nicht darum und machen von ihrem Gewohnheitsrecht Gebrauch. Vor allem am Wochenende, wenn von Rentnern über Liebespaare bis zu Familien alles in den Park drängt, kann es sehr lebhaft, aber eben auch bunt zugehen. Dann werden die Kinder »von der Leine« gelassen, es wird gemeinsam gespielt, getanzt und musiziert. Während der Woche wird der Park vor allem von Spaziergängern, Joggern und älteren Bewohnern genutzt, die hier ihre Morgengymnastik und Tai-Chi-Übungen machen oder Drachen steigen lassen.

Oben: Grüne Lunge: Umgeben von Hochhäusern und Wohnsiedlungen ist der Zhongshan-Park ein wichtiges Freizeit- und Naherholungsgebiet für die Anwohner.
Unten: Entsprechend geschäftig geht es im Park oft zu.

Zhongshan-Park

Chopin in Shanghai

Ursprünglich von einem Engländer angelegt und nur für Ausländer zugänglich, erwarb die Shanghaier Stadtregierung den Garten 1914 und erweiterte ihn zum Jessfield-Park. 1944 wurde er in Zhongshan-Park umbenannt. Aus der frühen Zeit stammen noch einige steinerne Bänke und der 1935 im klassischen Stil errichtete Marmorpavillon im Norden der Anlage. Jüngeren Ursprungs ist das weltweit größte Chopin-Denkmal westlich des Pavillons, das 2007 enthüllt wurde und von dem in Shanghai geborenen Künstler Lu Pin stammt, der in Warschau studierte. Neben kleinen Fahrgeschäften findet man im Park auch Imbissstände, ein Café und ein Restaurant. Daneben besticht er aber durch seine liebevoll gepflegten Blumenbeete und Baumbestände, zu denen auch eine Platane gehört, die 1866 gepflanzt wurde und damit die älteste Chinas sein soll. Die verschlungenen Wege, kleinen Seen, Skulpturen und die vielen aktiven Menschen lassen immer wieder Neues entdecken.

Im Anschluss bietet sich eine Shoppingtour im Einkaufszentrum Cloud Nine an, das sich am Fuß des nicht zu übersehenden Wolkenkratzers gleichen Namens befindet. Das 238 Meter hohe Gebäude, das auch das »Renaissance Hotel« beherbergt, stammt aus dem Jahr 2006 und gehört zu den 20 höchsten und auffälligsten Hochhäusern Shanghais – vor allem abends, wenn der leicht bogenförmige Wolkenkratzer nachtblau leuchtet. Das Einkaufsparadies gehört zu einer Shoppingcenter-Gruppe mit dem vielversprechenden Namen »Traum des Drachens«, und die Mall hält mit Hunderten Geschäften zumindest in Konsumfragen, was der Name verspricht. Wer Ausdauer hat, kann hier stundenlang und zudem relativ günstig einkaufen und sich – nach schwerer Auswahl unter den vielen Restaurants mit Küchen aus allen Teilen Chinas – anschließend ein Essen gönnen.

Infos und Adressen

SEHENSWÜRDIGKEITEN
Zhong Shan Park 中山公园.
März–Sept. 5–19, Okt.–Febr. 6–18 Uhr, Haupteingang Changning Lu 780 nahe Dingxi Lu (长宁路780号,近定西路), Metro 2, 3, 4

ESSEN UND TRINKEN
Kwei Mun Lung 桂满陇. Frische und zarte Gerichte der Zhejiang-Küche. Mo–Fr 11–21, Sa, So 10.30 bis 21 Uhr, Cloud Nine Mall, 8. Etage, Changning Lu 1018 (长宁路1018号), Tel. 021 60 49 55 39

Baobao Jiao 爆爆椒香辣虾干锅三绝. Scharfer Hot Pot aus Sichuan. 11–24 Uhr, Dingxi Lu 1550 nahe Yuyuan Lu (定西路1550号), Tel. 021 52 38 79 91, www.spicespirit.com

ÜBERNACHTEN
Renaissance Shanghai Zhongshan Park Hotel 上海龙之梦万丽酒店. Beliebtes Businesshotel in guter Lage direkt am Park. Changning Lu 1018 (长宁路1018号), Tel. 021 61 15 88 88, www.renaissanceshanghaizhongshanparkhotel.com

EINKAUFEN
Cloud Nine 凯德龙之梦购物中心 (长宁). Großes Shoppingcenter mit Riesenauswahl. Changning Lu 1018, (长宁路1018号), www.cloudninemall.com

PUTUO UND CHANGNING

36 Changfeng-Park
长风公园
Feuer, Wind und Motoren

Der Westen Putuos ist mit Touristenattraktionen nicht gerade gesegnet. Was den Besuch trotzdem lohnenswert macht, sind zwei interessante kleine Museen, der attraktive Changfeng-Park und eines der größten und modernsten Einkaufszentren Shanghais. Die Mischung aus Natur, Kultur und Action verspricht einen ereignisreichen Tag jenseits der Touristenströme – Shanghaier Alltag in den umliegenden Straßen inklusive.

Oben: Die Seelöwen- und Beluga-Show ist nicht die einzige Attraktion im Changfeng-Park.
Unten: Das unter dem See angelegte Aquarium der Shanghai Ocean World beheimatet 10 000 Meerestiere.

Shanghai macht nicht eben den Eindruck einer grünen Stadt, auch wenn der Grünflächenanteil offiziell mehr als 30 Prozent beträgt. Natürliche Grün- und Waldflächen sind äußerst dünn gesät, Beton und Glas, drei- und vierstöckige Hochstraßen und Baustellen bestimmen das Bild, darüber können auch die vielen Alleen nicht hinwegtäuschen. Parks haben in der jungen Stadt keine große Tradition. Zwar entstand mit dem Huangpu-Park (siehe S. 34) bereits 1868 ein öffentlicher Garten, der war aber wie die anderen von den ausländischen Mächten errichteten Anlagen für die chinesische Bevölkerung lange Zeit nicht zugänglich. Die Zahl der Parks stieg bis Anfang der 1960er-Jahre von 14 auf rund 50, doch erst in den späten 1980er-Jahren erkannten die Stadtplaner deren Bedeutung nicht nur als Erholungseinrichtungen, sondern auch zur Klimaregulierung. Seither unternimmt die Stadt große Anstrengungen, um Shanghai umweltfreundlicher zu machen. So müssen etwa rund 30 Prozent eines Neubauareals als Grünflächen genutzt werden, und auf immerhin rund 1800 Hektar stehen inzwischen mehr als 150 Parks.

Changfeng-Park

Bootsfahrt und Robbenshow

Zu den ältesten öffentlichen Grünanlagen der Stadt gehört der Chang Feng Gong Yuan, der, 1956 angelegt, 1959 seinen heutigen Namen erhielt. Er zählt zwar nicht zu den größten Shanghais, aber aufgrund seines Alters sicher zu den schönsten. Mittelpunkt sind ein künstlich angelegter See und ein 16 Meter hoher Hügel, der bereits zu den bedeutsamen Erhebungen in Shanghai gehört, das ansonsten platt ist wie eine Flunder. Viele Pavillons, 20000 Bäume, gepflegte Grünanlagen und zahlreiche Freizeitmöglichkeiten machen den Park zu einem lohnenswerten und von Touristen weitgehend unberührten Tagesziel.

Wer mit Kindern unterwegs ist, wird das Angebot der Changfeng Ocean World begrüßen. Das unter dem See angelegte Aquarium ist Heimat für mehr als 300 Fischarten und 10000 Meerestiere. Die eher unspektakulären Beluga- und Seelöwenshows dürften vor allem Kinder erfreuen. Doch gibt es zwei weitere gute Gründe, den Park zu besuchen. Einer davon ist die an den Park angeschlossene Gokart-Bahn.

Indoor Karting und Matchboxmuseum

Benzingeruch und Motorenlärm erfüllen die Luft in der Halle, in der die Bahn untergebracht ist. Die Atmosphäre in der dazugehörenden Bar ist etwas schmuddelig, aber die Bahn ist aufgrund ihrer hohen Sicherheitsstandards empfehlenswert. Die Gokarts sind gut gepflegt, Spaß ist garantiert. Weniger actionreich geht es im Matchboxmuseum zu. Nicht Spielzeugautos des bekannten Herstellers stehen hier im Mittelpunkt, sondern Streichholzschachteln (engl. Matchbox). Phillumenisten – also Menschen, die so etwas sammeln – haben hier ganz sicher einen aufregenden Tag. Aber auch

---

AUTORENTIPP!

DAS LEBENSWERK DES JACKIE CHAN

Auf 4000 Quadratmetern zeigt der Actionkomiker Jackie Chan, der mit seinen Klamaukstreifen auch in Deutschland bekannt ist, alles, was ihm an seiner Arbeit wichtig ist oder war. Die Ausstellung zeigt Tausende Fotos, Requisiten, Kostüme und andere Gegenstände aus seinen Filmen und beleuchtet die Hintergründe. Szenen beispielsweise aus »Spion wider Willen« (2001) und »Police Story« (1985) werden im Museum nachgestellt. Thematisiert wird auch das soziale Engagement des Schauspielers. Chan, der bereits mit 17 Jahren Stuntman wurde und bekannt dafür ist, seine Stunts selbst zu machen, hat den Ort für das weltweit erste Museum, das seinen Namen trägt, selbst ausgewählt. Mehr als fünf Jahre hat er an dem Projekt gearbeitet.

Jackie Chan Film Gallery 成龙电影艺术馆. Di–So 10–18 Uhr, Yunling Dong Lu 88 (云岭东路88号), Tel. 02160713232

Wer Jackie Chan in Action sieht, muss in sein Museum.

dem Durchschnittsbürger dürften die kleinen Schachteln und Etiketten, die mal Kunstwerk, mal Werbeplakat oder Propagandaträger im Miniaturformat sind, Spaß machen. Rund drei Millionen alte Etiketten und sieben Millionen Streichholzschachteln haben die fleißigen Shanghaier Kuratoren zusammengetragen. Wie überall ist die »Feuerholzschachtel« in China dem Einwegfeuerzeug, der »Maschine zum Feuerschlagen«, wie das Gerät in der Übersetzung heißt, gewichen. Das Museum thematisiert auch die Bedeutung des Feuers in der menschlichen Zivilisation und zeigt einige frühe Werkzeuge zum Feueranzünden sowie die Geschichte der Streichholzherstellung am Fluss Wusong (Suzhou Creek).

Shoppen zwischen Säulen

Wenige Kilometer vom Park entfernt, direkt an der Jinshajiang Lu, liegt das riesige Einkaufs- und Erlebnisparadies Global Harbor, eine der jüngsten Megamalls Shanghais. Die Architektur im europäischen Stil mit den riesigen Glaskuppeln, antikisierenden Säulen und Ornamenten macht den Markstein im Westen Shanghais unbedingt sehens- und erlebenswert. Rund neun Kilometer Arkaden mit Boutiquen aller Art, Kino, Kunstgalerie, Eislaufbahn, Fitnesscenter, ein kleines historisches Museum und dazu Zwillings-Hochhaustürme, die nachts in unterschiedlichen Farben leuchten – nichts, was es hier nicht gibt.

Oben: Die Einkaufs- und Erlebniswelt Global Harbor lässt Konsumentenherzen höher schlagen.
Unten: Neun Kilometer Arkaden und ein riesiges Einkaufs- und Freizeitangebot machen die moderne Mall zu einem Muss für Shopping-Liebhaber.

Changfeng-Park

Infos und Adressen

SEHENSWÜRDIGKEITEN

Changfeng Park 长风公园. Westeingang Daduhe Lu 451 (大渡河路189号), Nordeingang Zaoyang Lu 525 (枣阳路525号), Metro 3, 4, 13 Jinshajiang Lu, Exit 2

Changfeng Ocean World 长风海洋世界.
9–17 Uhr, Einlass bis 16 Uhr, im Park,
Tel. 021 62 23 68 66, www.oceanworld.com.cn/

Disc Cart Indoor Karting. 14–2 Uhr, Zaoyang Lu 809, nahe Guangfu Lu (枣阳路809号, 近光复路), Tel. 021 62 22 28 80, www.kartingchina.com

Shanghai Brand and Matchbox Label Museum 上海品牌和火柴盒博物馆. Di–So 9–17 Uhr, Guangfu Xi Lu 2521 (光复西路2521号), Tel. 021 38 04 68 86, Metro 2 Loushanguan Rd

Global Harbor 环球港.10–22 Uhr, Zhongshan Bei Lu 3553 (中山北路3553号), Tel. 021 51 08 08 88, www.global-harbor.com, Metro 3, 4, 13 Jinshajiang Rd, Exit 1, 6

Italien in Shanghai: Tiramisu und Espresso in der »Pizzeria Alla Torre«

East China Normal University 华东师范大学. Der Besuch bietet einen guten Einblick in das Shanghaier Studentenleben. 1951 gegründet, teilweise parkähnlich angelegt. Schattige Wege am See im Osten und Restaurants laden zu einem Bummel ein. Zhongshan Bei Lu 3663(中山北路3663号), Tel. 021 62 23 33 33, www.ecnu.edu.cn

ESSEN UND TRINKEN

Foodstreet Zaoyang Lu 枣阳路. Viele kleine Restaurants und Straßenstände am Nordausgang (Ausgang 2) des Parks.

Pizzeria Alla Torre 乐意坊意大利薄底披萨. Gute Pizza- und Nudelgerichte. 10–22 Uhr, 4. Etage Global Harbor Shopping Mall, Zhongshan Bei Lu 3300 (中山北路3300号 4楼), Tel. 021 62 41 66 08

ÜBERNACHTEN

Shanghai Marriott Hotel Changfeng Park 上海新发展亚太万豪酒店. Relativ teures, aber angenehmes Hotel in guter Lage. Daduhe Lu 158 (大渡河路158号), Tel. 021 22 15 66 66, www.marriott.de

Guoman Hotel Shanghai 国丰酒店. Komfortable 5 Sterne mit guten Angeboten. Daduhe Lu 388, Tower 1 (大渡河路388号), Tel. 021 60 95 88 88, www.guoman.com

Action und Spaß im Disc Cart Indoor Karting

PUTUO UND CHANGNING

37 Mausoleum von Song Qingling 宋庆龄陵园
Die »Mutter der Nation«

Zu den Sehenswürdigkeiten im Changning-Distrikt, die zumindest chinesische Touristen keinesfalls auslassen, gehört das Song-Qingling-Mausoleum. Die Shanghaierin hat nicht nur in ihrer Heimatstadt Geschichte geschrieben, sondern als prominenteste Patriotin Chinas mit der Teilnahme an der republikanischen und der kommunistischen Revolution auch die Entwicklung des Landes mitgeprägt und nachhaltig beeinflusst.

An Song Qingling (1893–1981) führt in Shanghai kein Weg vorbei, ist doch die Geschichte Chinas unmittelbar mit der Familie Song verbunden. Gemeinsam mit ihren Ehemännern gehörten die drei Song-Schwestern und einer ihrer Brüder zu den maßgeblichen politischen Persönlichkeiten des frühen 20. Jahrhunderts. Die Schwestern prägten im Kampf um Macht, Geld und Ideologien die Geschicke des Landes. Nicht zu vergessen natürlich Vater Charlie Song (1866–1918), der gegen das Kaiserreich agitierte und revolutionäre Kräfte unterstützte. Auch dank seiner finanziellen Mittel wird Sun Yat-sen (1866–1925) im Jahr 1912 zum ersten provisorischen Präsidenten der Republik gewählt. Das war aber noch nicht das Ende des Kampfes um die politische Führung – und der wurde nicht zuletzt auch durch die Song-Schwestern entschieden.

Oben: Song Qingling wird als chinesische Patriotin und »Mutter der Nation« verehrt. Die Memorial Area mit ihrem Grab und einer Marmorstatue liegt im Zentrum eines alten internationalen Friedhofs.
Unten: Im Museum wird das Leben der »Grande Dame« dokumentiert.

Die drei Schwestern

Song Ailing (1889–1973), älteste Tochter der Song-Familie, heiratete Kung Hsianghsi (H. H. Kung, 1881–1967), seinerzeit der reichste Mann Chinas.

Mausoleum von Song Qingling

Ailing gilt als treibende Kraft, die zur Ehe ihrer jüngsten Schwester Song Meiling (1897–2003) mit Chiang Kai-shek (1887–1975) führte, der ab 1925 die Nationale Volkspartei Guomindang (GMD) dominierte. Gemeinsam mit ihrem Bruder Song Ziwen (T. J. Song, 1894–1971), der sich unter Chiang Kai-sheks Nationalregierung mit Kung als Finanzminister ablöst, bestimmen die Familienmitglieder Chinas Geschichte. Sie nutzen ihre Machtposition bis zum Sturz der vermeintlichen Republik, um sich zu bereichern und das Land auszubluten.

Song Qingling, dritte Tochter der Familie, entscheidet sich dagegen für das Ideal der Revolution und heiratet 1915, gegen den Willen der Familie, in Japan Sun Yat-sen. Nach Suns Tod 1925 wird sie zur schärfsten Kritikerin ihres diktatorischen Schwagers Chiang Kai-shek. 1933 gründet sie zusammen mit dem Schriftsteller Lu Xun die Chinesische Liga für Menschenrechte, 1939 in Hongkong das China Welfare Institute. Obwohl selbst keine Kommunistin, unterstützt sie das kommunistische Lager. Nach der Gründung der Volksrepublik China wird sie mit Ehrungen überhäuft und wird stellvertretende Staatspräsidentin, danach bis zu ihrem Tod 1981 stellvertretende Parlamentspräsidentin, obwohl sie kein Mitglied der Partei war. Kurz vor ihrem Tod wird sie in die Partei aufgenommen und zur Ehrenpräsidentin der Volksrepublik China ernannt. Die »Mutter der Nation« ist bis heute die einzige Person, die diesen Titel je erhalten hat.

Das Song-Qingling-Mausoleum befindet sich auf einem alten internationalen Friedhof, der für die Gedenkstätte erweitert wurde. Das Zentrum bildet die Memorial Area mit Song Qinglings Grab und einer Marmorstatue. Die Inschrift des Grabsteins stammt von Deng Xiaoping. 600 weitere Grabsteine erinnern an Ausländer aus West und Ost.

Infos und Adressen

SEHENSWÜRDIGKEITEN
Soong Chingling Mausoleum 宋庆龄陵园. 8.30–17.00 Uhr, Songyuan Lu 21 (陵园路), Tel. 021 64 74 71 83

Shanghai Children's Museum 上海儿童博物馆. Direkt neben dem Mausoleum. 1996 eröffnet, nimmt es für sich in Anspruch, das erste Kindermuseum Chinas zu sein. Entstanden ist es im Geist Song Qinglings, die sich dafür stark gemacht hatte, »Kindern das Wertvollste zu geben«. Es bietet Kindern im Alter von 3–12 Jahren eine Mischung aus Bildung und Spiel. Vieles wird zwar nur auf Chinesisch erklärt, aber es gibt genug zu sehen, um auch ohne Sprachkenntnisse Spaß zu haben. Di–So 8.45–16.45 Uhr, Songyuan Lu 61 (宋园路61号,近虹桥路), Tel. 021 62 78 31 30, wwwshetbwg.com

ESSEN UND TRINKEN
Yaomei Dou Lao 幺妹豆捞. Sichuan Hot-Pot-Restaurant mit sehr gutem Ruf. 10.30–24 Uhr, Guyang Lu 469, nahe Yaohong Road (古羊路469号), Tel. 021 52 37 27 76

Das Shanghai Children's Museum bietet Kindern Abenteuerwelten.

PUTUO UND CHANGNING

38 Fußgängerzone Laowai Jie 虹梅路老外街
Straßencafés für Ausländer

Angelegt im Jahr 2005, hat sich die »Ausländergasse« im Changning-Distrikt im Westen der Stadt im Laufe der letzten Jahre von einer Entertainmentmeile mit überwiegend auf männliche Kundschaft zugeschnittene Bars zunehmend in eine familienkompatible Fußgängerzone gewandelt. Eine reichhaltige Auswahl an Restaurants internationaler Küche und einige gut geführte Sportbars locken inzwischen ein breites Publikum an.

Oben: In der Ausländergasse wird immer frisch gezapft.
Unten: Die Fußgängerzone bietet eine große Auswahl an gemütlichen Kneipen und guten Restaurants.

Europäer lieben es, draußen zu sitzen und gemütlich Kaffee zu trinken oder Freunde abends in der Kneipe zu treffen. Den meisten Shanghaiern war dieses etwas absonderliche Verhalten immer ein bisschen suspekt. Im Schatten oder in der Kühle des Abends, vielleicht sogar im Schlafanzug, noch eine Partie Mahjong oder Go auf der Straße zu spielen, gehört zu den Vergnügungen, denen sich der Shanghaier mit Leidenschaft hingibt. Dazu braucht es aber keine Kneipe. Bier trinkt man zu Hause oder zum Essen, und wenn man Freunde treffen will, geht man zusammen ins Restaurant oder zum Karaoke. Fußgängerzonen mit Straßencafés standen deshalb in der Vergangenheit nicht auf der Liste der bevorzugten Freizeitstätten der chinesischen Bevölkerung. Wohl auch deshalb wurde bei der Konzeption des 500 Meter langen Fußgängerbereichs zwischen Hongmei Lu und Hongxu Lu von Anfang an schon mit dem Namen eindeutig klar gemacht, wen man mit dem Angebot im Visier hatte: Die Laowai Jie, oder eben Ausländergasse, war lange Zeit fast nur Sammelpunkt für ausländische Arbeitnehmer, die hier mehr oder

Fußgängerzone Laowai Jie

weniger unter sich und im Vergleich relativ teuer essen gingen oder sich zum Bier trafen.

Kulinarisches aus aller Welt

In den letzten Jahren erfreut sich die Fußgängerzone aber zunehmender Beliebtheit auch bei chinesischen Touristen und der Shanghaier Bevölkerung. Günstiger und längst nicht so abgehoben wie zum Beispiel Xintiandi, beheimatet die kleine Straße in ihren überwiegend zweistöckigen und im europäischen Stil gebauten Häusern ein großes Angebot an gemütlichen und guten Restaurants. Die Auswahl reicht von diversen chinesischen und anderen asiatischen Küchen bis zu europäischen Spezialitäten. Wer sich hier durch alle Speisekarten futtern will, ist einige Wochen beschäftigt. Nach wie vor ist die Gasse aber auch Treffpunkt zum Feierabendbier oder bei internationalen Sportveranstaltungen. Die einst ansässigen kleinen Bars mit den sogenannten »Talking Girls«, die sich als Gegenleistung für kurzweilige Unterhaltung gern zu einem Drink einladen ließen, sind weitgehend den modernen Sportbars gewichen, in denen Baseball, Formel 1 und die Bundesliga auf allen Bildschirmen übertragen werden. Auch in den Bars kann man recht gut essen, zum Teil wird selbst gebrautes Bier serviert.

Verbinden kann man das Abendessen auf der Laowai Jie mit einem Besuch des gegenüberliegenden Pearl Market, in dem es Perlen aller Größen und Farben zu überschaubaren Preisen gibt. Das mehrstöckige Gebäude beheimatet auch einen gut sortierten Fake-Markt, der weitaus weniger Nerven erfordert als etwa der Fashion and Gift Market unter dem Science and Technology Museum (siehe S. 60). Die Händler sind freundlicher und in ihren Preisvorstellungen realistischer, Handeln ist natürlich trotzdem auch hier Pflicht.

Infos und Adressen

SEHENSWÜRDIGKEIT
Laowai Jie 虹梅路老外街.
Hongmei Lu 3338(虹梅路3338号) oder Hongxu Lu 797 (虹许路797号), Metro 10 Hongqiao Rd

ESSEN UND TRINKEN
Big Bamboo. Eine der ältesten Sportbars am Platz. Ab 11 Uhr bis spät, Laowai Jie 26 (虹梅路休闲街26号), Tel. 021 64 05 87 20, www.bigbamboo.asia

Shanghai Brewery. Moderne Sportbar mit selbst gebrautem Bier. 10–2 Uhr, Laowai Jie 21C (虹梅路休闲街21C号), Tel. 021 64 06 59 19, www.shanghaibrewery.com

ÜBERNACHTEN
Shanghai Marriott Hotel Hongqiao 上海万豪虹桥大酒店. Beliebtes und nicht ganz billiges Businesshotel. Hongqiao Lu 2270, nahe Jianhe Lu (虹桥路2270号, 近剑河路), Tel. 021 62 73 60 00, www.marriott.com

EINKAUFEN
Hongqiao Antique Centre 虹桥古玩城, **Hongqiao Floral and Aquarius City** 虹桥花卉水族城, **Hongqiao Tee City** 虹桥茶城. Antik-, Blumen- und Teemarkt mit reicher Auswahl. 10–20 Uhr, Jinhui Lu 528/Hongsong Lu 87 (金汇路528号/红松路87号), Tel. 021 34 68 50 86, www.hongqiaogwc.com

PUTUO UND CHANGNING

39 Der Zoo – Dongwu Yuan 上海动物园
Pandas und Platanen

Der Shanghaier Tiergarten ist nach dem von Peking der zweitgrößte Chinas. Er ist nicht nur ein beliebtes Ausflugsziel für Schulklassen und Familien, sondern auch Treffpunkt für Senioren. Mit 6000 Tieren, einer großen Pflanzenvielfalt und Zehntausenden Bäumen hat die imposante Anlage einen hohen Freizeitwert. Lohnenswert macht den Besuch aber weniger die Tierwelt als vielmehr die erfrischend andere Landschaft.

Am frühen Morgen gehört die Stadt den Rentnern. Sie treffen sich in den Nachbarschaften, erobern Parks und Plätze in den Straßen und begrüßen den Tag an den Flussufern. Auch der Zoo ist morgens in der Hand der Senioren, die einen rund 20-prozentigen Anteil an der Stadtbevölkerung ausmachen. Offiziell gehen die Männer mit 60 Jahren in Rente, Frauen mit 50 oder mit 55 Jahren, wenn sie Beamte sind. Den Zoo haben sie morgens eine Stunde für sich allein. Als Dauerkarten-Besitzer dürfen sie schon um 6.30 Uhr in den Tiergarten, alle anderen müssen warten.

Bildung und Naturerlebnis

Ursprünglich lag an der Stelle des Zoos ein Golfplatz, der 1954 in einen Park umgewandelt wurde. Nachdem 1955 Elefanten aus der Yunnan-Provinz »eingezogen« waren und sich die Anzahl der Tiere von Jahr zu Jahr vergrößerte, wurde der Park von 28 Hektar auf rund 73 Hektar erweitert und offiziell zum Zoo ausgebaut. Heute sind hier jeweils rund 600 Tier- und Pflanzenarten beheimatet. Darunter

Oben: Wer nicht nach Sichuan reisen kann, um die Pandas vielleicht in freier Wildbahn zu erleben, kann sie im Shanghaier Zoo sehen.
Unten: Riesenrad: Der Zoo ist Tierpark, Naherholungsgebiet und Freizeitpark zugleich.

Der Zoo – Dongwu Yuan

befinden sich vom Aussterben bedrohte chinesische Arten wie der Große Panda und der Südchinesische Tiger, aber auch Tiere aus anderen Teilen der Welt.

Der Zoo ist in unterschiedliche Bereiche eingeteilt, durch die man über einen Rundweg geführt wird. In einem »Wissenschafts- und Bildungscenter«, das auf über 2000 Quadratmetern die Herkunft und Evolution der Tiere erklärt, wird umfassend informiert und aufgeklärt. Ein gutes Informationssystem, zu dem auch ein Audioguide für das Mobiltelefon gehört, macht den Besuch aller Bereiche auch für ausländische Besucher verständlich.

Obwohl in den vergangenen Jahren große Anstrengungen unternommen wurden, die Haltung der Tiere zu verbessern, stößt der Besucher auch heute noch auf Gehege, die vernachlässigt und wenig artgerecht wirken. Aber wie so oft in Shanghai liegen auch im Zoo Lust und Frust nahe beieinander, und so gibt es andererseits auch überaus sehenswerte Bereiche, wie zum Beispiel die Seenlandschaft, die vielen Vogelarten eine Heimat bietet. Zudem ist der Tierpark weiter im Umbruch, um seinem Ruf als »naturnaher und ökologischer Zoo« gerecht zu werden. Den verdankt er bisher vor allem seiner außergewöhnlichen Landschaftsarchitektur, und die allein macht einen Besuch allerdings durchaus lohnenswert. Mit seinen rund 50000 Bäumen bietet der Park an vielen Stellen ein faszinierendes Naturschauspiel mit Seltenheitswert – gerade in Shanghai. Da der Zoo auch als Treffpunkt genutzt wird, trifft man in der Anlage auch viele Chinesen im »Freizeitmodus«, die tanzen oder spielen.

Rund um das große Areal gibt es weitere interessante Ziele, zu denen zum Beispiel der Blumenmarkt auf der Hongjing Lu gehört und ein Spaziergang über die Hongsong Lu, die mit kleinen Geschäften und einigen Bars zu unterhalten weiß.

Infos und Adressen

SEHENSWÜRDIGKEITEN
Shanghai Zoo 上海动物园. Ganzjährig ab 7.30 Uhr, März–Okt. bis 17 Uhr, Nov.–Febr. bis 16.30 Uhr, Hongqiao Lu 2831 (虹桥路2381号), Tel. 021 62 68 77 75, www.shanghai-zoo.cn, Metro 10, Exit 4,

Blumenmarkt 虹桥花卉市场. Einer der größten, auch wenn man keine Pflanzen kaufen will, ist der Besuch lohnenswert. Außer Blumen und Dekoartikeln gibt es zu Weihnachten echte und künstliche Christbäume. Mo–So 9–18 Uhr, Hongjing Lu 718 nahe Hongsong Lu (虹井路718号近红松路), Metro 10 Longbaixincun, Exit 1

ESSEN UND TRINKEN
Geneva. Gut essen in einer alten Villa mit herrlicher Terrasse. Mo–Fr 16–1, Sa 10–2, So 10–1 Uhr, Hami Lu 1896, Villa 6, nahe Qingxi Lu (哈密路1896弄6号别墅, 近青溪路), Tel. 021 52 39 91 97, www.genevash.com

Shuyou Seafood Restaurant 舒友海鲜大酒楼. Hongqiao Lu 2381, direkt neben dem Zoo (长宁区虹桥路2381号), Tel. 021 62 69 88 88

ÜBERNACHTEN
Hongqiao Hengyuan Huntington Terrace 上海虹桥衡园的点评. Bei ausländischen Experten in Shanghai beliebtes Hotel nahe am Zoo, nur 10 Minuten vom Hongqiao-Flughafen entfernt. Hongjin Lu 728 (虹井路728号), Tel. 021 64 02 03 45, www.huntington-terrace.net

PUTUO UND CHANGNING

40 Wasserdorf Qibao
七宝古镇
Zu Shanghais Ursprüngen

Die Wurzeln Shanghais liegen im wasserreichen Hinterland, in dem bereits früh erste Ansiedlungen entlang der vielen kleinen Flüsse, Seitenarme und Kanäle entstanden, als die Gegend um die heutige Einkaufsstraße Nanjing Lu noch tief im Meer lag. Das langsame Zurückweichen des Ozeans ermöglichte die Besiedlung immer weiter Richtung Osten. Die einstige Kleinstadt Qibao blickt auf eine rund 1000-jährige Geschichte zurück.

Die ältesten Siedlungsspuren der neolithischen Songze-Kultur datieren in den Gebieten der heutigen Distrikte Qingpu und Songjiang rund 6000 Jahre zurück (siehe S. 230ff.). Der Minhang-Distrikt, zu dem auch Qibao gehört, wurde bereits vor mindestens 4000 Jahren von der Maqiao-Kultur besiedelt. Spuren findet man heute außer

Oben: Häuser im Stil der Ming- und Qing-Dynastie säumen den Kanal im Wasserdorf Qibao.
Unten: In den kleinen Gassen drängen sich Touristen vor den Souvenirgeschäften.

MAL EHRLICH

»BRUSTSACK«
Manchmal sieht man Chinesen mit dem Rucksack vor dem Bauch herumlaufen. Das ist keine Marotte, sondern den geschickten Taschendieben in Shanghai geschuldet. Taschendiebstahl gehört zu den häufigsten Delikten in der ansonsten recht sicheren Stadt, in der auch Frau abends noch ungefährdet allein unterwegs sein kann. Gerade in Menschenmengen ist der »Brustsack« zu empfehlen, auch Handtaschen gehören nach vorn und sollten im Restaurant nicht über Stuhllehnen gehängt oder auf freien Stühlen platziert werden.

Wasserdorf Qibao

in Museen auch in Form der sogenannten Wasserdörfer rund um Shanghai, von denen einige lange Zeit ausschließlich über die Wasserstraßen erreichbar waren, die die Versorgungswege bildeten. Die kleine Altstadt Qibaos gehört zwar nicht zu den spektakulärsten, bietet sich für einen kleinen Eindruck vom Leben in den Wasserdörfern aber auf jeden Fall an.

Uralter Handelsplatz

Qibao liegt nahe an der Innenstadt und ist mit der Metro leicht zu erreichen (ist allerdings an Wochenenden sehr voll). Die einstige Kleinstadt entstand in der Nördlichen Song-Dynastie (960–1127). Seinen Höhepunkt erreichte der Handelsplatz, der zum Ursprung der Shanghaier Kultur gezählt wird, in der Ming- und Qing-Dynastie (1368–1911). Der Name Qibao, Sieben Schätze, geht auf den einstigen Tempel zurück, von dem es hieß, dass er über sieben Schätze verfügte: den Feilai-Buddha sowie die Cuanlai-Glocke aus der Ming-Dynastie, den Lotos-Sutra (10. Jahrhundert), einen 1000 Jahre alten göttlichen Baum, ein Jadebeil, einen goldenen Hahn und ein Paar Jade-Essstäbchen. Historisch belegt sind die ersten vier, überlebt haben nur die Glocke und Teile des Lotos-Sutra. 19 Seiten der Lehrschrift, die während der Fünf Dynastien (907–960) entstand und aus 31 mit Goldtinte beschrifteten Blättern bestand, werden heute im Shanghai-Museum ausgestellt. Der Tempel existiert nicht mehr, seit 2003 gibt es einen neuen im Osten der Altstadt.

Lokale Spezialitäten

Die 800 Meter lange Straße, die den eigentlichen Kern der Altstadt bildet, wird durch die Putaihang-Brücke in einen Nord- und einen Südabschnitt geteilt. Umgeben von modernen Wohnhäusern,

AUTORENTIPP!

ZIKADENMUSEUM

In früheren Zeiten waren Zikaden- und andere Insektenkämpfe für viele Chinesen ausgesprochen populär. Auch heute noch findet man auf den Blumen- und Tiermärkten vorzugsweise ältere Männer, die verschwörerisch über kleinen Töpfen hocken und sich angeregt über die Vorzüge eines besonderen Exemplars austauschen oder Wettspiele veranstalten. Selbst in der U-Bahn oder im Restaurant kann man mitunter vom Gezirpe einer Zikade überrascht werden, weil jemand seinen »kleinen Freund« in einem speziellen Glas mit sich herumträgt. In Qibao ist dem »Volkssport« ein ganzes Museum gewidmet, in dem präparierte Zikaden, Zeichnungen und Utensilien zur Haltung ausgestellt sind. Die kräftigen Insekten finden in den fruchtbaren Ebenen um Shanghai gute Lebensbedingungen. In Qibao werden sie zum Verkauf angeboten.

Cricket House 蟋蟀草堂. 10–16 Uhr, Fuqiang Jie 37 (富强街37)

Im Zikadenmuseum kann man die Insekten in Ruhe betrachten.

PUTUO UND CHANGNING

drängen sich hier restaurierte Häuser im Ming- und Qing-Stil an den kleinen Kanal. Im Nordteil der Straße (Beida Jie) häufen sich kleine Souvenirgeschäfte, die unter anderem Stickereien, »Antiquitäten«, Kalligrafien und Malereien anbieten. Im Südteil (Nanda Jie) wird an zahlreichen kleinen Ständen eine Vielzahl an lokalen Spezialitäten serviert: von im Lehmmantel gegrillten Hähnchen über Kokosnüsse und getrocknete Früchte bis hin zu Eis in exotischen Sorten. Man darf unbesorgt probieren, allerdings sollte man einen genauen Blick darauf werfen, weil zum Beispiel Sperling am Spieß vielleicht nicht jedermanns Sache ist. Bei einer Bootsfahrt auf dem Altstadtkanal kann man alles beschaulich aus einem anderen Blickwinkel betrachten. Auch zwei kleine Museen sind sehenswert: Zum einen die Memorial Hall für den Künstler Zhang Chongren (Tschang Tschong-Jen, 1907–1998), der mit dem »Tim und Struppi«-Autor Hergé befreundet war und ihm 1936 zahlreiche Details für die China-Abenteuer Tims lieferte. Zum anderen Zhou's Miniature Carving House, das feinste Miniaturarbeiten von ungeheurer Komplexität zeigt, die nicht nur Modellbau- und Puppenhaus-Fans beeindrucken dürfte. Hübsch ist die im Süden der Altstadt, unweit der Baonan Lu liegende katholische Kirche aus dem Jahr 1896. Leider kann sie außer zur Frühmesse nur von außen besichtigt werden.

Der neue buddhistische Tempel nahe der Altstadt ist kein Muss, bietet sich aber für einen Abstecher auf dem Rückweg an. Er wartet mit einer kleinen und einer großen Halle und einer ansehnlichen siebenstöckigen Pagode mit zahlreichen Statuen auf, darunter eine Guanyin- und eine Amitabha-Figur. Durch die Glocken, die leise an den Ecken der Pagode im Wind klingen, oder das Gebet der Gläubigen und den Gesang der Mönche kann der Tempel sehr stimmungsvoll wirken.

Oben: Bootstour auf dem Kanal: Vom Wasser aus ergeben sich andere Perspektiven auf die kleine Stadt.
Unten: In den Garküchen wird alles zubereitet, was die lokale Küche zu bieten hat, darunter durchaus auch »exotische« Gerichte.

Wasserdorf Qibao

Infos und Adressen

SEHENSWÜRDIGKEITEN

Qibao Old Town 七宝古镇. Metro 9 Qibao, Exit 2. Die Altstadt liegt wenige Hundert Meter von der Metro entfernt und verfügt über mehrere Eingänge. www.goqibao.com

Qibao Temple 七宝教寺. Ab 8 Uhr, Xinzhen Lu 1205 (新镇路1205), zu erreichen nur über Qingnian Lu (青年路) im Norden oder Fuqiang Jie (富强街) im Süden.

Qibao Catholic Church 七宝天主教堂. Messe So 7.30, Mo–Fr 6.30 Uhr (Chinesisch), Tianzhutang Jie (天主堂街), Tel. 021 64 79 93 17

Zhang Chongren Museum 张充仁纪念馆. 9–16 Uhr, Qibao Guzhen Puxi Guangchang (七宝古镇浦溪广场75号), Tel. 021 54 86 60 11

Zhou's Miniature Carving House 周氏微雕馆. 8.30–17 Uhr, Fuqiang Jie 64 (富强街64号甲)

ESSEN UND TRINKEN

Zhenliu Ge Teehaus 枕流阁茶楼. Lokaler Tee und kleine Snacks. Qibao Guzhen Beidong Jie 6 (七宝古镇北东街6号), Tel. 021 54 85 68 21

Mythen und Märchen im Schattenspielmuseum

Qibao Destillery 七宝酒坊. Kleine Schnapsbrennerei mit Restaurant. 10.30–14, 16.30–21 Uhr, Nanda Jie 21 (七宝镇南大街21号)

EINKAUFEN

Famos Square 汇宝购物广场. Shoppingcenter in der Nähe der Altstadt. 10–22 Uhr, Caobao Lu 3509 (漕宝路3509号), Tel. 021 54 85 88 89, www.famos-square.com

Xiao Yu Xianxing 小鱼の理想 Frischer Joghurt und Getränke. Qibao Lao Jie Commercial Street 27 (七宝老街徐家弄商业街27号), Tel. 150 26 65 82 51

AKTIVITÄTEN

Bootstouren. Vom Anleger im Westen (游船码头), 8.30–16 Uhr, Dauer etwa 20 Min.

Qibao Shadow Play 七宝皮影艺术馆. Die Geschichte des Schattenspieltheaters in Shanghai. 9–16 Uhr, Vorführung 13–16 Uhr (ca. alle 20 Minuten), Qibao Guzhen Bei Xi Jie (七宝古镇北西街95号)

Old Trades Museum 老行当. Wachsnachbildungen alter Straßenszenen. Qibao Guzhen Dong Jie 9 (七宝古镇东街9号)

Eintrittskarten für die meisten Attraktionen werden an einigen Ständen verkauft. Die Öffnungszeiten variieren oft, von 10 bis 16 Uhr ist man aber meist auf der sicheren Seite.

Statue im Tempel von Qibao

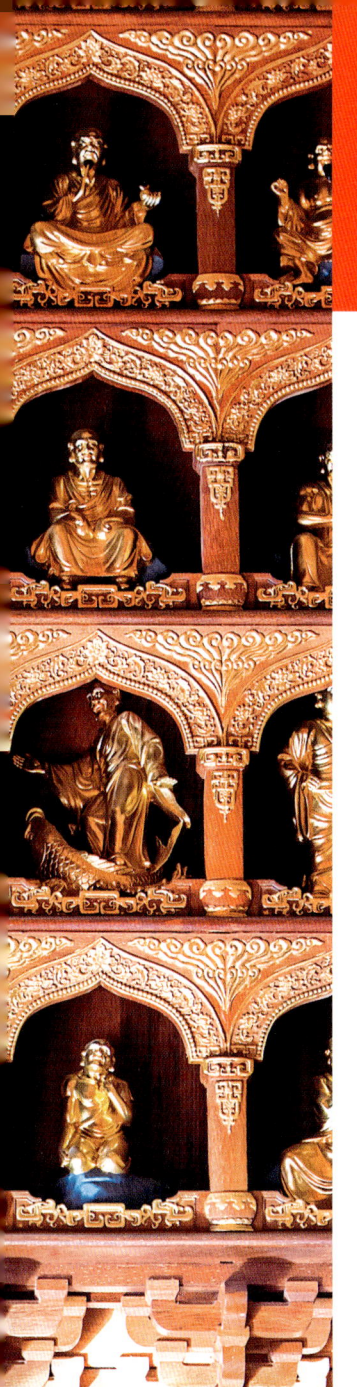

AUSSEN-BEZIRKE UND UMGEBUNG

41 Songjiang 松江
Versteckte Kulturdenkmäler — 230

42 Shanghai Filmpark 上海影视乐园
Zurück in die 1930er-Jahre — 238

43 Sheshan 佘山
Naturschutzgebiet mit Blumen und Basilika — 240

44 Qingpu 青浦区
Wasser, Fisch und wilder Reis — 242

45 Jiading 嘉定
Gärten, Tempel und Karossen — 246

46 Nanxiang 南翔镇
Klassischer Garten und Teigtaschen — 250

47 Baoshan 宝山区
Stahl, Glas und Kanonen — 252

48 Luodian 罗店
Altes China, neues Schweden — 258

49 Zhaojialou 召稼楼
Wasserdorf mit Atmosphäre — 260

50 Lingang 临港新城
Stadt aus dem Nichts — 262

AUSSENBEZIRKE UND UMGEBUNG

41 Songjiang 松江
Versteckte Kulturdenkmäler

Das Gebiet um Songjiang blickt auf eine rund 6000-jährige Siedlungsgeschichte zurück und ist damit Ursprung einiger der ältesten Kulturen Chinas. Aber auch als Stadt hat Songjiang eine lange Geschichte. Zum ersten Mal historisch belegt ist das damalige Huating im Jahr 219, während der Östlichen Han-Dynastie. Von Touristen heute kaum beachtet, lädt der Distrikt zu einem Ausflug ins friedliche China mit seiner Historie ein.

Auf den ersten Blick scheint Songjiang recht langweilig zu sein, auch wenn man dem Ort rund 35 Kilometer südwestlich von Shanghais Innenstadt eine gewisse kuriose Gemütlichkeit nicht absprechen kann. Breite Straßen, wenig Verkehr und relativ wenig Menschen geben dem Distrikt einen ländlichen Charakter, und vor allem die teilweise im typischen Stil offene und flache Bebauung vermittelt das Gefühl, der Ort könnte einem Film

Seite 228/229: Im Xilin-Tempel von Songjiang
Oben: Die 47 Meter hohe Pagode im Xilin-Tempel wurde ursprünglich im Jahr 1265 außerhalb der Anlage errichtet.

MAL EHRLICH
LAUTSPRECHER UND MEGAFONE
Früher zogen Reisegruppen stets geleitet von einem Reiseleiter mit Fahne und Megafon oder einer transportablen Lautsprecheranlage am Gürtel durch die Sehenswürdigkeiten. Diese Unart wurde an den meisten Orten verboten. In den Außenbezirken kann man den Lärm noch erleben, aber auch hier wird er zum Glück immer seltener. Wenn man auf eine solche Gruppe stößt, hilft wie bei einem Unwetter nur, sich unterzustellen und zu warten, bis es vorübergezogen ist.

Songjiang

über den »Wilden Osten« entsprungen sein. Dass Songjiang mit seinen rund 600 000 Einwohnern alles andere als unterentwickelt ist, zeigen aber nicht zuletzt die rund 200 Hightech-Firmen und 40 Fabriken der zahlreichen global agierenden Unternehmen, die sich hier angesiedelt haben – ein Industriestandort Shanghais, zu dem es seit 1958 gehört, seit 1998 mit Distrikt-Status.

Touristisch noch unentdeckt

Anders als das relativ junge Shanghai blickt Songjiang auf eine mindestens 1300-jährige Geschichte zurück. Bereits im Jahr 719 als Kreis Huating gegründet, wurde das Gebiet 1277 Präfektur. Ein Jahr später änderte der Amtsbezirk seinen Namen in Songjiang. Während der Ming- und Qing-Dynastie (1368–1911) stieg der Bezirk nach und nach zum Zentrum der Textilindustrie auf und erarbeitete sich als einer der größten Steuerzahler des Kaiserreichs den Ruf »Lieferant aller Kleidung für alle Menschen im Reich« zu sein. Bewohnt wurde das Gebiet um Songjiang schon bedeutend früher. Wie Funde belegen, geht die Besiedlung bis auf die neolithische Songze-Kultur zurück, die hier bereits 3900–3200 v. Chr. bestand. Relikte dieser ältesten Kultur Shanghais findet man unter anderem im Museum im angrenzenden Qingpu-Distrikt (siehe S. 243).

Das alte Zentrum Songjiangs ist touristisch wenig erschlossen. Von der Altstadt und den alten Straßen ist nicht mehr allzu viel erhalten, vor allem rund um die alte Hauptstraße befinden sich die für die Gegend charakteristischen Häuser mit den hölzernen verzierten Fensterläden und ziegelgedeckten Mauern. Dennoch hat die einstige Stadt einige historische Schätze zu bieten. Die Anreise unternimmt man am besten mit dem Auto oder mit der Metro, von der Metrostation Zubaichi Park

AUTORENTIPP!

KARPFENGLÜCK IM XILIN-TEMPEL

Eine kleine steinerne Brücke führt im Xilin-Tempel über den ganz in der Nähe des Tempelrestaurants gelegenen Karpfenteich. Die Gläubigen setzen Fische ins Wasser, weil es als gute Tat gilt, ein Tierleben zu retten. Aber auch die Karpfen zu füttern bringt Glück. Fischfutter gibt es am kleinen Stand an der Brücke. Die Fische fressen aus der flachen Hand, mit der anderen kann man sie streicheln. Je mehr farblich unterschiedliche man dabei berührt, desto mehr Glück, denn jede Farbe der Karpfen hat eine andere Bedeutung, so sollen die goldfarbenen Reichtum bringen, die schwarzen bieten Schutz vor bösen Geistern. Eine Tafel am Stand erläutert die Bedeutung der Farben. Da es hier wenig Besucher gibt, kann man sich der seltenen Erfahrung eines Schwarms am Finger lutschender Fische ausgiebig hingeben.

Jede Farbe der Karpfen hat eine andere Bedeutung.

AUSSENBEZIRKE UND UMGEBUNG

ist es nur ein rund 15-minütiger Fußmarsch oder eine kurze Taxifahrt bis zur Hauptstraße in der ehemaligen Ortsmitte, an die sich – kaum beachtet – einige der wichtigsten Sehenswürdigkeiten des Ortes schmiegen.

Friedlicher Xilin-Tempel

Schon allein der buddhistische Xilin-Tempel mit seiner 47 Meter hohen Pagode aus dem Jahr 1265 und der beeindruckenden Atmosphäre ist die lange Fahrt nach Songjiang wert. Ursprünglich stand die siebenstöckige Pagode vor dem Tempel, der einst unter anderem Namen gebaut, 1387 in Xilin Si umbenannt wurde. In seiner Blütezeit lebten mehr als 600 Mönche hier. Nachdem sich die Pagode senkte und umzustürzen drohte, wurde sie zwischen 1436 und 1449 in das Tempelareal verlegt, wo sie sich in die friedliche Idylle der mehr als 700 Jahre alten Anlage einfügt. Im Lauf der Zeit mehrmals erweitert und wiederhergestellt, beheimatet der Tempel viele reich geschmückte und mit aufwendigen Holzarbeiten verzierte Hallen, die aber teilweise wie die Pagode auch im Stil der Song-Dynastie (960–1279) rekonstruiert wurden. Sehenswert ist der Tempel auch wegen seiner vielen Statuen, darunter die große Skulptur des Siddhartha Gautama in der Haupthalle. Vor allem aber das friedliche Gesamtbild und der weitgehend unverstellte Blick auf die buddhistisch-religiöse Umgebung machen einen Besuch des Tempels unbedingt empfehlenswert. Wer sich von der Atmosphäre nicht lösen kann, hat die Möglichkeit, den Besuch mit einem bescheidenen Essen im tempeleigenen Restaurant zu verlängern. In der einfachen Gaststätte, die vor dem Tempel links in einer Gasse über einen separaten Eingang verfügt, aber auch vom Tempel aus erreicht werden kann, gibt es leckere Nudel- und Pilzgerichte. Die Kommunikation funktioniert allerdings nur mit Händen

Oben: Die Songjiang-Moschee wurde zwischen 1341 und 1367 gebaut, sie ist damit das älteste islamische Gotteshaus Shanghais.
Unten: Der goldene Siddharta Gautama in der Haupthalle des Xilin-Tempels

Songjiang

Flötenspieler im Zubaichi-Park

und Füßen, eine englische Speisekarte oder englischsprachigen Service findet man hier nicht.

Songjiang-Moschee, die schönste von Shanghai

Unweit der buddhistischen Stätte haben mit der Songjiang-Moschee Muslime, die sich früh in diesem Gebiet niederließen, eine Gebetsstätte errichtet. Gebaut zwischen 1341 und 1367, ist die Moschee nicht nur die erste und älteste Shanghais, sondern sicher auch die schönste. Das Gotteshaus verfiel bereits nach wenigen Jahren, wurde aber schon um 1391 wieder aufgebaut. Trotz anschließender Erweiterungen und mehrfacher Renovierungen zwischen 1644 und 1911 ist die Moschee, zu der auch ein Friedhof gehört, noch immer weitgehend im Originalzustand erhalten. Sie vereint arabische Stilelemente mit klassischer chinesischer Tempelarchitektur. An dem nach Norden gerichteten Eingang sind vier Schriftzeichen graviert, die für »echt«, »schön« oder »erlesen«, »ursprünglich« oder »original« und »authentisch« stehen. Gebaut wurde die Moschee »auf kaiserliche Anordnung«, wie eine weitere Inschrift über dem Tor verrät. Das Hauptgebäude besteht aus der Haupthalle, einer ofenförmigen Halle, der Eingangshalle sowie einer nördlichen und südlichen

AUTORENTIPP!

SONGJIANG-MUSEUM
Direkt neben dem Nordeingang des Fangta-Parks gelegen, bietet das Museum eine reiche Auswahl an Exponaten aus verschiedenen Dynastien, darunter alte Münzen, kostbares Porzellan, sehr schöne Jade-Pretiosen, seltene Kalligrafien und historische Aufzeichnungen. All das ist jedoch nur selten Ziel für Touristen, entsprechend ruhig geht es hier zu, wenn nicht gerade eine Schulklasse zu Besuch ist. Obwohl die Ausstellung keine englischsprachigen Informationen bietet, lohnt es, sich dafür Zeit zu nehmen. Der Eintritt ist kostenlos, eine Registrierung ist aber am Wärterhäuschen erwünscht. Der Guard freut sich, wenn er in der Spalte »Besucher aus dem Ausland« in seiner Tabelle einen Haken machen kann.

Songjiang-Museum 松江博物馆,
Di–So 9–16 Uhr. Songjiang Zhongshan Dong Lu 233 (松江中山东路233号), Metro 9 Zuibaichi,
Tel. 021 57 83 33 14,
www.songjiangmuseum.com

Chinesische Kunst und Kultur, ausgestellt im Songjiang-Museum

Oben: Volksfest im Fangta-Park
Mitte: Das Relief in der Blickschutzmauer der Fangta-Pagode zeigt das Fabeltier Tan.
Unten: Picknick im Park, im Hintergrund die in den 1970er-Jahren restaurierte Pagode.

Lehrhalle und dem Gebetsturm. Die ofenförmige Halle und der Gebetsturm sind die Hauptattraktionen der Moschee. Ein Besuch ist durchaus lohnenswert. Während der Kulturrevolution war die Gebetsstätte geschlossen, 1985 wurde sie wieder eröffnet. Besucher sind seither willkommen.

Kulturschätze im Fangta-Park

Mit der einzigartigen viereckigen Pagode im rund zwei Kilometer weiter östlich gelegenen Fangta-Park bietet Songjiang eine weitere historische und architektonische Sehenswürdigkeit. Das elegante neunstöckige Gebäude wurde während der Song-Dynastie (960–1126) zwischen 1068 und 1094 im strukturierten und offenen Stil der Tang-Zeit (618–907) aus Holz und Ziegeln erbaut und ist in diesem Baustil auch erhalten geblieben. Das Gebäude wurde zwischen 1974 und 1977 restauriert, dabei fand man einen unterirdischen Palast mit mehr als 140 Relikten, darunter eine bronzene Buddhastatue, Münzen aus der Song- und Tang-Dynastie und vieles mehr. Ein Blick auf die original erhaltenen Türen und Säulen offenbart kostbare Schnitzarbeiten, auch viele der Dachziegel sind noch original. Anders als zahlreiche andere Pagoden in Shanghai kann das 48,5 Meter hohe Gebäude begangen werden. Rund um das Gelände der Pagode steht eine ursprünglich 1370 erbaute Blickschutzmauer (Zhaobi), die im Zentrum mit dem Bildnis eines mythologischen Tieres namens

Songjiang

Tan verziert ist. Das Relief, das als das besterhaltene seiner Art in Shanghai gilt, zeigt eine Kreatur mit Drachenkopf, Hirschgeweih, Löwenschwanz, Ochsenhufen und Schuppen. Entstanden ist es als Warnung vor zu viel Gier. Die Legende besagt, dass sich Tan, nachdem er alle Schätze der Welt verschlungen hatte, auch die Sonne einverleiben wollte. Dabei stürzte er aber ins Meer und ertrank. Die Wand hat wie die Pagode glücklicherweise nicht nur das Bombardement der Japaner in den frühen 1930er-Jahren, sondern auch die zerstörerische Wut der Kulturrevolution überlebt.
Unweit der Pagode steht nördlich im Park der Tianfei-Palast, der ursprünglich 1883 an der heutigen Henan Lu in Shanghai gebaut wurde. Das Gebäude musste 1980 der Stadtentwicklung weichen und wurde kurzerhand nach Songjiang verlagert. Die Haupthalle ist mit ihren weiten Innenräumen, der kargen Ausstattung und dem großen steinernen Vorplatz charakteristisch für die Qing-Dynastie (1644–1911). Etwa 100 Meter südlich der Pagode liegt die Wangxian-Brücke, die in einem perfekten Bogen aus Stein und Holz während der Song-Zeit konstruiert wurde. Sie ist die älteste Steinbrücke auf dem heutigen Stadtgebiet.

Das Areal des heutigen Fangta-Parks gehörte einst zum kulturellen und kommerziellen Zentrum Songjiangs. Nicht nur deshalb hat der Park Seltenheitswert. In Shanghai bekommt man in der Regel alles außer Ruhe: Der Fangta-Park beweist, dass es zumindest im Umfeld der Metropole auch Ausnahmen gibt. Die lautesten Bewohner sind hier die Zikaden und Vögel, die im Schutz des dichten alten Baumbestandes ihre Melodien singen. Neben den großzügigen Grünanlagen und der Pagode laden auch ein steinerner Skulpturenpark und andere Sehenswürdigkeiten zum Verweilen in der ruhigen Umgebung ein. Mehr Frieden geht nicht im Umfeld der Großstadt.

AUTORENTIPP!

BRITISCHES FLAIR

Angelegt im Rahmen des Satellitenstadtprojekts »One City, Nine Towns«, mit dem die Innenstadt Shanghais entlastet werden sollte, ist Thames Town die perfekte Stadtkopie. Etwas Tudor-Stil, eine Prise Viktorianismus, im Zentrum eine Kirche, natürlich eine Kopie, das Original steht in Clifton bei Bristol. Von der typisch britischen Telefonzelle bis zum Teegeschäft – alles, was man in einem englischen Städtchen erwarten darf. Allein hinter den Fassaden herrscht zumeist Leere. Wohnen wollen hier die wenigsten, zu teuer und zu weit weg vom Stadtzentrum ist der Ort. Genutzt wird er aber gerne als Film- und Fotokulisse. Er lohnt den Besuch, wenn man ein paar Stunden in einer fast unwirklichen Umgebung verbringen möchte.

Thames Town 泰晤士小镇, Sanxinbei Lu 900 (三新北路900弄), Metro 9 Songjiang Xincheng, von dort mit dem Taxi, www.thames-town.com

Britische Atmosphäre in den Straßen von Thames Town

AUSSENBEZIRKE UND UMGEBUNG

Infos und Adressen

ANFAHRT

Metro Linie 9 bis Zuibaichi Park: Von hier aus entweder lokales Taxi oder zu Fuß zum Xilin-Tempel. Alternativ kann man die Sightseeing-Buslinie Nr. 1B der Shanghaier Verkehrsbehörde nutzen, die täglich etwa alle 30 Minuten von 7.30–17.30 Uhr vom Shanghai Stadium bis zum Fangta-Park fährt. Das Ticket kostet 10 RMB. Mit dem Taxi ist Songjiang von Shanghai aus für etwa 200 RMB erreichbar, allerdings sollte man das Taxi dann auch für den Rückweg buchen oder mit anderen Verkehrsmitteln zurückfahren. Die lokalen Taxen dürfen nicht nach Shanghai fahren.

Innerhalb Songjiangs sind der Tempel und die Moschee im Westen mit dem Fangta-Park im Osten mit der Buslinie 26 verbunden.

Hot Pot – nicht nur in Songjiang beliebt

SEHENSWÜRDIGKEITEN

Xilin Temple 西林塔. 5–16.30 Uhr, Zhongshan Zhong Lu, Xilin Bei Lu (中山中路, 西林北路), Tel. 021 57 81 34 54, www.xilinsi.org

Songjiang Mosque 松江清真寺. 9–17 Uhr, Gangbeng Lu 21 (缸甏巷21号 松江区), Tel. 021 57 82 36 84

Fangta Park 方塔园. Mai–Sept. 5.30–17.30, Okt.–April 6–17 Uhr, letzter Einlass jeweils eine halbe Stunde vor der Schließung, Audioguides können gegen eine kleine Kaution gemietet werden, Songjiang Zhongshan Dong Lu 235 (松江中山东路235号), Tel. 021 57 83 25 53, www.shfangtayuan.com

Dharani Sutren Stele 松江唐经幢. Ältestes Zeugnis der Tang-Zeit in Shanghai. Die 9,30 Meter hohe, achteckige Säule stammt aus dem Jahr 859 und wurde 1962 restauriert. Heute steht sie auf dem Gelände der Zhongshan-Grundschule, wenn man sich am Eingang registrieren lässt, kann man die Säule besichtigen. Songjiang Zhongshan Dong Lu/Xi Si Nong 43 (西司弄43号松江中山小学内), Tel. 021 57 83 34 31

Zubaichi Park 醉白池. Auch der Park direkt an der Metrostation ist einen Besuch wert. Der Garten mit dem Teich des Betrunkenen Bai (Zu Bai Chi) aus dem Jahr 1670 diente ursprünglich dem Maler Gu Dashen als Wohnsitz. Der Park bietet wundervolle Szenerien und zeigt die alte Gartenarchitektur im Raum Shanghai. 7–17 Uhr, Songjiang Renmin Nan Lu 64 (人民南路64号), Metro 9 Zuibaichi

Songjiang Art Museum 上海市松江美术馆. 9–17 Uhr, Sanxinbei Lu 900 Thames Town 601 (三新北路900弄, 泰晤士小镇601号), Tel. 021 67 82 12 11, www.sj-artmuseum.com

Songjiang No 2 Middle School 上海市松江二中. Der Eingangsbereich besteht aus einem restaurierten Rest einer ehemaligen Stadtmauer Songjiangs. Songjiang Zhongshan Dong Lu 250 (松江中山东路250), Tel. 021 57 83 13 83, www.sjez.com

EINKAUFEN

Huating Old Street, Zhongshan Zhong Road (松江中山中路 华亭老街). Etwa 600 Meter langes, restauriertes Stück der alten Hauptstraße

Songjiang

Zhongshuge Buchladen 海钟书阁. Der schönste Buchladen Shanghais lockt mit Glasböden und will dem Besucher das Gefühl geben, in einem »Meer aus Büchern« zu schweben. 10–20 Uhr, Sanxin Bei Lu 900 Nong 930 Hao (三新北路900弄930号). Tel: 021 67 66 18 99, www.thamestown.com/shop45.htm

ESSEN UND TRINKEN

Gun Guo Niu Rou 小红牛滚锅牛肉. Einfache, lokale Küche, z. B. leckere Rindfleisch-Nudel-Suppen, Eintöpfe und frisches Gemüse. Zhongshan Lu 586, nahe Xilin Lu (中山二路586号, 近西林路), Tel. 021 67 81 01 65

Qin Yun Yuhuo 沁韵渔火(华亭老街店). Hot Pot gegenüber dem Xilin-Tempel. Gangbeng Xiang 201 (缸甓巷201号, 西林寺正对面), Tel. 021 57 81 90 75

Jiangnan Restaurant 江南小菜. 10–21 Uhr, Preiswert, mit typisch chinesischen Gerichten. Gangbeng Xiang 328 (松汇中路328号), Tel. 021 31 32 07 77

Shanghai Min 上海小南国(松江城中店). Shanghai-Küche in der 8. Etage des Einkaufszentrums. Zhongshan Zhong Lu 77 (中山中路77号 平高世贸中心6、8楼), Tel. 021 40 07 33 99 93, www.xnggroup.com

Huatinghui Restaurant 华亭湖时代大酒店. Schöner Blick über den Huating-See. Binhu Lu 99 (滨湖路99号, 新松江路), Tel. 021 57 89 99 99

Alone Bar. Bar im Universitätsviertel. 13–1 Uhr, 2. Etage Songjiang University Town Area 4, 1028 Wenhui Lu, nahe Longyuan Lu (大学城四期文汇路1028号2楼, 近龙源路), Tel. 021 33 55 11 77

ÜBERNACHTEN

Songjiang New Century Grand Hotel 上海松江开元名都大酒店. Komfortables Hotel mit Spa und Restaurants gegenüber dem Central Park. Renmin Bei Lu 1799 (人民北路1799号), Tel. 021 37 66 88 88, www.kaiyuanhotels.com

Holiday Inn Shanghai Songjiang 上海松江假日酒店. Modernes Businesshotel mit gutem Service und Fitnessraum. Zhongsan Zhong Lu 83 (中山中路83号), Tel. 187 78 59 50 95, www.ihg.com/holidayinn

Liston Hotel 上海立诗顿宾馆. In englischem Stil eingerichtet, mitten in der englischen Stadt. Thames Town, Sanxin Bei Lu 900 Nong 610 Hao (松江新城区三新北路900弄610号), Tel. 021 33 77 21 998, www.thamestown.com/shop2.h

Schweben in einem Meer aus Büchern

AUSSENBEZIRKE UND UMGEBUNG

42 Shanghai Filmpark
上海影视乐园
Zurück in die 1930er-Jahre

Auch wenn die besten Kinozeiten vorbei sind, Shanghai war und ist eine Filmstadt. Neben einigen modernen Touristenattraktionen, die gern als Kulisse für Gegenwartsfilme verwendet werden, sind immer wieder auch Orte gefragt, die das alte Shanghai zeigen. Das lässt sich nirgendwo besser mit der Kamera einfangen als im Filmpark in der Nähe von Songjiang.

1998 eröffnet, gehört der Shanghai Film Studios Amusement Park mit seinen mehr als 400 000 Quadratmetern zu den größeren Chinas. Davon sind bisher rund 50 000 bebaut, doch die Erweiterungsarbeiten laufen, am Ende soll der Park knapp 82 000 Quadratmeter bebaute Fläche haben. Doch auch die bereits bestehenden Kulissen machen den Park nicht nur für Filmfans interessant.

Zeitreisen

Das Shanghai der 1930er-Jahre lebt – zumindest in den Szenerien in Songjiang. Die Nanjing Lu galt schon früh als die Straße Nummer eins in China, hier lebt sie mit ihrer berühmten Atmosphäre und Architektur genauso wieder auf wie alte Shikumen-Siedlungen. Die Moller-Villa, die Weibeidu-Brücke über den Suzhou Creek und die Xujiahui-Kathedrale gibt es zwar noch im Original, alle diese Bauwerke werden aber von der Modernität der Großstadt so sehr umspült, dass es schwer ist, sie in einem historischen Film in Szene zu setzen. Viel wurde deshalb in den Nachbauten in Songjiang gedreht. Mehr als 100 Kino-, Fernseh- und Werbefilme zählt der Park jährlich, darunter auch

Oben: Drehpause im Filmpark
Unten: In den Straßen des Filmparks lebt die Nanjing Lu der 1930er-Jahre wieder auf.

Shanghai Filmpark

internationale Produktionen. Hier entstanden Sequenzen zum Beispiel zu »Die Mumie«, »Das Grabmal des Drachenkaisers«, »Gefahr und Begierde« und »Perhaps Love«. Chinesische Filmstars wie Gong Li, Jackie Chan, Andy Lao und Stephen Chow haben hier genauso gearbeitet wie internationale Schauspieler.

Die Gelegenheit, im Sinne des Wortes hinter die Kulissen zu schauen, bietet sich nicht oft. Mit etwas Glück sind gerade Dreharbeiten, dann sind zwar die entsprechenden Teile des Filmparks vorübergehend gesperrt, man kommt aber in der Regel nahe genug heran, um interessante Einblicke zu gewinnen. Ansonsten sind hier viele Pärchen mit Fotografen unterwegs, um Hochzeitsbilder schießen zu lassen. In China ist es üblich, das schon vor der eigentlichen Hochzeit zu erledigen. Auch für Touristen bietet sich die wundervolle Gelegenheit für einen fotografischen Zeitsprung ins »verruchte« Shanghai der 30er. Wo sonst hat man Gelegenheit, aus einem alten Tempel direkt auf die Nanjing Lu zu treten? Das riesige Fotostudio bietet sich für Bilder vor historischen Kulissen geradezu an, auch eine Runde mit der Straßenbahn durch das »alte Shanghai« kann amüsant sein. Zu viel erwarten sollte man allerdings nicht: Für Filmaufnahmen werden keine echten und gut erhaltenen Häuser gebraucht, das meiste ist tatsächlich Kulisse.

Sehenswert ist auch der Fahrzeugpark, der mit Autos, Straßenbahnen oder Rikschas über alles verfügt, was Räder hat. Die im Nachbau einer französischen Villa untergebrachte Kostümausstellung zeigt eine Wachsfigurensammlung vieler Filmstars sowie Kleidung in verschiedenen Stilen und weitere Requisiten wie Waffen. In anderen Gebäuden kann man komplette Inneneinrichtungen in Wohn- und Schlafräumen und sogar einen Weinkeller im Tudor-Stil sehen.

Infos und Adressen

ANFAHRT
Metro 5 bis Endstation Minhang Development Zone oder 9 bis Songjiang Sports Center, dann weiter mit dem Taxi

SEHENSWÜRDIGKEITEN
Shanghai Film Park 上海影视乐园. 8.30–16.30 Uhr, letzter Einlass 15.30 Uhr, Beisong Gong Lu 4915/Cheting Gong Lu (北松公路4915号,近车亭公路), Tel. 021 57 60 11 66, www.shfilmpark.com

ESSEN UND TRINKEN
Einige kleine Restaurants in der Umgebung der Yingshi Lu (影视路), Yingcheng Lu (影城路) und Beisong Lu (北松公路)

Shanghai Apo Sifang Cai 上海阿婆私房菜. Preiswert mit großen Portionen und reicher Auswahl. Chedunzhen Yingshi Lu 111 (车墩镇影视路111号) Tel. 021 57 60 25 68

Hongding Laohan Shaoji Gong 红顶老汉烧鸡公(车墩店). Geflügelgerichte von Hühnern aus artgerechter Haltung. Chedunzhen Yingshi Lu 100, nahe Chedun Yingshi Yuan (车墩镇影视路100号,近车墩影视乐园) Tel. 021 57 60 17 077

ÜBERNACHTEN
Shanghai Renji Hotel 上海人济酒店. Hübsches und gut ausgestattetes Hotel mit Aktionspreisen. Kunyang Bei Lu 3558 (昆阳北路3558弄,近茜昆路), Tel. 021 51 19 17 62, www.renjihotel.com

AUSSENBEZIRKE UND UMGEBUNG

43 Sheshan 佘山
Naturschutzgebiet mit Blumen und Basilika

Die höchsten Berge Shanghais könnten sich locker hinter den Wolkenkratzern der Stadt verstecken. Zum Glück gibt es kaum welche – weit im Westen rund um die Sheshan-Berge. Das Gebiet gehört noch zum Songjiang-Distrikt. Mit dem knapp 100 Meter hohen Westhügel und dem Osthügel, der es auf rund 72 Meter bringt, sind die Erhebungen für Shanghaier Verhältnisse schon fast ein Gebirge.

Das Naturschutzgebiet Sheshan liegt weit vor den Toren der Stadt. Aber die etwas umständliche Anreise mit Metro und Taxi lohnt nicht nur wegen der Berg- und Waldlandschaft. Vor allem der Westhügel bietet mit der schönen Sheshan-Basilika und dem 1899 gegründeten Observatorium einige interessante Einsichten – und mit dem Blick vom Berg auch imposante Aussichten, die zeigen, dass Shanghai weit mehr ist als in Beton gegossene Zukunftsperspektive und Menschenmasse.

Christliche Wallfahrtsstätte

Bereits 1867 errichtete ein französischer Missionar einen sechseckigen Pavillon, den er der Jungfrau Maria widmete, auf dem Gipfel des Westhügels. Das Gebäude wurde 1871 durch eine kleine Kirche ersetzt, bevor auch dieses Gotteshaus 1925 der heutigen Basilika weichen musste. Die 1935 aus roten Ziegeln fertiggestellte Kathedrale der Heiligen Muttergottes gehört zu den größten Kirchen im Fernen Osten und mit ihrem Grundriss in Form eines Kreuzes und dem eleganten, hohen Innenraum auch zu den schönsten. Die Kathedrale, die

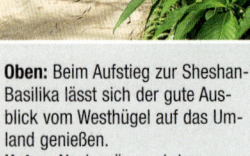

Oben: Beim Aufstieg zur Sheshan-Basilika lässt sich der gute Ausblick vom Westhügel auf das Umland genießen.
Unten: Noch grüner wird es nur, wenn alles ausgewachsen ist, aber schon jetzt beeindruckt der neue Botanische Garten.

Sheshan

3000 Gläubigen Platz bietet, besticht durch Schlichtheit und einen bunten Stilmix aus neoromanischen, barocken und gotischen Elementen.

Das alte Observatorium

Für den Auf- und Abstieg sollte man zwei unterschiedliche Routen wählen. Geht man über den Kreuzweg mit seinen 14 kleinen Gebetsstätten hinauf, der viel Schatten bietet und leichter zu bewältigen ist als die Treppen, kommt man auf dem Weg zur Kathedrale an der Catholic Zhongshan Hall und an einer sehr schönen Marienstatue vorbei. Weitere »Meilensteine« sind am Hauptweg die auf die Song-Dynastie (960–1279) zurückgehende Pagode der Tugendhaftigkeit (Xiudaozhe Ta) und im Osten der Basilika das Sheshan-Observatorium, das 1899 als erste moderne Sternwarte Chinas gebaut wurde. Es bietet eine nett gemachte historische Ausstellung, interessanter sind aber ein Seismograf aus dem Jahr 1874, das Gebäude selbst und die alte astronomische Ausstattung.

Botanischer Garten

Rund drei Kilometer südlich vom Westhügel entfernt liegt der zur Expo neu angelegte Botanische Garten Chenshan Cun. Mit über 9000 Pflanzenarten, großen Seen, einem Wasserfall und sehr schönen Grünanlagen bietet der derzeit größte Botanische Garten Chinas zahlreiche interessante Ecken. Auch wenn der Garten in den nächsten Jahren sicher noch zu größerer Pracht heranwachsen wird, ist er schon jetzt in Teilen sehr beeindruckend, um nicht zu sagen bombastisch. Das sehen auch die Shanghaier so, die hier vor allem am Wochenende massenhaft »einfallen«. Wenn man einmal in der Gegend ist, muss man den Garten sehen – um ihn zu genießen, sollte man aufgrund seiner Größe aber Zeit mitbringen.

Infos und Adressen

SEHENSWÜRDIGKEITEN

Sheshan Forest Park 佘山森林公园. 8–17 Uhr, Waiqingsong Gong Lu 9279 (外轻松公路9279号), Metro 9 Sheshan, von da Taxi oder Bus 92, bis Nordeingang (北大门), Tel. 021 57 65 16 66

Basilica of Sheshan 佘山天主堂. 8–16.30, Messe Mo–Sa 7 Uhr, Huanshan Lu (佘山环山路), Tel. 021 57 65 15 21

Xiudaozhe Pagoda 修道者塔. Westhügel

Shanghai Astronomical Museum 上海天文博物馆. 8.30–16 Uhr, Westhügel, Tel. 021 57 65 17 23-803

Chenshan Botanical Garden 上海辰山植物园. 8–17 Uhr, Chenhua Gong Lu 3888 (辰花公路3888号), Tel. 021 37 79 22 88, www.csnbgsh.cn

ÜBERNACHTEN

Le Meridien Sheshan Shanghai 上海世茂佘山艾美酒店. Hotel und Restaurant. Sehr schöne Lage am See, durch Aktionspreise bezahlbar. Linyin Xin Lu 1288 (林荫新路 1288 号), Tel. 021 57 79 99 99, www.starwoodhotels.com/lemeridien

Sofitel Sheshan Oriental 上海东方佘山索菲特大酒店. Hotel und Restaurant. Elegante, mediterrane Architektur, gute Ausstattung, einigermaßen moderate Preise. Sichen Lu 3388 (泗泾镇泗陈公路3388弄), Tel. 021 37 61 88 88, www.sofitel.com

AUSSENBEZIRKE UND UMGEBUNG

44 Qingpu 青浦区
Wasser, Fisch und wilder Reis

Tief im Westen, rund 40 Kilometer von der Innenstadt entfernt, liegt der Qingpu-Distrikt. Traditionell gerühmt für sein reichhaltiges Angebot an Fisch und wildem Reis, ist der Stadtteil heute noch immer landwirtschaftlich geprägt, aber auch ein bedeutender Industriestandort. Dem Touristen bietet er neben schönen Wasserlandschaften und großzügigen Freizeitmöglichkeiten sehenswerte alte Gärten und spannende Museen.

Obwohl Qingpu einige außergewöhnliche Ziele und Landschaften aufzuweisen hat, ist der Stadtteil touristisch weitgehend unberührt. Ausländer sind hier trotzdem kein seltener Anblick. Weil mehrere internationale Schulen im Stadtteil ansässig sind, darunter auch die Deutsche Schule Shanghai, leben viele Ausländer in dem Distrikt, der in den vergangenen Jahren stark gewachsen ist. Noch Ende 2007 wohnten hier rund 500 000 Menschen, 2010 waren es bereits mehr als eine Million – und jährlich ziehen rund 100 000 hinzu. In Qingpu wird deshalb kräftig in neue Wohnsiedlungen und Infrastruktur investiert. Im Herbst 2014 wurde im Osten des Stadtteils ein neues Messegelände eröffnet – das größte Chinas.

Spuren alter Kulturen

Oben: Der Grand View Garden am Westufer des Dianshan Lake wurde nach dem Vorbild eines Gartens in einem klassischen Roman gestaltet.
Unten: Qingpu ist uraltes Kulturgebiet, die Besiedlungsgeschichte wird im Qingpu-Museum thematisiert.

Bei allem Wachstum vergisst die lokale Regierung aber auch die historischen Hinterlassenschaften des alten Kulturgebietes nicht. Das touristische Angebot soll weiter ausgebaut werden, schon jetzt hat das Viertel einige interessante Ziele zu bieten, die sich mehr oder weniger entlang des

Der Qushui-Garten wurde 1745 im Stil des Yu-Gartens angelegt.

Huqingping Highway aufreihen, der den Stadtteil in Ost-West-Richtung durchzieht. Zu den spannendsten gehört sicher das Songze Relics Museum, etwa 15 Kilometer von der Metrostation Xujing entfernt. Die Ausgrabungsstätte präsentiert die Überreste eines alten Dorfes, die 1957 entdeckt wurden und zeigen, dass das Gebiet im heutigen Qingpu bereits vor 5000 bis 6000 Jahren besiedelt war. Hier liegen die Wurzeln des heutigen Shanghai. Gefunden wurden Werkzeuge, Porzellan, Steingut und einige Bronzestücke. Thematisiert wird die Songze-Kultur auch im 1958 gegründeten historischen Museum, das 2004 in ein neues Gebäude drei Kilometer westlich von der Songze Relics Site eingezogen ist. Der Grundriss des Museums soll – wie die Grenzen des Distrikts auf der Landkarte – an einen fliegenden Schmetterling erinnern. Die teilweise sehr gut gemachte Ausstellung zeigt unter anderem die Besiedlungsgeschichte des wasserreichen Gebiets.

Wasserlandschaften

Rund zwei Kilometer westlich vom Museum liegt mit dem Qushui-Garten ein kulturelles Zeugnis jüngerer Zeit. Als einer der fünf klassischen Gärten Shanghais wurde er in der Qing-Dynastie 1745 im Stil des Yu-Gartens (siehe S. 78 ff.) angelegt. Die in den 1980er-Jahren renovierte Anlage ist offener konzipiert als der bekannte Garten am Altstadt-

AUTORENTIPP!

KURZURLAUB IN QINGPU
Den Distrikt an einem Tag zu erkunden, ist beinahe unmöglich. Neben Gärten und Landschaften würden allein die Wasserdörfer der Umgebung – darunter das schöne, aber meist überlaufene Zhujiajao und das weniger bekannte Jinzhe – einen Tagesausflug lohnen. Wer die verstreuten Schönheiten in Ruhe entdecken will, sollte sich für ein paar Tage hier niederlassen. Eine gute Möglichkeit dazu bietet das »Sun Island Resort«, im Süden Qingpus auf einer sehr schönen Insel im Mao-Fluss gelegen. Die Insel bietet ein reiches Freizeitangebot und ein Hotel, das sich als Basisstation für Erkundungen des Westens – einschließlich Sheshan und Songjiang – eignet.

Sun Island Resort 阳光假期套餐. Nicht ganz billiges, schön angelegtes Wellness-Hotel. Shentai Lu 2588 (沈太路2588号), Tel. 021 61 86 96 88, www.sunisland.asia

Oben: Der Freizeit- und Erholungspark Oriental Land am Dianshan Lake bietet viel Raum für Aktivitäten und Entspannung.
Mitte: Traditionelle Architektur im Qushui-Garten
Unten: Familienausflug im Oriental Land

Basar und besticht vor allem mit schönen Stein- und Wasserlandschaften, die sich meist ungestört genießen lassen. Knapp ein Fünftel des Qingpu-Gebiets wird von Wasser bedeckt, mit 62 Quadratkilometern – rund 47 davon auf Qingpu-Gebiet – macht der Dianshan Lake einen großen Teil der Wasserfläche aus. Rund 15 Kilometer westlich vom Qushui-Garten gelegen, ist der größte natürliche See Shanghais Balsam für die gestresste Seele der Großstadtbewohner. Hier kann man segeln, rudern und Kanu fahren oder auch einfach nur die für Shanghai außergewöhnliche Ruhe genießen.

Am Westufer des Sees findet man mit dem Daguan Yuan (Grand View Garden) eine weitere schön angelegte Gartenlandschaft, die in zwei Bereiche unterteilt ist. Im östlichen Teil bilden die natürliche Landschaft und Pflanzenarrangements den Hauptakzent. Die Szenerie »Starke Frühlingsstimmung im Land der Kirschbäume« zieht die Shanghaier an, wenn die mehr als 4000 Kirschbäume im Frühling in voller Blüte stehen. Der westliche Teil ist der eigentliche Daguan-Garten, der nach dem Vorbild in einem der berühmtesten klassischen Romane des alten China, »Traum der Roten Kammer«, aus dem 18. Jahrhundert, gestaltet wurde. Sehenswert sind hier nicht nur die mehr als 20 architektonisch schönen Bauten und der Garten selbst, sondern auch die teilweise sehr schönen Aussichten auf die ruhige Seenlandschaft.

Qingpu

Infos und Adressen

ANFAHRT

Am besten erkundet man das Gebiet mit dem Auto (Wagen mit Fahrer in Shanghai mieten), alternativ Metro 2 bis Endstation East Xujing (Xujingdong 徐泾东-地铁站) (manche Bahn endet am Hongqiao Flughafen, dann umsteigen), von dort mit dem Taxi. Eine weitere Möglichkeit sind Tour-Busse ab Shanghai Stadium (siehe S. 274)

SEHENSWÜRDIGKEITEN

Shanghai Songze Relics Museum 上海崧泽遗址博物馆. Di–So 8.30–16.30 Uhr, Huqingping-Highway 3993 (赵巷镇沪青平公路3993号), Tel. 021 59 75 57 77

Museum Qingpu 青浦博物馆. Historisches Museum. 9–17 Uhr, Huaqing Nan Lu 1000 (华庆南路1000号), Tel. 021 69 71 99 00, museum.shqp.gov.cn

Qushui Garden 曲水园. 9–17 Uhr, Gongyuan Lu 14 (青浦区公园路14号)

Zhujiajiao 朱家角. Wasserdorf. Touristen-Information, Tel. 02 59 24 00 77, Qingpu Qu Zhujiajiao Zhenxi Jing Jie 84 (朱家角镇西井街84号), www.zhujiajiao.com/en/

Ausgrabungsfunde des Songze Relics Museums

Achterbahnspaß im Oriental Land

Dianshan Lake 淀山湖. Segelclubs, Unterkünfte rund um den See, z. T. mit Pools oder Schwimmbereichen am See, lakedianshan.com

Grand View Garden (Daguan-Garten) 上海大观园. 9–17 Uhr, Jinshang Gong Lu 701 (金商公路701号), Tel. 021 59 26 28 31

Oriental Land 东方绿舟. Attraktion vor allem für Kinder (siehe S. 281)

ESSEN UND TRINKEN

The Terrace Restaurant at Le Chambord. Ausgezeichnete internationale Küche in gemütlicher und familiärer Atmosphäre. 10.30–23 Uhr, Lianmin Lu 99, nahe Huqingping Lu (联民路99号, 近沪青平路), Tel. 021 39 80 01 21, terraceshanghai.com

ÜBERNACHTEN

Oriental Land Holiday Village 东方绿舟度假村. Hotel in ruhiger Umgebung mit einem breiten Sportangebot. Huqingping Gong Lu 6888, Oriental Land, Ausgang 5 (沪青平公路6888号东方绿舟5号门) Tel. 021 59 23 31 68, www.dflzdjc.com

AKTIVITÄTEN

Shanghai International Yacht Marina 上海国际帆船港. Segeln für Anfänger und Profis. Jingao Gong Lu 588 (金商公路588号), Tel. 021 59 26 28 35

AUSSENBEZIRKE UND UMGEBUNG

45 Jiading 嘉定
Gärten, Tempel und Karossen

Seit 1958 an Shanghai angeschlossen, hat der 1218 gegründete Landkreis Jiading seit 1986 Distrikt-Status und ist damit einer der äußeren Stadtteile Shanghais. Mit seiner eigenen Geschichte ist Jiading eher Kleinstadt denn Vorort. Tradition und Moderne gehen auch hier Hand in Hand: Die Altstadt, der Konfuziustempel und der älteste Garten der Umgebung lohnen ebenso einen Tagesausflug wie die moderne Formel-1-Strecke und das Automuseum.

Die ehemalige Altstadt Jiadings ist zunächst als solche erst einmal nicht zu erkennen. Nur aus der Vogelperspektive zeigt sich, wie die Stadt früher angelegt war. Von den einstigen Stadtmauern sind Teile im Westen und im Süden der Altstadt erhalten, die ringförmig von einem Graben umgeben und kreuzförmig von Kanälen durchzogen wird. Sichtbar wird die Historie des Ortes, wenn man sich dem Zentrum nähert. Geschichte, Wirtschaft,

Oben: Jiading ist eher Kleinstadt denn Vorort von Shanghai.
Unten: Der Teich der sich Treffenden Drachen im Huilong-Park wurde bereits 1588 angelegt, hier fließen fünf Bäche zusammen.

MAL EHRLICH

INFO IN DER METRO

Shanghai ist mit Touristeninformationen nicht gerade gesegnet. Die wenigen Büros, die es gibt, sind zu den angegebenen Öffnungszeiten oft nicht besetzt, und oft sprechen die Beschäftigten nur unzureichend oder gar kein Englisch. Erstaunlich gut aufgehoben ist man dagegen häufig an den Info- und Kartenschaltern in der Metro. Die Beschäftigten hier verfügen oft über bemerkenswert gute Sprachkenntnisse, kennen sich in der Umgebung aus und zeichnen sich meist durch große Hilfsbereitschaft aus.

Jiading

Kultur und das gesellschaftliche Leben Jiadings werden im Historischen Museum thematisiert, hinter dem zudem eines der ältesten kulturellen Zeugnisse der Stadt liegt.

Der alte Qiuxia-Garten

Während der Guyi-Garten in Nanxiang (siehe S. 250) der größte der fünf klassischen Gärten Shanghais ist, ist der 1502 angelegte Qiuxia-Garten (Qiuxia Pu) der älteste auf dem Stadtgebiet. Das Zeichen »Pu« 圃 (»Garten« oder »Beet«) steht ursprünglich für einen mit Gemüse und Blumen bepflanzten Garten. Der sehr verwinkelt angelegte Park war das Privatareal einer hohen Beamtenfamilie und beeindruckt mit weitläufigen Wasserflächen und einer Vielzahl traditioneller Bauten, darunter mehrere Pavillons, eine schöne Brücke (Shequ Qiao) aus dem Jahr 1621 und ein Teehaus.

Zum im Nordosten des Parks gelegenen Stadtgott-Tempel gehört ein etwas heruntergekommenes Gebäude, in dem eine Sammlung zum Teil beschädigter Heiligenfiguren zu bewundern ist. Sie stammen zumeist aus privaten Haushalten, in denen sie nicht mehr gebraucht oder durch neue ersetzt wurden. Die alten Skulpturen einfach zu entsorgen, würde nach dem Volksglauben die Heiligen beleidigen und Unglück bringen, weshalb sie in einem Tempel abgegeben werden.

Alter Tempel, schöner Park

Südwestlich des Gartens überragt die Fahua-Pagode mit ihren 40 Metern Höhe noch heute das Stadtzentrum. Der elegante siebenstöckige Bau (1205–1207) aus Holz und Ziegeln ist mit dem teilweise abenteuerlich engen Treppenhaus auch von innen sehenswert. Leider ist er zum Schutz des Gebäudes oft gesperrt.

AUTORENTIPP!

AUTOMUSEUM UND FORMEL-1-STRECKE

Thema Nummer eins im modernen Jiading sind Tempo und Motoren: Zahlreiche Autobauer und Zulieferer aus dem In- und Ausland haben sich hier angesiedelt, darunter auch VW. Kein Wunder daher, dass sich die moderne Shanghaier Autostadt auch um die Geschichte des Automobilbaus bemüht. Das in wunderbarer Lage und durch sehenswerte Architektur unbedingt lohnende Auto-Museum zeigt 100 Jahre automobile Geschichte. Es präsentiert eine große Auswahl an seltenen, liebevoll restaurierten Oldtimern und einiges an Informationen. Eingebettet ist es in einen großen und normalerweise leeren Park. Ein Abstecher zur Formel-1-Strecke bietet sich auf dem Weg ins Museum an.

Shanghai Auto Museum. Di–So 9.30–16.30 Uhr, Einlass bis 16 Uhr, Boyuan Rd 7565 (上海安亭博园路7565号), Metro 11 Shanghai Automobile City, Exit 2, Tel. 02169550055, www.shautomuseum.gov.cn

Das Automuseum zeigt einige liebevoll restaurierte Oldtimer.

AUSSENBEZIRKE UND UMGEBUNG

Ein weiteres Highlight liegt mit dem äußerst sehenswerten Konfuziustempel unweit der Pagode. Errichtet im Jahr 1219, besticht er durch seine einfache Architektur, aber auch mit sehr vielen Details, wie z. B. grazilen Figuren auf den Giebeln und über den Eingängen sowie Verzierungen an Brücken und Gebäuden. Vor allem an Wochentagen kann man sich hier in Ruhe in ein kontemplatives Gespräch mit Konfuzius versenken, dessen Statue in der Haupthalle die ganze Weisheit ausstrahlt, die dem alten Meister nachgesagt wird.

Im Tempel untergebracht ist das Museum für die kaiserliche Beamtenprüfung, das als Einziges im In- und Ausland die Auswahl und Ausbildung der Beamten und Konfuziusschüler im alten China thematisiert. Das System hatte großen Einfluss auf das Bildungswesen, in den kaiserlichen Examen wurden künftige Regierungsbeamte ausgewählt. Die außergewöhnliche Sammlung mit rund 1000 Ausstellungsstücken zeigt unter anderem Prüfungsbögen und -aufgaben aus der Qing-Dynastie sowie Leinen- und Seidentücher, die angeblich zum Mogeln bei der Prüfung benutzt wurden.

Unbedingt Zeit nehmen sollte man sich für den sich hinter dem Tempel erstreckenden Huilong-Park, der 1928 angelegt wurde und mit vielen hübschen Pavillons, alten Bäumen und einem Teehaus glänzt. Besondere Aufmerksamkeit verdient der bereits 1588 angelegte »Teich der sich Treffenden Drachen«, so benannt, weil hier fünf Bäche zusammenfließen. Der Yingkui-Hügel in seiner Mitte wird oft mit einer Perle im Wasser verglichen, mit der die Drachen spielen. Der Park besticht wie der Tempel durch besonderen Detailreichtum. Man sollte einfach alles in Ruhe genießen, bevor man sich dann in die Altstadt aufmacht, um in einem der vielen kleinen Restaurants einen Zwischenstopp einzulegen und ein bisschen zu bummeln.

Oben: Die 1207 fertiggestellte Fahua-Pagode überragt die Altstadt von Jiading.
Unten: Vor Prüfungen wird sie besonders oft besucht: die Konfuzius-Statue in der Haupthalle des Tempels in Jiading.

Jiading

Infos und Adressen

ANFAHRT

Die Metrolinie 11 teilt sich an der Station Jiading Xincheng. Zum Automuseum und zur Formel-1-Strecke nimmt man die Bahn in Richtung Huaqiao, zur Altstadt geht es nach Jiading bis North Jiading. Von dort Bus 嘉定1, 嘉定4 oder 嘉定10 bis 中医医院站 – oder zu Fuß!

SEHENSWÜRDIGKEITEN

Qiuxia Park 秋霞园. 8–16.30 Uhr, Zhendong Da Jie 314 (镇东大街314号), am Jiading-Museum vorbei links in die Gasse abbiegen, nach etwa 150 m auf der linken Seite ist ein kleiner, versteckter Eingang, ein anderer liegt an der Qiliang Lu, Tel. 021 59 53 19 49

Fahua Pagoda 法华塔. 8–16.30 Uhr, Jiading Nan Da Jie 379 (嘉定南大街379号), Tel. 021 59 92 78 67

Jiading Confucius Temple 嘉定孔庙. 8–16.30 Uhr, Jiading Nan Da Jie 183 (嘉定南大街183号), Tel. 021 59 53 03 79

Huilong Park 汇龙潭. Mai–Sept. 5–17, Okt.–April 6–17 Uhr, Tacheng Lu 299 (塔城路299号), Tel. 021 59 52 96 04

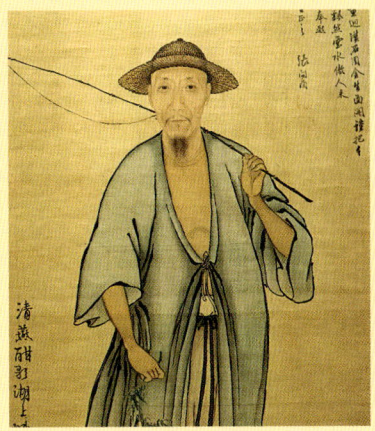

Klassische Kunst im Jiading Museum

Jiading Museum 嘉定博物馆. 8–16 Uhr, Bole Lu 215 (博乐路215号), Tel. 021 59 91 95 81, www.jiading-museum.com

Formel 1 Shanghai Circuit 上海F1国际赛车场. Yining Lu 2000 (伊宁路2000), Metro 11, Tel. 021 69 56 99 99, Tickets 40 618 76 98, www.icsh.sh.cn, www.f1-shanghai.com

ESSEN UND TRINKEN

MilkShop 迷客夏(城中街店). Neben traditionellen Gerichten wie zum Beispiel Hot Pot auch Milchspeisen. ChengZhong Jie 42, nahe Zhouqiao Lao Jie (城中街42号, 近州桥老街)

Zhoujao Restaurant 州桥人家. Bei den Einheimischen vor allem wegen der Fischgerichte beliebt. Zhouqiao Lao Jie / Cheng Zhong Jie 40 (州桥老街城中街40弄6–12号), Tel. 021 59 91 00 85

ÜBERNACHTEN

Jiading Villa Garden Hotel 嘉定花园酒店. Kleines und nettes Hotel neben der Fahua-Pagode. Nanda Jie 321 (南大街321号), Tel. 021 59 53 01 01

Die lokalen Spezialitäten sind günstig und gut.

AUSSENBEZIRKE UND UMGEBUNG

46 Nanxiang 南翔镇
Klassischer Garten und Teigtaschen

Mit rund 50 000 Einwohnern ist das ländliche Nanxiang im Jiading-Distrikt Shanghais für chinesische Verhältnisse eigentlich nicht mehr als ein Dorf – trotzdem kennt jeder Shanghaier zumindest den Namen des Ortes. Die Altstadt des kleinen Städtchens ist der Geburtsort der überaus beliebten Xiaolongbao. Für Touristen lohnen aber nicht nur die gefüllten Teigtaschen die Fahrt in den Norden Shanghais.

Gemütlich und wunderbar chinesisch ist das kleine Nanxiang, rund 30 Kilometer vom Stadtzentrum entfernt, ein touristischer Leckerbissen – und das nicht nur wegen der Xiaolongbao, an denen kein Shanghaier leichten Herzens vorübergehen kann. Hauchdünner Teig, geformt zu einer grazilen Pagode, gefüllt mit einer Mischung aus Schweinefilet mit etwas Ingwer, Schweinebauch, Salz, Sojasoße, Wasser und Zucker – so wird das Original zubereitet, das der Restaurantbesitzer Huang Mingxian 1871 erfand. Im Jahr 1900 brachte ein Verwandter die Köstlichkeit zum Stadtgott-Tempel, und die kleinen Teigtaschen traten ihren kulinarischen Siegeszug an. Glaubt man den Shanghaiern, schmecken sie aber nirgends so gut wie in Nanxiang, wo es auch Gelegenheit gibt, das unter Ausländern berüchtigte »Stinketofu« zu probieren. Doch auch Gartenliebhaber und Freunde alter Architektur kommen hier auf ihre Kosten.

Oben: Eigentlich ist Nanxiang nur ein kleines Dorf, aber jeder Shanghaier kennt seinen Namen.
Unten: Das Rezept für die beliebten Xiaolongbao wurde vor fast 150 Jahren in Nanxiang erfunden.

Der Guyi-Garten

Fünf berühmte klassische Gärten gibt es in Shanghai. Einer davon liegt an der Guyi Yuan Lu

Nanxiang

in Nanxiang. Während der Ming-Dynastie Mitte des 16. Jahrhunderts angelegt, hieß die Anlage ursprünglich Yi-Garten, das Gu (alt) wurde in der Qing-Dynastie hinzugefügt. Das Zeichen »Yi« (猗) stammt aus einem Gedicht im »Buch der Lieder« (1000–700 v. Chr.) und preist große Bambuswälder, die auch im Guyi-Garten wachsen. Menschen mit hoher Moral werden in China oft mit Bambus verglichen. Neben Bambus dominiert Lotos in den weitläufigen Teichen und Bächen den Park. Dazwischen stehen traditionelle chinesische Hallen und Pavillons.

Sehenswert sind aber auch die nicht weit entfernte kleine Altstadt und der Yunxiang-Tempel, die man beide vom Park über die Minzhu Jie erreicht. Zugegeben, die Altstadt ist klein, der Tempel – gebaut zwischen 420 und 581 und 1766 durch einen Brand zerstört – wurde erst vor wenigen Jahren rekonstruiert. Aber Nanxiang besticht durch Authentizität. Hier ist alles nicht so sehr touristisch verstellt und irgendwie einfach hübsch chinesisch.

Dabei gibt es auch historische Juwele: Zwei äußerst sehenswerte und reich verzierte Stelen oder Steinsäulen in Pagodenform aus der Song-Dynastie haben den verheerenden Brand des alten Tempels überlebt, vor dessen Tor sie einst standen. Heute markieren sie den Eingang zur Altstadt. Beide sind elf Meter hoch und aus Ziegeln gebaut, die Struktur ist angelehnt an die der hölzernen Pagoden Südchinas. Gleich dahinter beginnt die »Futtermeile« Nanxiangs. Mit einer reichen Auswahl an kleinen Restaurants und Straßenständen lädt sie dazu ein, einen chinesischen Touristentag einzulegen: alles probieren, was die lokale Küche an Spezialitäten zu bieten hat. Nicht zu verfehlen ist hier der Tempel, der schon wegen seiner außergewöhnlichen Dämonenfiguren einen Blick (und ein Foto) wert ist.

Infos und Adressen

ANFAHRT
Alle Ziele Metro 11, Station Nanxiang (南翔地铁-地铁站)

SEHENSWÜRDIGKEITEN
Guyi-Garten 古猗园. Okt.–Juni 7–18, Juli–Sept. 7–18.30 Uhr, Hu Yi Gong Lu 218 (南翔镇, 沪宜公路 218号), www.guyigarden.com

Nan Xiang Old Street 南翔老街. Ecke Guyi Lu/Huyi Gong Lu (古猗路 沪宜公路)

Nanxiang Liuyun Buddhist Temple 南翔塔. 8–16.30 Uhr, Nanxiangzhen Jiefang Jie 263 (南翔镇解放街263号), Tel. 021 59 12 55 03

Tan Yuan Garden (檀园). Kleiner Garten in der Altstadt. Nanxiangzhen Jiefang 230 (南翔镇解放街230号)

ESSEN UND TRINKEN
Shanghai Guyi Garden Restaurant 上海古猗园餐厅. Renommiertes Xiaolongbao-Restaurant am Südausgang des Guyi-Gartens. 8–19 Uhr, Huyi Highway (沪宜公路), Tel. 021 59 12 13 35

Nanxiang Renjia 南翔人家. Xiaolongbao und mehr. Nanxiangzhen Hu Yi Gong Lu 281 (南翔镇沪宜公路281号), Tel. 021 59 17 58 79

ÜBERNACHTEN
Great Tang Hotel Shanghai 上海唐朝酒店. Nettes Hotel in der Nähe des Formel-1-Tracks in Jiading. Bao'an Road 4339, Anting (安亭宝安公路4339号), Tel. 021 39 58 66 66, www.greattanghotelshanghai.cn

Oben: Am Zusammenfluss von Huangpu und Yangtze in Baoshan
Unten: Aussichtsplattform im Wusong Paotaiwan Wetland Forest Park

AUSSENBEZIRKE UND UMGEBUNG

47 Baoshan 宝山区
Stahl, Glas und Kanonen

Der Bezirk Baoshan ist für den Touristen, der zum ersten Mal oder nur für wenige Tage in Shanghai ist, nicht das erste Ziel. Aber wenn man die typischen Spots bereits kennt und Shanghai von einer anderen Seite kennenlernen möchte, ist Baoshan durchaus mehr als einen Besuch wert. Punkten kann vor allem der am Yangtze gelegene Wusong Paotaiwan Wetland Forest Park, aber auch die Besichtigung des Glasmuseums ist lohnend.

Baoshan ist seit der Umwandlung von einem Kreis in einen Shanghaier Stadtbezirk im Jahr 1988 der nördlichste Stadtteil der Metropole. Es ist Geburtsort des Shanghaier Hafens und war lange vor allem ein Standort für die umweltbelastende Schwerindustrie. Auch heute noch sind die Bewohner Menschen, die die Ärmel hochkrempeln. Inzwischen verfügt der Stadtteil aber offiziell über rund 40 Prozent Grünfläche, wenn er auch noch

---

MAL EHRLICH
RÜCKSTÄNDIGE TOURISMUSBEHÖRDEN

Shanghai ist eine internationale Stadt. Im Tourismus gibt man sich trotzdem manchmal rückständig. So gibt es oft keine englischsprachigen Informationen. Das liegt daran, dass die meisten Touristen Chinesen sind und dass es in allen Bezirken wichtigere Herausforderungen gibt. Warum allerdings Ausländern der Zugang zum Navy-Museum in Baoshan verwehrt wird, erschließt sich nur den Bürokraten – zumal dann, wenn man zuvor den Schildern gefolgt ist, die den Weg auch in englischer Sprache weisen.

Baoshan

immer bedeutender Industrie-, Logistik- und Energiestandort ist, mit dem man vor allem das große Stahlwerk Baosteel verbindet, das um die Jahrtausendwende die Einrichtungen der Kokerei Kaiserstuhl und die Maschinenparks der in Dortmund stillgelegten Westfalenhütte und des Stahlwerks Phoenix kaufte. Mehrere Tausend Chinesen waren monatelang mit dem Abbau in Dortmund beschäftigt und bauten die Komponenten nach der Verschiffung anschließend in China wieder auf. Baosteel gehört zu den weltweit größten Stahlproduzenten und hat nicht zuletzt mit Einnahmen und den guten Gehältern für seine Beschäftigten stark zur Entwicklung von Baoshan mit seinen rund 1,2 Millionen Einwohnern beigetragen. Bis 2020 will der Distrikt nicht nur weltweit führend in der Stahlveredlung sein und dabei Maßstäbe in der umweltverträglichen Produktion setzen, sondern sich auch ökologisch zu einem Vorzeigestandort weiterentwickeln. Der Stadtteil grenzt an die Mündungen des Yangtze-Flusses und des Huangpu in den Yangtze.

Flusslandschaften und Feuchtgebiet

Aufgrund der Lage an der Huangpu- und der Yangtze-Mündung hatte Baoshan lange Zeit auch militärstrategische Bedeutung. Noch heute befinden sich hier einige Marineeinrichtungen, die aber nicht zugänglich sind. Was sich hingegen besichtigen lässt, ist der Wusong Paotaiwan Wetland Forest Park mit den letzten Geschützen einer Artilleriestellung, die 1842 zum Ziel britischer Kanonenboote wurde, weil sie dem gewaltsamen Einmarsch der Kolonialisten nach Shanghai störend im Weg lag. Das Parkgelände war Militärgebiet, bis die Shanghaier Regierung im Jahr 2005 entschied, hier eine Ruhezone mit Feuchtgebiet anzulegen. Der erste Abschnitt war bis 2007 fertiggestellt,

AUTORENTIPP!

BAOSHAN – STATION FÜR KREUZFAHRER

Der moderne Kreuzfahrtterminal wurde mit rund 140 Millionen Euro von der lokalen Regierung gefördert. Die Kreuzfahrtschiffe, die hier festmachen, sollen 2015 rund 560 000 Touristen in die Stadt bringen, ausgelegt ist der Hafen für bis zu 600 000 Kreuzfahrer. Zwei Schiffe mit 200 000 und 100 000 Bruttoregistertonnen können am 1500 Meter langen Hafenkai gleichzeitig anlegen. Auch wenn man sich selbst nicht weiter auf Reisen begeben möchte, ein bisschen Träumen beim Betrachten der Luxusliner muss erlaubt sein. Das einer riesigen Muschel nachempfundene Gebäude ist aber auch architektonisch spannend. Wer sich für moderne Architektur und Logistik interessiert, ist hier also auch ohne Ticket nach Korea oder Japan gut aufgehoben.

Baoshan Cruise Ship Terminal 宝山游船码头. Baoyang Lu 1 (宝杨路1号). Metro 3 Baoyang Rd www.skcruise.com

Baoshan ist der Heimathafen für einige große Luxusliner.

Vergängliche Kunst: Mit Wasser und Pinsel werden Kalligrafien auf den Asphalt gemalt.

Holzstege führen im Forest Park über das Feuchtgebiet.

der zweite im Jahr 2011. Heute bietet der Park neben dem Kanonenhügel aus der Qing-Dynastie (Fort Memorial Square) mit älteren und neueren Geschützen vor allem einen äußerst sehenswerten Blick auf den stark befahrenen Yangtze und die Huangpu-Mündung und – eine Rarität in Shanghai – mit etwas Glück sogar friedliche Ruhe, selbst am Wochenende lässt sich hier wunderbar von der Großstadthektik ausspannen.

Rund die Hälfte der Anlage ist ein über Holzstege und eine Hängebrücke erschlossenes Feuchtgebiet mit großer Pflanzenvielfalt, das vielen Vögeln und Wassertieren einen Lebensraum bietet. Von großen Plattformen am Fluss beobachtet man entspannt, wie sich die Wasserpflanzen im Takt der Wellen von Ebbe und Flut bewegen und wie schwere Containerschiffe und Luxuskreuzer zwischen dem wie eine riesige Muschel geformten internationalen Kreuzfahrtterminal und dem alten Leuchtturm verkehren, der die Einfahrt zum Huangpu markiert. Wer wirklich früh auf den Beinen ist, kann den Sonnenaufgang über dem Yangtze genießen. Die Fahrgeschäfte, die im kleinen Vergnügungspark für Kinder stehen, sind meist geschlossen. Aber auch ohne diese »Attraktion« kann man in dem rund 1,2 Quadratkilometer großen und sehr gut gepflegten Park mit seinen großzügigen Grünflächen und einem gut gestalteten Spielplatz auch einen Tag mit Kindern verbringen. Dazu tragen

AUTORENTIPP!

FARBENFROHE TÄNZE

Im Oktober findet alle zwei Jahre das »Baoshan International Folk Art Festival« statt, bei dem in- und ausländische Volkstanzgruppen zusammenkommen. Gefragt sind vor allem Authentizität und Ursprünglichkeit, entsprechend bunt geht es während des Festivals zu, das mit insgesamt rund 200 Aufführungen und Ausstellungen auf zentrale Plätze und Einkaufszentren in ganz Baoshan verteilt ist. Auch Schulen werden als Veranstaltungsorte genutzt, um den internationalen Kulturaustausch zu fördern. Rund 1,6 Millionen Zuschauer und 100 Gruppen aus mehr als 50 Ländern bis zum 8. Festival im Jahr 2013 zeigen, dass die Veranstaltung bei einheimischen und ausländischen Teilnehmern sehr beliebt ist. Die nächsten Festivals sind für 2015 und 2017 geplant.

Baoshan Folk Arts Festival.
www.artsflower.org/en/

auch ein Wasserfall und das im Park ansässige Yangtze Estuary Science and Technology Museum bei, das mit vielen Filmen und Fotos die Geschichte der Gestaltung und Nutzung der Flussmündungen von Yangtze und Huangpu thematisiert.

Kalligrafie und Kriegshelden

Nur rund zwei Kilometer Richtung Norden von der Idylle im Wusong Forest Park entfernt befindet sich mit dem Linjiang-Park eine Grünanlage, die kostenlos zugänglich ist und deshalb von der lokalen Bevölkerung intensiv zur Freizeitgestaltung genutzt wird. Hier gehen Rentner im Schatten alter Bäume ihren Hobbies nach und verbringen ihren Tag – tanzend, singend, musizierend, oder indem sie mit Wasser und Pinsel Kalligrafien auf den Asphalt malen. Der Park wurde rund um einen Hügel und einen konfuzianischen Tempel aus der Qing-Dynastie gebaut und bietet mit seinen kleinen Pavillons und geschwungenen Steinbrücken sehr schöne chinatypische Szenerien. Eine Bootsfahrt auf dem kleinen See lädt zu einem Wechsel der Perspektive ein. Der Hügel gehörte wie der Kanonenhügel im

Oben: Gläserne Kunst: Eine Dauerausstellung und Galerien zeigen Im Shanghai Museum of Glass, was man aus Glas machen kann.
Unten: In Workshops für Kinder und Erwachsene kann man selbst die Glasbearbeitung ausprobieren.

Baoshan

Wusong Forest Park zu den Wusong Forts, die mit ihren Geschützen die Yangtze-Mündung gegen Piraten und andere Feinde vom Meer sichern sollten. Beim Überfall der britischen Truppen im Jahr 1842 fochten die Verteidiger unter der Führung des 67-jährigen Generals Chen Huacheng (1776–1842) einen heroischen Kampf gegen die britischen Invasoren, bevor Chen mit seinen Männern von einer Übermacht britischer Landungstruppen überwältigt und im Kampf getötet wurde. Der General war bewandert im Gießen von Bronzekanonen, machte Schießpulver und teilte Wohl und Wehe mit seinen Soldaten – so erzählt es die Historie. Für den Helden wurde eine Gedenkstätte im Park errichtet. Eine weitere erinnert an den Japanisch-Chinesischen Krieg, der mit Japans Überfall im Juli 1937 begann und bis zum September 1945 andauerte.

Glas erleben

Die Glasherstellung und -bearbeitung hat in Baoshan eine lange Tradition, an der mit Shanghai Glass ein ansässiges großes Unternehmen entscheidend beteiligt ist. Nicht nur um die eigene mehr als 100-jährige Firmengeschichte zu bewahren, sondern auch um die Kulturgeschichte der Glasherstellung und -nutzung zu dokumentieren, förderte das Unternehmen den Bau des Shanghai Museum of Glass in einer alten Fabrik. Das Gründungskomitee beauftragte ein deutsches Architektenteam um Tilman Thürmer, der auch für das Shanghai Film Museum verantwortlich zeichnet, mit der Gestaltung des neuen Baus. Wo es früher heiß und stickig zuging, steht heute das moderne interaktive Museum, das neben einer lehrreichen Dauerausstellung und interessanten Vorführungen rund um das Thema Glas auch Workshops für Kinder und Erwachsene, Raum für Glaskunst-Galerien und Ausstellungsflächen für asiatische und westliche Künstler bietet.

Infos und Adressen

SEHENSWÜRDIGKEITEN

Wusong Paotaiwan Wetland Forest Park 吴淞炮台湾湿地森林公园. April–Sept. 5–19, Okt.–März 7–19 Uhr. Tanghou Lu 206 (塘后路206号), Metro 3 Shuichan Rd, Tel. 021 56 57 90 07

Linjiang Park 临江公园. April bis Sept. 5–19, Okt.–März 6–18 Uhr, Youyi Lu 1 (友谊路1号), Metro 3 Youyi Lu

Shanghai Museum of Glass 上海玻璃博物馆. Museum und Workshops Di–So 9.30–17 Uhr, Sa bis 21 Uhr, »Hot Glass«-Vorführungen Di–Fr 14.30 Uhr, Sa, So, feiertags 11, 13, 14.30 und 15.30 Uhr, von Mai–Okt. Sa auch 19.30. Tickets werden für Vorführungszeiten zugewiesen und sind im Eintritt enthalten. Metro 1 Tonghe Xincun Rd, Exit 2, von dort mit dem Shuttlebus um 10, 11, 13.15, 14.15 15.15 Uhr, oder Metro 3 South Changjiang Rd, Exit 2, von dort mit dem Bus 552 um 10.30, 11.30, 12, 13.45, 14.45 Uhr. Changjiang Xi Lu 685 (长江西路685号), Tel. 021 66 18 19 70, en.shmog.org

ESSEN UND TRINKEN

Das Teehaus im Wusong Paotaiwan Wetland Forest Park bietet einfache Getränke an, ansonsten sollte man Speisen selbst mitbringen oder Straßenrestaurants ausprobieren.

ÜBERNACHTEN

Baoshan Hotel 宝钢集团宝山宾馆. Zu Baosteel gehörendes Viersternehotel mit chinesischer, französischer und japanischer Küche. 1813 Mudanjiang Lu (牡丹江路1813号), Tel. 021 56 69 88 88

AUSSENBEZIRKE UND UMGEBUNG

48 Luodian 罗店
Altes China, neues Schweden

Eine Altstadt ohne Trubel, aber mit mehr als 300 Jahre alten Brücken und vielen Laternen in den kleinen Gassen auf der einen Seite, eine »schwedische« Satellitenstadt mit Seenlandschaft und Weltklasse-Golfkurs auf der anderen, dazwischen chinesischer Alltag in den belebten Marktgassen. Luodian bietet ein kurioses Kontrastprogramm, das einlädt, einen Tag im Umfeld der Großstadt »Landluft« zu schnuppern.

Obwohl Luodian einen historischen Hintergrund zu bieten hat, ist der Ort nicht unbedingt eine Reise wert. Wenn man Zeit hat, lohnt der Besuch dennoch aus zwei Gründen: Da ist zum einen der durchaus schöne Baoshan-Tempel, der in seinem Ursprung zu den ältesten in Shanghai gehört. Zum anderen bietet der mit rund 50 000 Einwohnern kleine Ort einen authentischen Blick auf das »andere« China, das sich hier im Unterschied zu Shanghai nicht hinter Glitzer und Glamour verstecken kann. Luodian ist China mitten im Umbruch, ein Ort auf der Suche nach Identität. Dabei lässt sich seine Geschichte, von der nur noch einige wenige Brücken und Häuser zeugen, mehr als 700 Jahre bis in die Yuan-Dynastie (1271–1368) zurückverfolgen, als sich hier die ersten Händler niederließen. Die Lage an wichtigen Wasserwegen sorgte dafür, dass sich der Ort schnell entwickelte, aber im Laufe der Zeit auch immer wieder Kriegsschauplatz war. Zuletzt wurden große Teile der Stadt von den Japanern zerstört. Bekannt ist der Ort vor allem für die charakteristischen Laternen, die an jedem Haus in der Altstadt hängen und untrennbar mit der zweiten großen Tradition des

Oben: Architektonischer Stilmix in Luodian New Town
Unten: Der im Ursprung 1511 errichtete Baoshan-Tempel wurde 2006 aufwendig umgebaut und erweitert.

Luodian

Ortes verbunden sind: dem Drachenbootbau. Hunderte Laternen sind natürlich zum Laternenfest, das hier besonders intensiv begangen wird, aber auch zum Dragon Boat Festival jährlich Teil der Festbeleuchtung. Das Drachenbootrennen kann in Luodian auf eine ebenso lange Historie zurückblicken wie der Ort selbst.

Baoshan-Tempel und New Town

Die jüngere Geschichte Luodians ist nur von wenigen Höhepunkten geprägt. Der Versuch, den Ort durch den Bau einer Satellitenstadt im internationalen Stil aufzuwerten, war bisher nicht eben erfolgreich: Wie in den meisten künstlichen Städten stehen auch in der im schwedischen Stil gebauten Luodian New Town die Geschäfte leer. Immerhin knüpft die aufstrebende Kleinstadt aber als Standort für internationale Investoren, unter anderem aus Japan und Deutschland, an ihre wirtschaftlichen Traditionen an. Golf-Fans dürfte Luodian zudem als Austragungsort des BMW-Masters-Turnier bekannt sein, das hier seit 2012 ausgerichtet wird. Die beiden 18-Loch-Kurse des noblen Privatclubs am künstlich angelegten Meilan Lake gelten als erstklassige Herausforderung.

Eine der letzten großen Investitionen war der Umbau und die Erweiterung des Baoshan-Tempels im Jahr 2006. Ursprünglich wurde die Anlage 1511 als privates Anwesen gebaut, aber später in einen buddhistischen Tempel umgewidmet, der mehrfach zerstört und wieder aufgebaut wurde. Nach der Erweiterung ist die Anlage heute der größte Tempel Chinas im Stil der Tang-Dynastie, die mit ihrer breiten und relativ flachen Bauweise auch die japanische Architektur stark beeinflusst hat. In der beschaulichen Abgeschiedenheit der 12 000 Quadratmeter großen Anlage mit ihren Gärten und Gebäuden aus Palisander leben 20 Mönche.

Infos und Adressen

SEHENSWÜRDIGKEITEN
Luodian New Town 罗店镇. Satellitenstadt in schwedischem Stil. Metro 7, Meilan Lake (美兰湖站地铁7号线), en.luodian.com

Baoshan Temple 宝山净寺. 6–16.15 Uhr, Tangxi Lu/Luoxi Lu 518 (罗溪路518号), Tel. 021 56 86 51 43, www.baoshantemple.com

ESSEN UND TRINKEN
Macao Dollarshop 鼎中鼎澳门豆捞罗店. Weitverbreitete und recht beliebte Restaurantkette, u. a. mit Hot Pot. 10.30–22 Uhr, Luofen Lu 55 (罗芬路55号), Tel. 021 56 59 08 86

ÜBERNACHTEN
Crowne Plaza Lake Malaren 上海美兰湖皇冠假日酒店. Großes, modernes Hotel direkt am Golfplatz. Hutai Lu 6655 (沪太路6655号), Tel. 021 51 01 60 60, www.crowneplazalakemalaren.com

AKTIVITÄTEN
Lake Malaren Golf Club Shanghai 美兰湖高尔夫俱乐部. Nur für Mitglieder oder auf Einladung. 10–22 Uhr, Hutai Rd 6655 (沪太路6655), Tel. 021 56 59 50 08, www.lakemalaren.com

INFORMATION
Tourist Center. Unregelmäßige Öffnungszeiten, Luofen Lu 555 (罗芬路555号). Hier gibt es einen Shuttlebus-Service mit drei Stopps: Tourist Center – Lake Malaran Golf Club – Baoshan Temple. Abfahrt stündlich.

AUSSENBEZIRKE UND UMGEBUNG

49 Zhaojialou 召稼楼
Wasserdorf mit Atmosphäre

Die Wasserdörfer rund um Shanghai erfreuen sich wegen ihrer vordergründig ursprünglichen Atmosphäre großer touristischer Beliebtheit. Traditionelle chinesische Häuser an kleinen Flüssen, steinerne Brücken, rote Laternen und Dorfbewohner in althergebrachter Kleidung geben tatsächlich eine Ahnung von vergangenen Zeiten und den Ursprüngen Shanghais, die den Puls eines jeden Fotoliebhabers beschleunigen können.

Mit dem früheren Leben hat die idyllische Szenerie aber meist nicht mehr viel zu tun. In den erhaltenen Wasserdörfern leben nur noch wenige Menschen vom Fischen oder Reisanbau. Das Geschäft ist der Tourismus, für den das »alte China« inszeniert wird. Manchmal extrem künstlich, so wie im rund 100 Kilometer von Shanghai entfernten Wuzhen, wo so gut wie alle »Bewohner« und Handwerker des Freilichtmuseums staatliche Angestellte sind. Manchmal etwas zurückhaltender, indem Stadtplaner den Tourismus als neue Einnahmequelle entdecken und die Dorfbewohner ihr Leben darauf einstellen. Ein Erlebnis sind die Dörfer wegen ihrer besonderen Stimmung und Architektur trotzdem fast immer – vorausgesetzt, man wird nicht von Menschenmassen durch die Gassen geschoben.

Oben: Das Wasserdorf Zhaojialou konnte seine ursprüngliche Atmosphäre bisher weitgehend bewahren.
Unten: Die Haupteinnahmequelle des Dorfes sind heute der Tourismus und Souvenirs.

Zu den beliebtesten Wasserstädten rund um Shanghai zählen zum Beispiel Zhujiajiao sowie Fengjing im Westen und Qibao (siehe S. 224) nahe der Innenstadt. Bisher etwas weniger bekannt und daher eine gute Alternative sind Zhaojialou und Xinchang auf dem Stadtgebiet von Pudong.

Zhaojialou

Kulinarische Spezialitäten

Auch Zhaojialou wurde gründlich renoviert, um es für Reisende interessant zu machen. Im Jahr 2010 wurden viele Häuser aus der Ming- und Qing-Zeit rekonstruiert und in kleine Restaurants und Geschäfte umgewandelt. Nur die bisher nicht optimale Anbindung an den öffentlichen Nahverkehr sorgt dafür, dass der Ort bislang ein wenig »unter dem Radar fliegt« und ein Massenandrang meistens ausbleibt. Dass man hier selten Ausländer sieht, kann nicht darüber hinwegtäuschen, dass das Touristenkonzept dennoch aufgeht. Wenn Chinesen verreisen, stehen als Attraktion immer die lokalen Spezialitäten auf dem Pflichtprogramm, tragen doch fast alle Regionen und Orte mit kleinen Besonderheiten zum reichhaltigen kulinarischen Schatz der chinesischen Küche bei. So kommen viele vor allem wegen der typischen Gerichte nach Zhaojialou. Entsprechend groß ist die Auswahl an Restaurants und Garküchen, die, neben ortstypischen Schweinshaxen und Schweinefleisch in Lotosblättern, süße Reisklöße, gehackte Rüben, Eiergerichte und die klassischen gedämpften Brötchen (Baozi) anbieten und Zhaojialou zu einem idealen Ort für eine kulinarische Entdeckungsreise machen.

Unangenehm voll werden kann es vor allem an Feiertagen auch hier, besonders die Restaurantstraße und die Souvenirmeile sind dann hoffnungslos überlaufen. Fast immer ruhig geht es aber im Li-Garten zu, der im Süden des Ortes auf rund 3000 Quadratmetern klassische Gartenarchitektur und einige Ausstellungen in traditionellen Gebäuden vereint. Hier wird unter anderem die rund 800-jährige Geschichte des Ortes thematisiert. Auch wenn die Exponate in den kleinen Museen und Gedenkhallen ausschließlich auf Chinesisch beschriftet sind, sollte man den sehenswerten und friedlichen Garten ins Programm nehmen.

Infos und Adressen

SEHENSWÜRDIGKEITEN

Zhaojialou 召稼楼. Metro 8 bis Endstation Shendu Highway, dann Taxi oder Bus-Linie 1 (浦江1调) in Richtung 召楼路闵瑞路, Linie 9 (浦江9调) Richtung 浦航路召楼路 oder Linie 10 (闵行10路空调) in Richtung 革新村, jeweils bis Shendu Gong Lu Zhaojialou Village (沈杜公路召楼路), Xingdong Jie (闵行区浦江镇沈杜公路召稼楼古镇兴东街), Tel. 021 67 28 28 28, www.shzhaojialou.com

ESSEN UND TRINKEN

Zahlreiche kleine Restaurants, Garküchen und Geschäfte in der Wasserstadt, ansonsten gibt es lokale Restaurants auch auf der Hauptstraße Shendu Gong Lu (沈杜公路) in der Ansiedlung vor den Toren des Dorfes.

Shouzhou Renjia 寿州人家. Gegenüber dem Eingang von Zhoujialou. Shendu Gong Lu 2088 (沈杜公路2088号), Tel. 021 33 50 60 79

ÜBERNACHTEN

Pujiang Expo Hotel 浦江世博家园大酒店. Günstiges, gepflegtes Mittelklassehotel. Shipu Dadao 1200, Mercedes-Benz-Center 602 (世博大道1200号, 梅赛德斯-奔驰文化中心602室), Tel. 021 40 07 33 99 93

Einheimische genießen ihre Mahlzeit in einem der kleinen Restaurants.

AUSSENBEZIRKE UND UMGEBUNG

50 Lingang 临港新城
Stadt aus dem Nichts

Schnurgerade, menschenleere Straßen, kein Verkehr, kein Autolärm, kein Hupen und wenig Menschen – das kann eigentlich nicht Shanghai sein. Ist es aber doch, zumindest fast. Im Osten vor den Toren der Metropole wächst seit Jahren eine neue Stadt, die sich langsam, sehr langsam mit Leben füllt. Wenn es nach den Stadtplanern geht, sollen in der Kulisse bis 2020 immerhin 800 000 Menschen leben.

Ein Schifffahrtsmuseum, ein schicker See, frische Luft, viel mehr hat Lingang dem Touristen bisher nicht zu bieten: Der Stadt mangelt es noch ein wenig an Sehenswürdigkeiten. Neugierige Reisende, die sehen wollen, wie die Shanghaier ihr Expo-Motto »Better City, Better Life« umsetzen, kommen hier aber auf ihre Kosten. Lingang soll eine »grüne Stadt« sein, ein ökologisches Vorzeigeprojekt, in dem in energiesparenden Gebäuden und im Grünen gelebt und gearbeitet wird. Noch vor wenigen Jahren wurde hier gebaut, als gäbe es morgen keinen Beton mehr, und bereits kurz nachdem die Straßen fertig waren, pflanzten Tausende Gärtner Abertausende Bäume in die Landschaft. Langsam hat das gigantische und ehrgeizige Projekt Formen angenommen. Nur die Menschen fehlen.

Eine Millionenstadt entsteht

Noch ist es relativ einsam in Lingang, aber gerade das macht einen Teil des Reizes der neuen Stadt aus. Die derzeitige Hauptattraktion ist die unwirkliche Leere, obwohl die Shanghaier den Ort vor allem am Wochenende langsam als Naherholungsgebiet entdecken. Golfplatz und ein Jachtclub

Oben: Das China Maritime Museum in Lingang zählt zu den größten und schönsten Schifffahrtsmuseen in China.
Unten: Die Uferpromenade am künstlich angelegten Dishui-See

sind schon da. In Lingang wohnen wollen aber bisher nur wenige, zu weit ist der Ort vom Trubel und vom sozialen Leben Shanghais entfernt. Auch öffentliche Verkehrsmittel innerhalb der Stadt sind noch dünn gesät, selbst Taxen sind schwer zu bekommen. Geht es nach den Stadtplanern, wird man die gigantische und komplett neue Infrastruktur allerdings nicht mehr lange ohne Menschen sehen können. Der aus dem Boden gestampfte Ort soll ausdrücklich keine weitere Satellitenstadt sein. Bis 2020 sollen hier fast eine Million Menschen leben. Anders als die künstlichen »europäischen« Städte in Luodian oder Songjiang (siehe S. 235, 259), die bisher nur Fotokulisse sind, hat Lingang tatsächlich Perspektive. Denn es wurde nicht als Fremdkörper in eine bereits existierende Stadt gepflanzt, sondern als Logistik-Hochburg im Umfeld des neuen gigantischen Tiefwasserhafens und als »Idealstadt« komplett durchkonzipiert.

Der Dishui-See als Zentrum

Die neue Stadt am Meer ist angelegt als »ein ins Wasser fallender Tropfen, um den herum sich konzentrische Wellen bilden«, so zumindest die Leitidee des deutschen Architekturbüros Gerkan, Marg und Partner, an deren Reißbrett die Ansiedlung entstanden ist. Da, wo das neue Zentrum Lingangs bereits Gestalt angenommen hat, war bis

Außer an den Wochenenden ist die neue Stadt meist unwirklich leer.

AUTORENTIPP!

ÜBERSEEHAFEN

2005 wurde auf den beiden der Küste vorgelagerten Inseln Big and Little Yangshan in der Bucht von Hangzhou Shanghais neuer Tiefseehafen errichtet. Die Inseln, deren ehemalige Bewohner umgesiedelt wurden, sind über die 31 Meter breite, sechsspurige Donghai-Brücke in etwa einer Autostunde zu erreichen. Allein die Fahrt über die erste Meeresbrücke Chinas, die von Hochseeschiffen bis zu 5000 Tonnen und 40 Metern Höhe passiert werden kann und die nächsten 100 Jahre benutzt werden soll, ist ein Erlebnis. Ebenso beeindruckend ist aber der Hafen, der zusammen mit den anderen Häfen Shanghais mit rund 750 Millionen Tonnen Gesamtumschlag den größten Containerhafen der Welt bildet.

Yangshan Container Port 洋山港口海港地址. Anfahrt mit dem Auto oder mit dem Tour-Bus vom Shanghai Tour Bus Center (STBC) aus

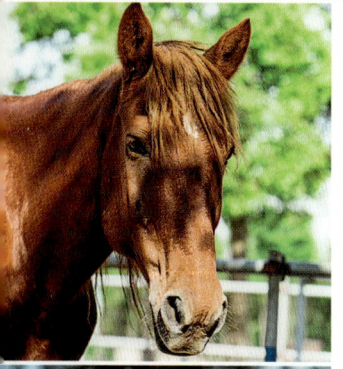

Oben: Der Dishui-See entwickelt sich zum Naherholungsgebiet.
Mitte: Im Binhai Forest Park kann man außer angeln und Boot fahren auch reiten.
Unten: Fast das ganze Jahr über blühen im Wald- und Freizeitpark Blumen und Sträucher.

vor wenigen Jahren nur Wasser. Das Meer wurde aufgeschüttet, um Fläche zu gewinnen – nur um dann das Zentrum wieder auszugraben und für einen kreisrunden Süßwassersee zu fluten, um den herum die Gebäudekomplexe errichtet wurden. Inzwischen haben sich am Dishui-See die ersten Fahrrad- und Bootsverleiher angesiedelt, auch Bootsfahrten werden angeboten.

Mit dem China Maritime Museum hat Lingang zudem ein Schifffahrtsmuseum zu bieten, das zu den größten Chinas zählt und auch architektonisch zu beeindrucken weiß. Wie so oft in Shanghai sind die Ausstellungsstücke zwar überwiegend auf Chinesisch erklärt, englischsprachige Audioguides sorgen aber dafür, dass auch ausländische Besucher Freude an dem gut ausgestatteten Museum haben. In fünf Bereichen werden hier Themen wie Navigation, Hafenwirtschaft, Schifffahrtshistorie und Schiffbau zum Teil auch mit praktischen Demonstrationen genauso umfassend erklärt wie die Geschichte des 2500 Jahre alten Kaiserkanals, der auf einer Länge von mehr als 1800 Kilometern das nördliche China mit dem Mündungsgebiet des Jangtsekiang verband. Zudem wird der chinesische Admiral Zheng He, der im 15. Jahrhundert mit einer großen Flotte Expeditionen in den Pazifik, den Indischen Ozean, zur Arabischen Halbinsel und nach Ostafrika unternahm, in einer Dauerausstellung gewürdigt.

Lingang

Infos und Adressen

SEHENSWÜRDIGKEITEN

Lingang New Town 临港新城. Zu erreichen mit Metro 16 Dishui Lake. Die Anreise ist jedoch lang, es empfiehlt sich deshalb mit dem Auto anzureisen, das in Shanghai mit Fahrer gemietet werden kann, auch um die Ziele im Umfeld der Stadt anfahren zu können.

China Maritime Museum 中国航海博物馆. Besucherrestaurant und Café (Seepromenade) im Erdgeschoss. Di–So 9.30–16, letzter Einlass 15.30 Uhr, Shengang Avenue 197, Lingang New Town (临港新城申港大道197号),
Tel. 021 68 28 36 91, www.mmcgov.cn

Binhai Forest Park 颂森林公园. Wald- und Freizeitpark mit großem Angebot und einem Windkraftmuseum. Aktivitäten wie Reiten, Angeln, Bootfahren u. a. müssen extra bezahlt werden. Di–So 8.30–16 Uhr, Windpark 9–16 Uhr, Dongda Highway 5366, Tel. 021 96 84 0 oder 021 68 28 36 04, www.shbinhaipark.com, Metro 16 Shuyuan (书院), Bus Richtung Long Dong Zhuan Xian (龙东专线) bis Dong Hai Nong Chang (东海农场)

Wenig Betrieb an Lingangs Uferpromenade am Dishui-See

Donghai-Brücke 东海大桥. Die Schrägseilbrücke verbindet mit einer Gesamtlänge von 32,5 Kilometern den 2005 eröffneten Yangshan-Tiefwasserhafen mit dem Festland. Rund 670 Brückenpfeiler wurden dafür im Meeresboden verankert. Die Brücke in der Ferne im Dunst verschwinden zu sehen, macht einen Stopp lohnenswert

ÜBERNACHTEN

Crowne Plaza Shanghai Harbour City Hotel. mit Blick auf das Meer. 1 South Island, Harbour City, Tel. 021 20 33 99 99,
www.ihg.com/crowneplaza/hotels

Holiday Inn Express Shanghai Nanhuizui. Relativ klein und günstig, modern eingerichtete Zimmer mit Meerblick. Shijitang Road 333, Lingang New City, Tel. 021 38 28 99 99

Vor dem imposanten China Maritime Museum

REISEINFOS

Shanghai von A bis Z 268
Anreise, Diplomatische Vertretungen, Einkaufen, Feste und Feiertage, Geld/Währung, Gesundheit, Internet, Klima/Reisezeit, Notrufnummern, Verkehrsmittel, Öffnungszeiten, Praktische Tipps im Überblick, Sicherheit, Trinkgeld, Umwelt, Unterkunft, Visum, Zoll

Shanghai speziell – Tipps für Kinder und Jugendliche 280

Kleiner Sprachführer 282

Register 286

Impressum 288

Seite 266/267 Im China Art Museum, dem ehemaligen chinesischen Expo-Pavillon
Oben: Der Verkehr kommt hier auch nachts nicht zur Ruhe.
Unten: Außer bei Regen und zu Stoßzeiten sind Taxen zu jeder Tag- und Nachtzeit leicht zu bekommen.

REISEINFOS

Shanghai von A bis Z

Anreise

Anreise mit dem Flugzeug: Shanghai verfügt mit dem Pudong International Airport (上海浦东国际机场, PVG) und Shanghai Hongqiao (上海虹桥机场, SHA) über zwei moderne Flughäfen. Alle internationalen Flüge landen in Pudong, über Hongqiao werden fast nur noch Inlandsflüge abgewickelt. Mehrere Fluggesellschaften bieten Direktflüge an. Flüge innerhalb Chinas sind günstig, besonders wenn sie vor Ort gebucht werden.

Vom Flughafen aus:
Mit der U-Bahn/Maglev-Bahn: Die Entfernung vom Flughafen Pudong im Osten zur Innenstadt beträgt etwa 35, von Hongqiao im Westen etwa 13 Kilometer. Beide liegen an der Metrolinie 2, die von Hongqiao auch die rascheste Verbindung in die Innenstadt darstellt. Vom Flughafen Pudong fährt man am schnellsten mit der Maglev: 30 Kilometer zur Longyang-Station im Westen Pudongs in rund acht Minuten (50 RMB einfache Fahrt). Von hier aus weiter mit Taxi oder mit der U-Bahn.

Mit dem Taxi: In die Innenstadt von Hongqiao aus in etwa 30 Minuten (ca. 60 RMB), von Pudong aus in etwa 45 Minuten (ca. 200 RMB). Der Taxistand befindet sich vor der Ankunftshalle, auch wenn sich lange Schlangen bilden, ist die Wartezeit nur kurz. Die Taxifahrer warten darauf, dass ihnen ein Fahrgast zugewiesen wird. Nur die Fahrer von Schwarztaxis bieten ihre Taxidienste selbst an, und die sind am Flughafen ausnahmslos übertreuert.

Mit dem Bus: Die Fahrzeiten liegen von Pudong in die Innenstadt bei 60 bis 80 Minuten (Preise zwischen 14 und 20 RMB), von Hongqiao bei 30 bis 60 Minuten (Fahrpreis 4 RMB).

Shanghai von A bis Z

Anreise/Weiterreise mit der Bahn: Die Stadt verfügt mit dem Südbahnhof (South Railway Station, 上海南站), dem Hongqiao Transport Hub (上海虹桥站), dem Westbahnhof (Shanghai West Railway Station, 上海西站) und dem Hauptbahnhof (Shanghai Railway Station, 上海站) derzeit über vier große Bahnhöfe. Von Hongqiao fahren Hochgeschwindigkeitszüge u. a. nach Beijing (Fahrtzeit unter 5 Std.), Nanjing und Hangzhou, vom Hauptbahnhof gibt es Nachtzugverbindungen nach Beijing. Der Südbahnhof verbindet Ziele in den Südprovinzen mit Shanghai, vom Westbahnhof gehen die meisten Züge ins Umland. Tickets gibt es am Bahnhof oder in den Verkaufsstellen im Stadtgebiet, müssen aber in der Regel mindestens einen Tag vor der Fahrt gekauft werden, weil sie oft ausgebucht sind, vor Feiertagen bekommt man wegen der hohen Nachfrage selten Platz.

Diplomatische Vertretungen

Deutsches Generalkonsulat Shanghai 德国驻上海总领事馆. Kanzlei des Generalkonsulats, Yongfu Lu 181 (永福路181号), Tel. 021 34 01 01 06; Rechts- und Konsularreferat samt Visastelle (德国驻上海总领事馆领事签证处), 8/F Soho Donghai Plaza, Tongren Lu 299 (铜仁路299号), www.china.diplo.de, Notfall- und Bereitschaftsdienst Tel. 139 01 89 20 81

Österreichisches Generalkonsulat Shanghai. Qi Hua Tower 3F, Huaihai Zhong Lu 1375 (上海市淮海中路1375号靠近复兴中路启华大厦3楼), Tel. 021 64 74 02 68, www.bmeia.gv.at, Notfalltelefon 138 17 81 84 70

Schweizer Generalkonsulat in Shanghai 瑞士驻上海总领事馆. 22F, Building A Far East International Plaza, Xianxia Lu 319, Tel. 021 62 70 05 19, www.eda.admin.ch/shanghai

Oben: Musik, Tanz und Spiel, was die ältere Bevölkerung liebt.
Mitte: Viele Chinesen sind kurzsichtig, aber Brillen sind auch dann chic, wenn man keine braucht.
Unten: Wasserspiele auf dem ehemaligen Expo-Gelände, im Hintergrund die beleuchtete Lupu Bridge

Oben: Shanghai, die Einkaufsstadt: Hier gibt es alles, vom kitschigen Souvenir bis zu edlen Designerstücken…
Unten: … und von gefälschten Modeartikeln bis zu Original-Luxuswaren aller internationaler Marken.

REISEINFOS

Einkaufen

Shanghai ist ein Einkaufsparadies. Von Ramsch bis Luxus, von Kleidung über Elektronik bis zu Möbeln und Antiquitäten gibt es alles, was der Weltmarkt bietet, das meiste wird ohnehin in China produziert. Chinesische Waren sind im Allgemeinen günstig, westliche nicht selten teurer als in Europa. Zunehmend interessant für Käufer aus dem Westen sind chinesische Modemarken, die durch Qualität, außergewöhnliches Design und gute Preise überzeugen. Empfehlenswerte Mitbringsel sind Tee, Seide, echte und auf alt getrimmte Mao-Memorabilien, Schmuck, Jade, Perlen, Porzellan, Kalligrafien, Elektronik und maßgeschneiderte Kleidung.

Feste und Feiertage

Der Neujahrstag ist auch in China Feiertag, christliche Feiertage gibt es nicht, Weihnachten ist aber sehr populär, alle Geschäfte sind weihnachtlich geschmückt, und viele Paare beschenken sich.

Die traditionellen chinesischen Feiertage orientieren sich am chinesischen Mondkalender.
Frühlingsfest/Chinesisches Neujahr: am ersten Tag des ersten Mondmonats (19.2.2015, 8.2.2016, 28.1.2017). Es dauert 15 Tage, vom ersten Neumond bis zum ersten Vollmond, und ist das größte und wichtigste Fest in China. Wer kann, fährt in seine Heimat, ganz China ist auf den Beinen. Touristen sollten Reisen während dieser Tage unbedingt meiden. Lernen kann man jedoch an diesen Tagen, wie weltmeisterlich Chinesen logistische Aufgaben meistern. Offiziell hat jeder eine arbeitsfreie Woche, trotzdem bleiben die meisten Geschäfte geöffnet, und die gesamte Infrastruktur ist funktionsfähig. Shanghai ist in dieser Zeit meist angenehm leer und mit roten Laternen und anderen roten Glücksbringern geschmückt. Zur Erholung lädt das Früh-

Shanghai von A bis Z

lingsfest trotzdem nicht ein: Die Stadt versinkt für Tage in Feuerwerkskanonaden, die vor allem in der Neujahrsnacht, am 8. Tag des neuen Jahres und am 15. Tag (Laternenfest) Tag und Nacht über Stunden anhalten können.

Qingming-Fest (Allerseelen, 4. oder 5.4.): Fest der Ahnenverehrung, die Familie gedenkt an diesem Tag der Toten und besucht die Gräber der Vorfahren.

Internationaler Tag der Arbeit (1.5.): mehrere arbeitsfreie Tage

Drachenbootfest (am 5. Tag des 5. Mondmonats, 20.6.2015, 9.6.2016, 30.6.2017): markiert den Beginn des Sommers und wird zum Gedenken an den Patrioten und Lyriker Qu Yuan gefeiert (ca. 340–278 v.Chr.), der sich aus Enttäuschung über die Situation im Kaiserreich und der wegen seiner Überzeugungen erfolgten Amtsenthebung ertränkte. Vor allem in Südchina finden an diesem Tag Drachenbootrennen statt.

Qixi (7. Tag des 7. Monats, 20.8.2015, 9.8.2016, 28.8. 2017): Geht auf die Sage der unglücklichen Liebe eines Kuhhirten und einer Himmelstochter zurück, daher inzwischen zum Tag der Liebenden erkoren, ein chinesisches Pendant zum westlichen Valentinstag.

Mondfest/Mittherbstfest (15. Tag des 8. Mondmonats, 27.9.2015, 15.9.2016, 4.10.2017): Romantische Chinesen bewundern an diesem Tag den Vollmond. Sichtbarstes Symbol sind die süßen oder salzigen Mondkuchen, die schon Wochen vorher überall verkauft werden und die man verschenkt.

Nationalfeiertag (1.10.): Zum Gedenktag an die Gründung der Volksrepublik am 1.10.1949 hat die ganze Nation eine Woche frei, wie zum Frühlingsfest bleiben aber die meisten Geschäfte geöffnet.

Shanghai bietet darüber hinaus eine Fülle von Kunst-, Film-, Musik- und anderen kulturellen Festivals, Infos unter www.meet-in-shanghai.net

Oben: Wahrscheinlich hat keine Stadt der Welt eine höhere Friseurdichte! Der Straßen-Haarschnitt kostet weniger als einen Euro.
Mitte: Viele Shanghaier sind leidenschaftliche Tänzer.
Unten: Auf alt getrimmte Massenware im Basarviertel

Oben: Musikgeschäft auf der Fenyang Lu
Mitte: Tai-Chi lässt sich in Shanghai an vielen Stellen praktizieren
Unten: Haxe statt Tofu: Die Brauhäuser der Stadt werden auch von Chinesen gern besucht.

REISEINFOS

Geld/Währung

Offizielle Währung ist die »Volkswährung« Renminbi (RMB) mit der internationalen Abkürzung CNY und dem Symbol ¥. Die Einheiten sind Yuan (im Volksmund auch Kuai für »Stück«), Jiao (auch Mao für »Haar«) und Fen. 1 Yuan entspricht 10 Jiao oder 100 Fen. Es existieren Geldscheine zu 100, 50, 20, 10, 5 und 1 Yuan und – selten– zu 5, 2 und 1 Jiao. Münzwerte sind 1 Yuan und 5 und 1 Jiao. Fen-Münzen sind nicht mehr gebräuchlich.

1 Yuan entspricht etwa 13 Eurocent (Stand Ende 2014). Geld wechseln kann man in Banken und Hotels, ein Pass ist dabei unbedingt notwendig. Schneller und günstiger ist das Abheben am Geldautomaten (ATM), die meisten akzeptieren die gängigen Kreditkarten sowie EC-Karten mit Maestro-Logo und bieten ein englischsprachiges Menü an.

In Hotels, größeren Restaurants, Kaufhäusern und Bars kann mit der Kreditkarte bezahlt werden, Bargeld ist in kleineren Geschäften, Märkten oder Bussen nötig.

Gesundheit

Der Abschluss einer Reisekrankenversicherung ist unbedingt empfehlenswert. Arztbesuche führen immer über ein Krankenhaus, Arztpraxen nach deutschem Muster gibt es nicht. Die Stadt verfügt über eine gute Gesundheitsversorgung und sehr gute Kliniken mit internationalen Standards. Westliche Kliniken sind teuer, günstiger sind die sehr gut ausgestatteten Ausländerabteilungen, die einige chinesische Krankenhäuser betreiben. Eine regelmäßig aktualisierte Information zu Gesundheitsfragen mit einer Liste empfehlenswerter Krankenhäuser findet man auf den Internetseiten des Deutschen Generalkonsulats. Vom Außenministerium empfohlen wird eine Impfung gegen Hepatitis A.

Shanghai von A bis Z

Das Shanghaier Leitungswasser eignet sich nicht als Trinkwasser, kann aber unbedenklich zum Zähneputzen verwendet werden. Obst sollte mit Trinkwasser, das in Flaschen überall erhältlich ist, gewaschen werden.

Internet

Onlineverbindungen sind in Shanghai selbstverständlich, kaum ein Geschäft, das keinen Internetauftritt hat. Fast alle Attraktionen haben eigene Webseiten – leider viel zu oft nur auf Chinesisch. Über Fotos und manchmal einige englische Häppchen vermitteln sie trotzdem einen ersten Eindruck. Auch internationale Seiten und Mail-Anbieter sind zugänglich, einige allerdings zeitweilig oder auch dauerhaft nur schwer erreichbar. Die großen Hotels verfügen in der Regel über sehr gute und freie Internetverbindungen, oft wird Gratis-Wifi für Notebook oder Smartphone angeboten. Internetcafés sind verbreitet. Ausländer müssen dort zum Surfen meist einen Pass vorlegen.

Hilfreiche Informationsseiten:
www.schanghai.com: »Schanghai auf gut Deutsch« mit vielen Tipps und (subjektiven) Diskussionsforen.

www.shanghai.gov.cn: Offizielle chinesisch- und englischsprachige Seite der Shanghai-Regierung mit vielen Infos.

www.meet-in-shanghai.net: Offizielle englischsprachige Reise-Webseite mit umfangreichen Reisetipps.

Zu empfehlen sind außerdem die englischsprachigen Seiten der Stadtmagazine mit aktuellen Informationen zu Restaurants, Einkaufen und Veranstaltungen: www.cityweekend.com.cn, www.thatsmags.com und www.smartshanghai.com

Oben: Die Nanjing Lu lockt auch am späten Abend noch Kunden an, die Kaufhäuser schließen im Allgemeinen erst um 22 Uhr.
Unten: Traditionelle Apotheken: Manchmal reicht den Apothekerinnen eine Zungendiagnose, um das richtige Mittel mitzugeben.

REISEINFOS

Klima/Reisezeit

Shanghai ist im Jahresdurchschnitt von einem gut verträglichen, subtropischen Klima geprägt, im Sommer kann es aber tropisch schwül werden. Die jährliche Durchschnittstemperatur beträgt 18 °C. Die besten Reisemonate sind Mai/Juni und September/Oktober, angenehm sind meist aber auch März, April und November. Im Winter ist die Luftqualität bei Tiefdruckwetter oft sehr schlecht, bedingt durch die Umweltprobleme der Stadt.

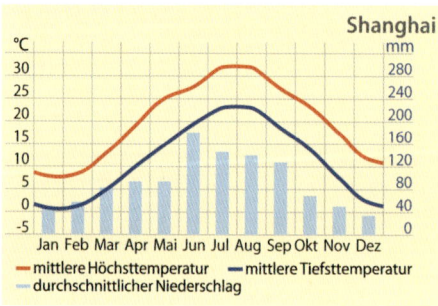

Notrufnummern

Notruf: Polizei 110 oder per SMS über 12 110, Feuerwehr 119, Ambulanz 120
Service Hotline für Ausländer: 021 96 22 88
Shanghai Tourist Hotline: 021 96 20 20

Verkehrsmittel

Mit einer aufladbaren Verkehrskarte, die an jeder Metrostation erhältlich ist, können alle öffentlichen Transportmittel benutzt werden, Ausnahmen sind ältere Buslinien, in denen bar bezahlt wird.

Die **Metro** mit derzeit 14 Linien ist unkompliziert und sauber, Stopps werden auch auf Englisch angezeigt und angesagt. Einfache Fahrten kosten zwischen 3 und 10 Yuan, je nach Länge der Strecke.

Oben: An gemütlichen und guten Restaurants herrscht in Shanghai kein Mangel, in der richtigen Jahreszeit kann man auch gut draußen sitzen.
Unten: Radweg an der überdimensionalen Century Avenue

Shanghai von A bis Z

Mehr als 45 000 **Taxen** fahren im Stadtgebiet, ein freies Taxi (mit grünen Leuchtziffern) kann einfach herangewinkt werden. Die meisten Fahrer sind ehrlich, doch fast keiner spricht Englisch, weshalb man sein Fahrtziel in chinesischen Schriftzeichen dabeihaben sollte (Visitenkarte des Hotels). Wenn gar nichts geht, lässt man sich zur nächsten Metrostation fahren (地铁 ditie, gesprochen dietje) oder ruft die Hotline 12 31 9 an, die für den Fahrer übersetzen kann. Die Preise betragen 14 RMB für die ersten drei und 2,40 RMB für jeden weiteren Kilometer (über 10 km 3,6 RMB/km), nach 23 Uhr erhöhen sich der Grundpreis auf 18 und die Kilometerpauschale auf 3,1 (4,7) RMB je Kilometer.

Das **Linienbusnetz** ist sehr gut ausgebaut und günstig (1 bzw. 2 RMB), für Ausländer ohne Sprachkenntnisse ist das System aber leider undurchsichtig. Da man aber mit dem Taxi immer zurückkommt, eignen sich die Busse für Entdeckungstouren: einfach so weit mitfahren, wie man Lust hat, und dann die Umgebung erkunden.

Mit den **Tourbuslinien** erreicht man günstig und bequem Ziele außerhalb der Innenstadt. Es gibt mehrere Tourbus-Stationen, die wichtigsten sind an der South Railway Station, am Hongkou-Stadion und am Shanghai Indoor Stadium. Informationen zu den Linien findet man auf der Seite der Tourismus-Verwaltung, www.meet-in-shanghai.net

Für einen Kurzaufenthalt bieten sich die »Hop on-Hop off«-Busse von **Big Bus Tours an**. Sie fahren mit drei Linien 22 Stopps an und decken damit die wichtigsten Sehenswürdigkeiten im Innenstadtbereich ab, viele Eintrittspreise sind im Paket bereits enthalten (Info: www.bigbustours.com).

Mietwagen dürfen ausschließlich mit chinesischem Führerschein gefahren werden.

Oben: Shanghai verfügt über ein ausgezeichnetes und im Vergleich sehr günstiges öffentliches Nahverkehrssystem mit Bahn, U-Bahn, Linienbussen und Taxen.
Unten: Das imageträchtigste Verkehrsmittel der Stadt ist der Maglev.

REISEINFOS

Öffnungszeiten

Behörden und Banken: Mo–Fr 8–12, 13–17 Uhr, viele Banken öffnen auch am Samstag.

Kaufhäuser und Einkaufszentren: täglich 9.30/10–22 Uhr. Kleinere Geschäfte haben oft länger auf, es gibt keinen gesetzlichen Ladenschluss. Sogenannte »convenience stores« (wie Alldays, Kedi, Lawson und Family Mart), die sich an jeder Ecke befinden, bieten alle Produkte des täglichen Lebens rund um die Uhr. Hier kann man auch Telefonguthaben kaufen und Rechnungen bezahlen.

Praktische Tipps im Überblick

Bildwörterbücher sind praktische Reisebegleiter zur Verständigung in China.
Feilschen gehört zu Shanghai wie der Pearl Tower zum neuen Stadtbild. Vor allem auf Touristenmärkten und bei Straßenhändlern ist Handeln Pflicht. Man sollte warten, bis der Händler von sich aus einen (Anfangs-)Preis nennt.
Eine chinesische **Handynummer** besorgen: SIM-Karten und Guthaben gibt es auch ohne Anmeldung und Registrierung in kleinen Gemischtwarenläden und bei Straßenhändlern.
Den **Reisepass** (oder eine Kopie von Pass und Visum) sollte man immer dabeihaben, man muss ihn in vielen Sehenswürdigkeiten und Museen vorlegen.
Taxis sind zu Stoßzeiten oft schwer zu bekommen, bei Hotels gibt es jedoch immer welche – und geordnete Warteschlangen.
Die **Visitenkarte vom Hotel** vereinfacht die Taxifahrt, und die Rezeption hilft im Zweifel bei kleinen Problemen.
Die **Polizei** ist gerade bei Touristen hilfsbereit und bemüht, bei Problemen zu helfen – auch wenn man Polizisten mitunter unterstellt, mit zwielichtigen Gestalten unter einer Decke zu stecken.

Oben: In vielen Unternehmen werden die Beschäftigten vor Dienstbeginn mit Motivationsansprachen und gemeinsamen Übungen auf die Arbeit eingestimmt.
Mitte: Die Mauerdurchbrüche im Yu-Garten sind beliebte Fotomotive.
Unten: Pause im Huangpu-Park

Shanghai von A bis Z

Mit **Höflichkeit** kommt man in Shanghai weiter. Ein lauter Ton ist selten hilfreich, meist sind die Chinesen eher peinlich berührt, wenn man sich zu sehr aufregt. Bei Beanstandungen im Hotel z. B. sollte man das Problem in Ruhe lösen.

Schlepper und Bettler können aufdringlich sein. Es ist immer schwer zu entscheiden, ob jemand tatsächlich in einer Notsituation ist, meist handelt es sich aber um organisierte Bettelei. Schlimmer sind Betrüger, die vorgeben, Kunst- oder Sprachstudenten zu sein und vorschlagen, gemeinsam etwas zu trinken (was teuer werden kann) oder ein Foto mit dem Handy oder der Kamera des Touristen zu machen, womit sie dann verschwinden. Auch wer Schleppern folgt, die gefälschte Markenwaren und »Massagen« anbieten, läuft Gefahr, ausgenommen zu werden.

Sicherheit

Shanghai ist eine sehr sichere Stadt, in der man sich auch nachts und auch als Frau allein unbehelligt bewegen kann. Problematisch sind nur Taschendiebstähle, vor allem bei den Sehenswürdigkeiten. In großen Menschenmengen gehören Rucksäcke und Taschen nach vorn und Brieftaschen oder Handys nicht in die Gesäßtasche. Kreditkarte und Bargeld (in kleinen Mengen) sind am besten in den vorderen Hosentaschen aufgehoben.

Trinkgeld

Trinkgelder sind in China nicht üblich, Ausnahmen sind nur Pagen in Luxushotels und Reiseleiter. Noch vor wenigen Jahren hat so gut wie jeder Taxifahrer beleidigt abgelehnt, wenn man ihn mit einem Trinkgeld »belohnen« wollte. Inzwischen wird die »westliche Marotte« manchmal akzeptiert, wenn Ausländer Trinkgeld geben, von Chinesen würde man es noch immer nicht annehmen.

Oben: Kunstvoll gestaltete Decke im Xilin-Tempel
Mitte: Die Mode der 1930er-Jahre lebt: im Shanghai-Filmpark.
Unten: Grünes Shanghai: Erholung findet man in der Megametropole in Parks und Gärten – wenn es nicht zu voll ist.

REISEINFOS

Umwelt

Die ungehemmte wirtschaftliche Entwicklung hat zu Umweltproblemen geführt, so häufen sich vor allem im Winter bei schlechten Wetterlagen Tage mit schlechter Luftqualität. Inzwischen ist Umweltschutz Staatsziel, und Shanghai investiert dafür jährlich rund drei Prozent seines BIP.

Unterkunft

Shanghai bietet eine riesige Auswahl an Quartieren aller Kategorien. Besonders günstig sind Motels und Ketten wie »Motel 168«, »Home Inn« und »Jinjiang Inn«. Die Zimmer sind meist einfach, aber gepflegt. Die Preise gelten in der Regel in allen Unterkünften der Stadt pro (Doppel-)Zimmer, nicht pro Person. Bei Buchungen über das Internet werden oft großzügige Rabatte gewährt.

Visum

Ein Einreisevisum wird benötigt. Das Standardvisum berechtigt für eine einmalige Einreise und für 30 Tage Aufenthalt ab Einreisetag. Maximal kann man sich 90 Tage mit einem Touristenvisum aufhalten. Seit 2013 können u. a. Deutsche, Österreicher und Schweizer auch ohne Visum zum Transit einreisen, wenn sie nicht länger als 72 Stunden bleiben. Voraussetzung ist der Nachweis eines internationalen Anschlussflugs in ein Drittland.

Zoll

Ein- und ausgeführt werden dürfen bis zu 20 000 RMB und Fremdwährungen in beliebiger Höhe, die aber ab einem Gegenwert von 5000 US-Dollar deklariert werden müssen. Zu beachten sind die Regeln für die Ausfuhr von Antiquitäten, für die ein Siegellackstempel vom Zoll benötigt wird. Seriöse Geschäfte helfen bei der Ausfuhr.

Oben: Schönheit im Shanghai Filmpark
Mitte: Trendiges Geschäft im Französischen Viertel
Unten: Mit dem Motorroller entspannt durch die Stadt

Billard gehört zu den beliebten Freizeitvergnügen, die meisten Kneipen haben einen Tisch.

Shanghai speziell – Tipps für Kinder und Jugendliche

Betonwälder, rammelvolle Straßen, überall Menschen, tobender Verkehr: So wenig kinderfreundlich die Stadt auf den ersten Blick erscheint, so sehr ist sie in gewisser Weise gleichzeitig ein Kinderparadies. Den kleinen Mitmenschen verzeihen die Shanghaier alles, sie lieben Kinder – umso enthusiastischer sind sie, wenn es sich dabei um exotische Wesen aus dem Ausland handelt. Ob im Restaurant, im Hotel, im Einkaufszentrum oder in der Metro, nie wird man der Kinder wegen schräg angesehen, selbst wenn die sich daneben benehmen. Es kann aber passieren, dass man die Kinder »belagert« und, vor allem wenn sie blond sind, versucht, ihr Haar anzufassen. Meistens kommen die

Die Erlebnisparks bieten spannende Fahrgeschäfte

Kinder damit gut zurecht, aber wenn es ihnen unangenehm ist, sollte man sie dadurch schützen, dass man sie nahe bei sich hält und freundlich, aber bestimmt den Kopf schüttelt. Ein nettes »Ta bu yao« (er/sie will das nicht), dem die Chinesen respektvoll folgen werden, entspannt zusätzlich die Situation.

Das Angebot, das die Stadt speziell für Kinder und Jugendliche bereithält, ist größer und vielfältiger als man glaubt. Für die meisten gilt allerdings, dass sie im Allgemeinen vor allem an den Wochenenden überlaufen sein können. Zu einigen Empfehlungen gehören:

AKROBATIK

Shanghai Circus World 上海马戏城. Die weltbekannte Akrobatikshow »Era Intersection of Time« ist zwar nicht speziell für Kinder konzipiert, zieht jüngere Besucher aber genauso in ihren Bann wie die Eltern. Ein einmaliges und unvergessliches Erlebnis für die ganze Familie. Era tgl. 19.30 Uhr, Happy Circus tgl. 10, 14 Uhr, Gonghe Xin Road (闸北区共和新路2266号), Tel. 021 66 52 54 68, www.shcircusworld.com, www.era-shanghai.com

STRANDBAD UND WASSERPARK

Sanjiagang Beach Park 三甲港海滨乐园. Die Küste ist nur rund 30 Kilometer Luftlinie von der Innenstadt Shanghais entfernt. Der überwiegende Teil der Küstenlinie ist zwar unattraktiv, und Traumstrände sucht man hier vergeblich, es gibt aber einige Strandparks, die sich als Alternativprogramm zum Großstadttrummel anbieten. Einer davon ist der Sanjiagang Beach Park an der Yangtze-Mündung, dessen Besuch sich gut mit einem Maglev-Trip verbinden lässt. Kinder werden die Abwechslung gern annehmen, weil viele Freizeit- und Spielaktivitäten geboten werden. Aber auch Erwachsene kommen auf ihre Kosten. Hier kann man Strandvolleyball spielen, Jet-Skifahren, Lagerfeueratmosphäre genießen oder einfach faul in der Sonne liegen. Westliche Standards und eine ruhige Atmosphäre sollte man nicht erwarten. Der Park kann vom Flughafen aus gut mit dem Taxi erreicht werden. 8–22 Uhr, Huaxia Dong Lu 6015 (华夏东路6015号, 近人民塘路), Metro Linie 2 Yuandong Avenue ist in der Nähe, Tel. 021 68 90 98 03, www.sanjiagang.com

Dino Beach 热带风暴. Shanghais einziger Wasserpark in Innenstadtnähe ist eine der Top-Adressen, um sich im Sommer abzukühlen. Der Besuch ist allerdings nur während der Woche wirklich zu empfehlen. Der Park bietet unter anderem das größte Wellenbad Asiens, verschiedene Rutschbahnen und Kinderbecken. 21.6.–7.10., 9–22 Uhr,

Xinzhen Lu 78, nahe Gudai Lu (新镇路78号，近顾戴路), Tel. 021 64 78 33 33, www.dinobeach.com.cn

ERLEBNISPARKS

Oriental Land (Oriental Green Boat) 东方绿舟. Weitläufiger und abwechslungsreicher Freizeitpark mit dem Schwerpunkt auf Abenteuer und Bildung direkt am Dianshan-See. Zahlreiche Aktiv-Angebote, darunter Drachen- und Paddelboot, Einzel- und Vierpersonenfahrräder, Fahrten im Amphibienfahrzeug und vieles mehr. Attraktionen sind unter anderem die Nachbildung eines Flugzeugträgers, ein stillgelegtes U-Boot und Militärflugzeuge. Wer das Angebot, das an einem Tag nicht zu schaffen ist, auskosten will, kann im angeschlossenen Hotel übernachten. 8.30–16.30 Uhr, Huqingping Gong Lu 6888, nahe Zhutian Lu (户青平公路6888号，近朱天路), Tel. 021 59 23 30 00, en.ogb.com.cn

Jinjiang Action Park 锦江乐园. Ein wenig in die Jahre gekommen, aber immer noch einen Besuch mit Kindern wert, bietet der kleine Park eine ganze Reihe Fahrgeschäfte, darunter einige Achterbahnen, eine Wasserbahn und ein Riesenrad mit knapp 100 Metern Durchmesser und einer fantastischen Aussicht. 8.45–17, im Sommer bis 22 Uhr, Hongmei Lu 201, nahe Meilong Lu (闵行区虹梅路201号,近梅陇路), Tel. 021 54 21 68 58, www.jjlysh.com

Shanghai Happy Valley 上海欢乐谷. Bis das Shanghaier Disneyland Ende 2015 eröffnet wird, ist Happy Valley in Songjiang der neueste, modernste und »westlichste« Erlebnispark Shanghais. Sieben Themenbereiche, darunter Shangri-La, Ameisenreich und Shanghai Bund, bieten eine reichhaltige Auswahl an Angeboten mit Vorführungen, 4-D-Kino, Restaurants und vieles mehr. Vier große Achterbahnen und eine Wasserbahn, die durch künstliche Canyons und Grotten führt, bevor es 26 Meter abwärts geht, gehören zu den Hauptattraktionen. Das »Ant Kingdom« mit 15 verschiedenen Fahrgeschäften, kleinen Zugfahrten und Mini-Achterbahn ist speziell auf die Bedürfnisse der jüngeren Kinder zugeschnitten. Auch Boots-Wasserschlachten sorgen bei den Kids für anhaltendes Vergnügen. 9–18 Uhr, Linying Xin Lu 18 (松江区林荫新路18号), Tel. 021 33 55 22 22, sh.happyvalley.cn

Bunter Spielspaß im Sanjiagang Beach Park an der Ostküste

Kleiner Sprachführer

Chinesisch ist die am weitesten verbreitete Sprache der Welt, die Anzahl der Muttersprachler übertrifft auch Englisch oder Spanisch Sprechende. Peking ist der Ursprungsort des Hochchinesischen, das ursprünglich von den Beamten gesprochen wurde und mittlerweile die Standardsprache des Landes ist. In den Provinzen teilt sich das Chinesische in eine Vielzahl von verschiedenen Sprachen oder Dialekten auf, die untereinander gar nicht oder kaum verstanden werden. Ihren Zusammenhalt bildet die Schrift. Die Zeichen werden auf verschiedene Weise ausgesprochen, können aber sowohl von einem Kantonesen als auch von einem Bewohner der westlichen Provinz Sichuan gleichermaßen gelesen werden. Heute verstehen und sprechen die meisten Städter überall im Land Hochchinesisch.

SCHRIFT UND UMSCHRIFT

Das größte chinesische Wörterbuch hat 87 000 Schriftzeichen. Wer jedoch 1500 beherrscht, gilt bereits nicht als ein Analphabet, nur sehr wenige, hochgebildete Chinesen beherrschen 10 000 Zeichen.

Die Umschrift der Schriftzeichen heißt Pinyin und wurde in den 1950er-Jahren in der Volksrepublik China entwickelt. Die Aussprache orientiert sich eher am Englischen, wobei es sehr viele Ausnahmen gibt, die man kennen sollte, wenn man verstanden werden möchte.

Beispiele von ungewohnten Aussprachen:

c – wie ts in »nachts« oder »Mütze«
ch – etwa wie tsch in »Deutschland«
h – etwa wie ch in »machen«
j – zwischen dsch und ds, etwas stimmhafter als das englische J in »jeep«
q – wie ch im englischen »cheese«
x – zischender Laut zwischen ß und ch (in »ich«)
z – stimmlos wie z in »Zahl«
zh – dsch wie in »Dschunke«
ai – wie ei in »mein« und »dein«
ou – wie im englischen »Joe«
u – nach j, q, x, und y wie ü, sonst wie u
ian – wie ien in »Patient«

Töne:

Chinesisch ist eine tonale Sprache, das heißt, jeder Silbe ist ein bestimmter Ton zugeordnet. Es gibt insgesamt vier Töne:

Der 1. Ton ist hoch und lang, wie wenn man lautmalerisch »piiep« sagt.
Der 2. Ton steigt von unten nach oben, im Deutschen kann man es ganz gut mit einem Fragewort nachmachen, z. B. bei »Na?« (im Sinn von: »wie geht's?«).
Der 3. Ton ist länger als der zweite, er fällt zunächst und steigt danach wieder an. Wie eine ungläubige und etwas theatralisch gestellte Frage: »Wa-as?«
Der 4. Ton ist kurz und fällt von oben nach unten. Bestes Beispiel ist ein knappes Befehlswort: »Komm!«

Die Töne sollten nicht durcheinandergebracht werden, weil die unterschiedliche Aussprache auch unterschiedliche Bedeutung hat. So kann das Wort »wen« im 1. Ton wēn »warm« (温) bedeuten. Als Verb im 2. Ton heißt wén »riechen« (闻), im 3. Ton wěn »küssen« (吻) und im 4. Ton wèn »fragen« (问).

ALLGEMEIN

Guten Tag! Hallo! 你好 nǐ hǎo
Auf Wiedersehen! 再见 zàijiàn
danke 谢谢 xièxie
bitte/nichts zu danken 不客气 bùkèqi
stimmt/ja 是的 shìde
nein 不是 bùshì
Verzeihen Sie/tut mir leid. 不好意思 bùhǎo yìsi
Entschuldigung! 对不起 duìbuqǐ
Es macht nichts! 没事儿 méishìr
Darf ich fragen, bitte? (Höflichkeitsfloskel vor einer Frage oder Bitte) 请问 Qǐng wèn
ich will/brauche nicht ... 我不要 Wǒ bùyào
ich will 我要 Wǒ yào
Geben Sie mir bitte ... 请给我 Qǐng gěi wǒ
Was ist das? 这是什么? Zhè shì shénme
Können Sie Englisch sprechen? 您会说英语吗? Nín huì shuō yīngyǔ ma
Ich verstehe nicht! 我听不懂 Wǒ tīng bù dǒng
Ich spreche kein Chinesisch. 我不会说汉语 Wǒ bùhuì shuō hànyǔ
langsam/passen Sie auf! 慢一点 màn yīdiǎn
es gibt/hat 有 yǒu
es gibt nicht/hat nicht 没有 méiyǒu
Bitte warten Sie kurz! 请稍候 qǐng shāohòu
Ich bin Deutscher/Schweizer/Österreicher. 我是德国人/瑞士人/奥地利人 Wǒ shì déguórén/ruìshìrén/Àodìlìrén
ich heiße 我叫 wǒ jiào

UNTERWEGS

Meister (Anrede für Fahrer oder Handwerker) 师傅 shīfu
Ich will nach ... fahren/gehen. 我要去 ... Wǒ yào qù ...
ich suche 我找 wǒ zhǎo
Bank 银行 yínháng
Restaurant 饭馆 fànguǎn
Hotel 酒店 jiǔdiàn
Bar 酒吧 jiǔbā
Krankenhaus 医院 yīyuàn
Post 邮局 yóujú
U-Bahn 地铁 dìtiě
Taxi 出租汽车 chūzū qìchē
Supermarkt 超市 chāoshì
Botschaft 大使馆 dàshǐguǎn
Geldautomat 取款机/ATM qǔkuǎnjī
Können Sie bitte das Fenster schließen/öffnen? 麻烦把窗口关/开一下 máfan bǎ chuāngkǒu guān/kāi yīxià
rechts 右边 yòubiān
links 左边 zuǒbiān
vorn 前面 qiánmiàn
hinten 后面 hòumiàn
geradeaus 一直 yīzhí
Wo kann man ...? 在哪儿可以 Zài nǎr kěyǐ
essen 吃饭 chīfàn
rauchen 吸烟 xīyān
Geld wechseln 换钱 huànqián
Aufladekarte für Telefon kaufen 买充值卡 mǎi chōngzhíkǎ
SIM-Karte für Mobiltelefon kaufen 买手机卡 mǎi shǒujīkǎ
Kleidung kaufen 买衣服 Mǎi yīfu
Karte 地图 dìtú
Souvenir 纪念品 jìniànpǐn

ÜBERNACHTEN

Standard-(Doppel-)zimmer 标准间 biāozhǔn jiān
Ich habe vorgebucht. 我有预定 Wǒ yǒu yùdìng.
Kaution 押金 yājīn
Nichtraucherzimmer 无烟房间 wú yān fángjiān
Im Zimmer... 房间里 fángjiān lǐ
...wurde geraucht. 有烟味 yǒu yān wèi
...gibt es kein heißes Wasser. 没有热水 méiyǒu rè shuǐ
...gibt es keinen Strom. 没有电力 méiyǒu diànlì
...ist es nicht sauber. 不干净 bù gānjìng
...ist kaputt 坏了 huàile
Klimaanlage 空调 kòngtiáo
Tür 门 mén
Fenster 窗口 chuāngkǒu
Wäschereinigung 洗衣服务 xǐ yī fúwù
Computer 电脑 diànnǎo
(drahtloses) Internet (无线)网络 (wúxiàn) wǎngluò
Passwort 密码 mìmǎ
Ich möchte ein/en...abschicken. 我要发 wǒ yào fā
Fax 传真 chuánzhēn
Brief/E-Mail 邮件 yóujiàn
Postkarte 贺卡 hèkǎ

EINKAUFEN

Wie viel kostet es? 多少钱 Duōshǎo qián
Yuan 块/元 Kuài/Yuán
Es ist viel zu teuer! 太贵了 Tài guìle
Können Sie es mir etwas billiger geben? 给我便宜点吧 Gěi wǒ piányí diǎn ba
feilschen 讲价 jiǎngjià

ZAHLEN

0 零 líng
1 一 yī
2 二 èr
3 三 sān
4 四 sì
5 五 wǔ
6 六 liù
7 七 qī
8 八 bā
9 九 jiǔ
10 十 shí
11 十一 shíyī
12 十二 shí'èr
20 二十 èrshí
100 一百 yībǎi
200 二百 èrbǎi
1000 千 qiān

ZEIT

Montag 星期一 xīngqí yī
Dienstag 星期二 xīngqí'èr
Mittwoch 星期三 xīngqísān
Donnerstag 星期四 xīngqísì
Freitag 星期五 xīngqíwǔ
Samstag 星期六 xīngqíliù
Sonntag 星期日 xīngqírì
morgen 明天 míngtiān
gestern 昨天 zuótiān
Wie spät ist es? 现在几点? Xiànzài jǐ diǎn?

ESSEN UND SPEISEN

heiß 热的 rè de
kalt 凉的 liáng de
(lau-)warm 常温的 chángwēn de
Zahlen, bitte! 买单 Mǎidān!
das Essen 吃饭 ch fàn
Ich esse nichts Scharfes. 我不吃辣 Wǒ bù chī là

Ich esse kein Fleisch. 我不吃肉
　Wǒ bù chī ròu
Chili 辣椒 Làjiāo
Essig 白醋 cù
Zucker 糖 táng
Sojasoße 酱油 jiàngyóu
Ketchup 蕃茄酱 fān qié jiàng
Salz 盐 yán
Gemüse 蔬菜 shūcài
Tomaten 西红柿 xīhóngshì
Gurken 黄瓜 huángguā
Kohl 白菜 báicài
Kartoffel 土豆 tǔdòu
Reis 米饭 mǐfàn
gebratener Reis 炒饭 chǎofàn
Nan-Brotfladen 烤馕 náng
Dampfbrötchen 馒头 mántou
Brotfladen oder Kuchen 饼 bǐng
Nudeln 面条 miàntiáo
Laghman-Nudeln mit Tomatensoße
　拉条子 lā tiáozi
Dandan-Nudeln (scharfe Sichuan-
　nudeln) 担担面 dandan miàn
Ölspritznudeln 油泼面 yóu pō miàn
Ziehnudeln 拉面 lāmiàn
Mala Tang (wie Fondue mit Gemüse-
　und Fleischspießen) 麻辣烫 málà
　tàng
Mala Xiang Guo (frittiertes Fleisch, Tofu
　und Gemüse in einem Topf)
　麻辣香锅 málà xiāng guō
Feuertopf 火锅 huǒguō
gegrillter Fisch 烤鱼 kǎo yú
Pekingente 烤鸭 kǎoyā
Kongpao-Hühnchen (mit Erdnüssen)
　宫保鸡精 gōng bǎo jījīng
Tofu mit Hackfleisch 麻婆豆腐
　mápódòufu
gefüllte Hefeklöße 包子 bāozi
(Reis-)brei 粥 zhōu

gemischter Salat 打拌菜 dǎ bàn cài
Salat aus Rettichschalen 萝卜皮
　luóbo pí
Gurkensalat 拍黄瓜 pāi huángguā
Kartoffelstreifen 土豆丝 tǔdòu sī
Fleisch 肉 ròu
Hühnchen 鸡肉 jīròu
Schwein 猪肉 zhūròu
Lamm 羊肉 yángròu
Rind 牛肉 niúròu
Fisch 鱼 yú
Garnelen 虾 xiā
Tofu 豆腐 dòufu
Spieße 串 chuàn'er
frittierte Teigstreifen 油条 yóutiáo
Früchte 水果 shuǐguǒ

GETRÄNKE 饮料 YǏNLIÀO
Ich trinke keinen Alkohol. 我不喝酒
　Wǒ bù hē jiǔ
abgekochtes Wasser 开水 kāishuǐ
Mineralwasser 矿泉水
　kuàngquán shuǐ
grüner Tee 绿茶 lùchá
Pu'er-Tee 普洱茶 pǔ'ěr chá
Jasmintee 茉莉花茶 mòlihuā chá
Oolong-Tee 乌龙茶 wūlóngchá
Coca-Cola 可乐 kělè
Kaffee 咖啡 kāfēi
Milch 牛奶 niúnǎi
Saft 果汁 guǒzhī
Orangensaft 橙汁 chéngzhī
Apfelsaft 苹果汁 píngguǒ zhī
Sojamilch 豆浆 dòujiāng
alkoholische Getränke 酒 jiǔ
Bier 啤酒 píjiǔ
Schnaps 白酒 báijiǔ
Rotwein 红酒 hóngjiǔ
gelber Reisbranntwein 黄酒
　huángjiǔ

REGISTER

Akrobatik 15, 280
Altstadt 6,11, 70ff.
Anreise 268f.
Architektur 19f.

Ba Jin 161
Bahnhöfe 176ff.
Ballard, J.G 1, 42
Baoshan 252
Beijing (Peking) 8, 92
Blumenthal, W. 196
BOC Tower 54
Brit. Invasion 31f., 257
Broadway Mansion 30, 32, 34
Bruttoinlandsprodukt 9, 14
Buddhismus 130 ff., 138 ff., 172ff., 208
Bund 6, 19, 34, 36ff.
  Sightseeing Tunnel 48, 50

Century Avenue 52 ff.
  Square 19, 58ff.
Chan, Jackie 215
Changfeng Ocean World 215
Changshu Lu 154f.
Chaplin, Charlie 188f.
Chen Duxiu 151
Chen Huacheng 257
Chen Yi 151, 156
Chen Yifei 162f.
Chiang Kai-shek 12, 25, 149, 150, 173, 190, 219
China Ping'an Financial Tower 49, 50
Cloud Nine Shoppingcenter 213
Cool Docks 103ff.

Dajing Lu 90ff.
Deng Xiaoping 13, 25, 40, 55
Dianshan Lake 244, 245
Ding Ling 189
Diplomat. Vertr. 269
Dishui-See 264ff.
Dongtai Lu 14, 98
Duolun Lu 186ff.

Ein-Kind-Politik 17
Einkaufen 118ff., 164ff., 168ff., 216, 270
Essen 22f., 76, 91, 95
Expo 20, 25, 112f.

Fahua-Pagode 247
Fangbang Lu 72f.
Fenyang Lu 14, 155
Feste, Feiertage 271f.
Food Streets 14, 76, 91, 95,165
Franz. Konzession 7, 33, 146ff.
Fuyou Market 85
Fuyou Lu 14, 84

Garden Bridge 33f.
Gärten s. Parks
Geld/Währung 272
Generalkonsulat 160
Gesundheit 272
Global Harbor Shoppingcenter 216
Grand Hyatt Hotel 19, 54, 55, 56
Guomindang 12, 25, 149, 150, 173, 199f.
Gutzlaff Tower 38, 41, 42

Hafen 24, 25, 31 263
Huaihai Lu 164ff.
Huang Jinrong 178f.
Huangpu 11, 31, 36, 45, 113, 250ff.
Hudec, Lad. 156, 161
Hui 86
Huo Guang 74f., 77

Industrie 253
Internet 273
Islam 89f., 93ff.

Japan.-Chines. Kriege 12, 25 79, 178, 157
Jesuiten 104, 170f.
Jiading 7, 245ff.
Jiang Zemin 45
Jiangwan Stadium 199
Jinmao Tower 12, 54f.
Jüdisches Ghetto 194ff.

Kadoorie, Elly 132
Kalligrafie 80
Kart-Bahn 216
Kinder 49, 215, 219, 222, 255, 280, 281
Kirchen
  Dongjiadu104
  Grace 135
  Holy Trinity 41, 42
  Hongde 188
  St. Ignatius 169f.
Kleine Schwerter 25, 79, 81f., 98
Klima/Reisezeit 274
Kolonialzeit 11, 16, 19, 253
Kommunist. Partei 25, 106, 109f., 149f.
Konfuzius 96ff., 248
Kong Xingxi 190, 218
Konzessionen 11f, 25, 30, 33
Küche 22f., 76, 261
Kulturrevolution 17, 25, 75, 97, 131, 153

Laochangfang 195
Laowai Jie 220f.
Liga linker Schriftsteller 188, 190
Lilong 19, 88, 189, 107f.
Lin Fengmian 152
Lingang 262ff.
Lu Pin 213
Lu Xun 150, 188, 192f.
Lujiazui 6, 44ff.
Luodian 258

M50 136, 137
Maglev-Bahn 61ff.
Mao Dun 188, 193
Mao Zedong 12f., 16, 25, 40
Marble Hall 132
Märkte
  Antiquitäten 72, 77, 96, 97, 98
  Blumen 207, 223
  Bücher 97
  Fake 58, 60, 221
  Fisch 209f.
Märtyrerpark 173

Massagen 119
Maßschneiderei 105
Medizin 12, 62, 64, 83
Mei Lanfang 147
Metro 279
Metropole Hotel 42
Ming-Dynastie 31, 92
Morris, Maurice B. 147
Moscheen
  Fuyou84ff.
  Pfirsichgarten 94ff.
  Songjiang 233f.
Museen/Ausstellungen
  Arts and Crafts 156
  Aurora 53
  Automobil 249
  Bund History 12, 34, 35
  Children's 219
  China Art 6, 113
  China Maritime 264
  Exhibition Center 20, 132
  Filmmuseum 171
  Gründungsstätte KPCh 109f.
  Jackie Chan 215
  Long Mus. West Bund 175
  Matchbox 216f.
  Mus. of Glass 257
  Music Box 59
  Oriental Instruments 171
  Post 32, 34, 35
  Power Station of Art 103
  Propaganda Poster Art Center 158, 159
  Science and Technology 60
  Sh. History 48, 50
  Shanghai Museum 7, 127f.
  Shikumen 109
  Songze Relics 243
  TCM 64
  Urban Planning Exhibition Hall 7, 126
  Xuhui Art 157f.
  Yangtze Estuary Technology 256

286

Yuan Dynasty Water Gate 208
Yuz 175
Zhang Chongren 224, 225
Zhou's Miniature 224, 225
Zikaden 225
Muslime 94ff., 233f.

Nanchang Lu 151
Nanjing Lu 6, 16, 118ff.
Nanxiang 250f.
Notrufnummern 274

Offnungszeiten 276
Ohel-Moishe-Syn. 196
Ohel-Rachel-Syn. 135
Opiumkriege 10, 25, 31, 75, 79
Oriental Art Center 59
Oriental Pearl Tower 25, 44, 45, 47

Pan Yunduan 79f., 87
Paris des Ostens 10, 12, 146
Parks/Gärten 21
 Century 60
 Changfeng 214f.
 Chenshan Cun 241
 Fangta 234f.
 Fuxing 149
 Daguan 244
 Gongqing 200
 Gucheng 86, 88
 Guilin 178f.
 Guyi 251f.
 Huangpu 32, 34
 Huilong 248
 Huoshan 196
 Jiangwan 200
 Jing'An132
 Lilac 158
 Linjiang 256
 Lu Xun 192f.
 Mengqing 136
 Qiuxia 247
 Qushui 243f.
 Sh. Botanical 179
 Wusong Paotaiwan Wetland 252ff.

Yu 6, 78ff.
Zhongshan 212
Zubaichi 236
Peace-Hotel 38
Peking-Oper 147
People's Square 6, 120, 124ff.
Pudong 25, 44ff., 52ff.
Putuo 206ff.

Qibao 224ff.
Qin Yubo 74f.
Qing-Dynastie 31
Qingpu 7, 24, 242ff.
Qu Qiubai 190

Restaurants, Bars, Clubs
 Barbarossa 127
 Captain Bar 41
 Ciao Café 199
 El Willy 86
 Huxinting 76, 81
 JZ Club 156
 Kathleen's Waitan 31
 Koyama 108
 M on the Bund 40
 Musk Cat Coffee 47
 Nanxiang Mantou Dian 72
 Party World 151
 Paulaner 55
 Sky Dome Bar 125
 The Kitchen 49
 Vue Bar 31
 Wan Dao 155
 Ye Olde Station 169
 Yufo Tempel Suzhai 139
Ricci, Matteo 170
Riverside Promenade 6, 12, 47
Rou Shi 190

Schlachthof 195
Shaanxi Lu 135
Shanghai Filmpark 238
 Grand Theatre 126
 International Convention Center 48
 International Finance Center 53f.
 Library 160f.

Ocean Aquarium 48, 49, 50
Pudong Customs Building 48, 50
Ruijin Intercontinental Hotel 147
Sanshan Guild Hall 104f.
Stadium 179
Tower 25, 56
World Financial Center 55, 57
Shangyuan Yunzhu 161
Sheshan 240f.
Shikumen 107f., 131, 132, 162, 163
Sicherheit 224, 77
Siming Cun 131
Sinan Mansions 147f.
Smedley, Agnes 147f.
Song Ailing 190, 218f.
Song Qingling 150, 161, 218f.
Songjiang 7, 24, 230ff.
Songze-Kultur 231
Souvenirs 72f.
Stadtmauer 90ff.
Südbahnhof 176f.
Super Brand Mall 48f
Sun Island Resort 243
Sun Yat-sen 148, 149, 150, 161, 218
Suzhou Creek s. Wusong

Taiping-Aufstand 25, 79, 81f., 208
Tang-Dynastie 259
Taoismus 9, 96ff.
Taxis 62, 102, 168, 275
Tempel/Klöster
 Baoshan 258, 259
 Chenxiang 84, 86f.
 Jadebuddha-138ff.
 Jing'An 130ff.
 Konfuzius 96ff., 248
 Longhua 7, 172ff.
 Stadtgott (Chenghuang Miao) 74ff.
 Weiße Wolke 90ff.
 Xilin 232f.

Zhenru 206ff.
Tian'ai Lu 189
Tianzifang 6, 162f., 166
Tilanqiao 194ff.
Tongren Lu 134f.
Tourismus 9
Trinkgeld 277

Uchiyama Kanzo 188
Umwelt 88, 136, 214278
Universitäten 11, 177, 181, 200, 217
Unterkunft 278

Verkehrsmittel 274f.
Villa Rouge 171
Visum 278
Volkspark 127f.

Wanderarbeiter 15
Wasserdörfer 224, 243, 260
Wirtschaft 8, 9, 10, 13f., 24, 40, 45, 52
Wusong 20ff., 33f., 35, 36, 39, 136

Xiaolongbao 72, 250
Xiaonanmen 102ff., 112ff.
Xintiandi 6, 106ff.
Xu Guangqi 170
Xuhui 168ff.
Xujiahui 168

Yangpu-Distrikt 198ff.
Yangtze 8, 9, 10, 14, 250ff.
Yuyuan-Basar (Altstadt) 72ff., 76f.

Zhangjiabang 59
Zhaojialou 260f.
Zhou Enlai 149f.
Zickzackbrücke 76
Zirkus 280
Zoll 278
Zoo 222f.
Zweiter Weltkrieg 12, 25, 194ff.

IMPRESSUM

Verantwortlich: Ulrich Jahn
Redaktion: Dr. Juliane Braun
Layout: Roman Bold Black
Repro: Repro Ludwig
Kartografie: Huber Kartographie, Heike Block
Herstellung: Bettina Schippel
Printed in Slovenia by Florjancic

Sind Sie mit diesem Titel zufrieden? Dann würden wir uns über Ihre Weiterempfehlung freuen.

Erzählen Sie es im Freundeskreis, berichten Sie Ihrem Buchhändler, oder bewerten Sie bei Onlinekauf.

Und wenn Sie Kritik, Korrekturen Aktualisierungen haben, freuen wir uns über Ihre Nachricht an
Bruckmann Verlag,
Postfach 40 02 09,
D-80702 München
oder per E-Mail an
lektorat@verlagshaus.de.

Unser komplettes Programm finden Sie unter

 www.bruckmann.de

Alle Angaben dieses Werkes wurden von den Autoren sorgfältig recherchiert und auf den neuesten Stand gebracht sowie vom Verlag geprüft. Für die Richtigkeit der Angaben kann jedoch keine Haftung übernommen werden.

Autorenempfehlung
Sie sind auf der Suche nach weiterführender Literatur? Dann empfehle ich Ihnen den Titel »Peking – Zeit für das Beste« von Jörg Pensin und Christoph Mohr.
Ihr Jochen Klein

Alle Texte von Jochen Klein, außer Sprachteil auf S. 284 f: Jörg Pensin

Bildnachweis:
Alle Bilder im Innenteil und auf dem Umschlag stammen von Christoph Mohr, außer: Corepics VOF/shutterstock.com: 217 l.
Umschlagvorderseite:
Oben: Blatt des Ginko
Porträt: Teeverkäuferin in der Fangbang Lu, Shanghai
Streifen: Garkueche an der Xiaotaoyuan Lu, Shanghai
Hauptmotiv: Shanghai Skyline von Pudong aus gesehen
Umschlagrückseite:
Links: Global Harbour Mall
Rechts: Akrobatik Show

Die Deutsche Nationalbibliothek verzeichnet diese Publikation in der Deutschen Nationalbibliografie; detaillierte bibliografische Daten sind im Internet über http://dnb.d-nb.de abrufbar.

© 2015 Bruckmann Verlag GmbH
ISBN 978-3-7654-8505-3